2
W0366365

Hans-Werner Schroeder

Von der Wiederkunft Christi heute

HANS-WERNER SCHROEDER

VON DER WIEDERKUNFT CHRISTI HEUTE

VERHEISSUNG UND ERFÜLLUNG

URACHHAUS

CIP-Titelaufnahme der Deutschen Bibliothek

Schroeder, Hans-Werner:

Von der Wiederkunft Christi heute :
Verheißung und Erfüllung
Hans-Werner Schroeder. –
Stuttgart : Urachhaus, 1991
ISBN 3-87838-694-x

ISBN 3 87838 694 x

© 1991 Verlag Urachhaus Johannes M. Mayer GmbH, Stuttgart.
Alle Rechte, auch die des auszugsweisen Nachdrucks und der
photomechanischen Wiedergabe, vorbehalten.

Schutzumschlag Hans Joachim, Stuttgart.
Satz und Druck der Offizin Chr. Scheufele, Stuttgart.

IM GEDENKEN AN
FRIEDRICH RITTELMEYER

Inhalt

Einleitung

Die Erwartung des Wiedererscheinens Christi in der Geschichte des Christentums

Seit den ersten Zeiten war in der Christenheit ein Bewußtsein davon lebendig, daß Christus »wiedererscheinen«, daß sein Wandeln mit den Menschen einmal eine Fortsetzung finden werde; so wie es in der Apostelgeschichte heißt: »Er wird wiederkommen, wie ihr ihn zum Himmel habt aufsteigen sehen« (1,11).[1]
In den frühen Zeiten des Christentums hat man sich diese »Wiederkunft Christi« oft als ein nahe bevorstehendes Ereignis vorgestellt, und einige Apostelbriefe (des Paulus, des Petrus) weisen deshalb ausdrücklich darauf hin, daß das sich scheinbar hinauszögernde Wiederkommen kein Widerspruch zu der grundsätzlichen Wiederkunftserwartung sei. Auch im Brief des römischen Bischofs Clemens z.B. – geschrieben zu einer Zeit, als der Apostel Johannes noch lebte, also gegen Ende des 1. Jahrhunderts – sind einige Kapitel gegen die falschen Erwartungen und die Zweifel an der Wirklichkeit der Wiederkunft Christi gerichtet: »Fern sei von uns jene Schrift, wo es heißt: Unglücklich sind die Zweifler, jene, die in ihrer Seele zwiespältig sind und sprechen: dies haben wir schon in den Tagen unserer

Väter gehört, und siehe, wir sind alt geworden, und nichts von all dem ist uns widerfahren« (Klemens-Brief 23,3). Clemens zeigt in großen Bildern, wie alles Geschehen in der Welt auf ein Werden und Reifen, auf ein Sich-Entwickeln angelegt ist – zum Beispiel im Wachstum des Weinstocks und im Reifen der Traube, und daß dies auch für das Wiedererscheinen Christi gilt.[2] So gab es schon im ersten und zweiten christlichen Jahrhundert ein Ringen in der Frage um den Zeitpunkt und die Art der Wiederkunft.

Besonders anschaulich wird das auch am Auftreten und an der Geschichte des Montanismus. Montanus, ehemals ein phrygischer Kybelepriester, stand 156 n. Chr. in Phrygien auf und behauptete, die Inkarnation des Heiligen Geistes zu sein, dessen Ankunft im Johannes-Evangelium von Christus vorausgesagt wird. In gewaltigen Bußpredigten verkündete er die *physisch-irdische* Ankunft Christi als unmittelbar bevorstehend: »ein neues Jerusalem sei im Begriff, vom Himmel auf die phrygische Erde herniederzufahren und dort die Wohnstatt der Heiligen zu werden«;[3] das Reich des Heiligen Geistes werde hereinbrechen. Der Montanismus ist geradezu das kirchengeschichtliche Musterbeispiel einer Wiederkunftserwartung, welche die im Evangelium gegebenen Schilderungen für das Wiedererscheinen Christi einseitig in irdische Verhältnisse projizierte und damit verfälschte.[4] Aber »auch anderswo war um die Zeit Weltuntergangsstimmung. In der Landschaft Pontus wurde ein Bischof von Traumgesichten heimgesucht, die ihm die Zukunft offenbarten. Er weissagte seiner Gemeinde, das Weltgericht werde binnen Jahresfrist kommen: woraufhin diese ihr Hab und Gut verschleuderte, die Äcker nicht mehr bestellte und in Furcht und Zittern unter tränenreichen Gebeten den jüngsten Tag erwartete. Und in Syrien zog ein Bischof gar mit seiner ganzen Gemeinde einschließlich der Kinder in die Wüste, dem wiederkommenden Christus entgegen: sie verirrten sich und wurden nur durch eine auch nicht gerade freundlich gemeinte Polizeistreife vor dem Hungertode gerettet.«[5]

Die Gefahren solcher einseitigen, meist aus ekstatischen, visionären Zuständen hervorgehenden Wiederkunftserwartungen konnten von der frühen Kirche überwunden werden, obwohl z.B. Tertullian, einer der bedeutendsten Kirchenschriftsteller und Theologen seiner Zeit im Jahre 202 zum Montanismus übertrat: der Montanismus wurde ausgemerzt und war nur noch an einzelnen Orten bis ins 6. Jahrhundert hinein lebendig, der nicht erfüllten Weissagung des Montanismus zum Trotz! Aber montanistische Züge finden wir in vielerlei Art dort, wo Wiederkunftserwartungen in den weiteren Jahrhunderten der christlichen Entwicklung aufflammen und man sich dabei doch immer wieder nichts anderes vorstellen kann als das äußere Erscheinen Christi und das damit verbundene Ende des bisherigen bzw. den Anbruch eines neuen Weltzustandes – meist ausgemalt in recht irdischen Bildern. Dabei spielte auch das Erscheinen des »Antichrist«, das der

Wiederkehr Christi vorausgehen sollte, eine große Rolle: »Mit noch größerer Spannung sah man jedoch dem Erscheinen des Antichrist entgegen. Generation um Generation lebte in beständiger Furcht vor diesem alles vernichtenden Dämon, unter dessen Herrschaft gesetzloses Chaos, Raub und Plünderung, Folter und Massenmord regieren würden, während er doch gleichzeitig der Herold der so lang ersehnten Erfüllung, der Wiederkehr Christi und des Königreichs der Heiligen war. Unentwegt hielt man nach den ›Zeichen‹ Ausschau, die nach der prophetischen Überlieferung die endgültig letzte ›Zeit der Trübsal‹ ankündigen und begleiten sollten; und da diese ›Zeichen‹ schlechte Regenten, Bürgerkrieg, Krieg, Trockenheit, Hungersnot, Seuchenzüge, Kometen, den plötzlichen Tod prominenter Männer und ganz allgemein ein Überhandnehmen der Sünde einschlossen, fiel es nie schwer, sie zu finden. Drohende und tatsächliche Einfälle der Hunnen, Magyaren, Mongolen, Sarazenen und Türken beschworen sofort die Erinnerung an die Heerscharen des Antichrist, an die Völker Gog und Magog, herauf. Vor allem aber stand ein jeder Herrscher, der irgendwie als Tyrann betrachtet werden konnte, in Gefahr, mit den Zügen des Antichrist bedacht zu werden, in welchem Fall ihn feindselig gesinnte Chronisten mit dem gleichfalls traditionellen Beinamen *rex iniquus* belegten. Starb ein solcher Herrscher, ohne daß sich die Weissagungen erfüllt hatten, degradierte man ihn ähnlich wie den *rex iustus* zu einem bloßen ›Vorläufer‹ und wartete weiter. Auch dieser Gedanke ließ sich politisch glänzend ausbeuten. So haben Päpste einen Gegner – einen Gegenpapst oder einen aufsässigen Kaiser – wiederholt feierlichst zum Antichrist proklamiert, wofür sie später in gleicher Münze heimgezahlt bekamen.«[6]

Solche Erwartungen gab es auch um die erste Jahrtausendwende: »Hatte nicht Gott deutlich gesprochen? Im Juli des Jahres 998 erschütterte ein furchterregendes Erdbeben ganz Sachsen. In Magdeburg fielen ›glühende Steine‹ auf den Kaiserdom, darin Ottos I. Leichnam begraben lag. – Viele Zeichen waren erschienen. Seit mehr als zweihundert Jahren waren dem Volk in den Kirchen Bilder, in den Tympana Darstellungen aus der geheimen Offenbarung des Johannes vor Augen geführt worden. Es gingen Mähren um vom Ende der Welt, vom letzten Gericht... Gebete, Seufzer, Schreie hallen durch die Nacht und ersticken in der gebannten Stille einer Jahrtausendwende – aber es öffnet sich der Himmel nicht, der Menschensohn mit dem Schwert tritt nicht hervor, kein Beben ergreift die Erde, wie es die Seelen noch eben durchängstigt – die Welt nimmt ihren Weg auch über die Jahrtausendstufe.«[7]

Viele solcher sehnsüchtigen und zugleich angstvollen Erwartungen und genauso viele bittere Enttäuschungen hat es in der Geschichte der Christenheit gegeben. Einige wichtige Stationen der Wiederkunftshoffnung durch die Jahrhunderte seien hier noch hervorgehoben, ohne dabei Vollständigkeit zu beanspruchen.

Im 12. Jahrhundert trat der Abt des Zisterzienserklosters Corazzo, Joachim von Fiore, mit einer aus dem Studium des Alten und Neuen Testaments gewonnenen Zukunftsprophezeiung hervor; er beschreibt den Verlauf der Geschichte in drei Zeitaltern (status), dem Zeitalter des Vaters, des Sohnes und dem des Heiligen Geistes. Das dritte Zeitalter solle – nach vorbereitenden Stadien durch die Benediktiner und Zisterzienser – im Jahre 1260 beginnen.

Die Lehre von den drei Zeitaltern und von dem Anbruch des »dritten Reiches« (Joachimismus genannt) hat eine außerordentliche Wirkung gehabt – bis hin zu dem Philosophen F.W.J. Schelling (1775–1854), der diese Weltsicht in seine »Philosophie der Offenbarung« aufnahm, und bis hin zu der verweltlichten Vision des »Dritten Reiches« im Nationalsozialismus,[8] obwohl sofort der Widerstand der Kirche einsetzte und das Jahr 1260, wie so viele andere prophezeiten Untergangstermine, ohne besondere Ereignisse vorüberging. Die radikalen Franziskaner,[9] später die Wiedertäufer, griffen die Lehre auf und setzten sie in fanatische, von Untergangsängsten bestimmte religiöse Praktiken um, die aber teilweise auch in sozial-revolutionäre Bewegungen umschlagen. So waren die Hussitenbewegung, besonders aber der extreme Flügel der Taboriten in Böhmen u.a. durch Joachim von Fiore angeregt.[10]

Auch an Thomas Müntzer, 1488 oder 1489 in Thüringen (Stolberg) geboren, ist in diesem Zusammenhang zu erinnern; seine Rolle in den Bauernkriegen hängt mit der auch anderen revolutionären Gruppen eigenen

Vorstellung zusammen, das Reich Gottes dürfe nicht nur erwartet, sondern müsse durch Umsturz der bestehenden Ordnung gewaltsam herbeigeführt werden. Er schloß damit an die Offenbarungen des Webers Niklas Storch an. »Dieser Storch, der sich selbst im nahen Böhmen aufgehalten und dort im wesentlichen die alte taboritische Lehre in sich aufgenommen hatte, aber propagierte, daß die Endzeit nahe sei und Gott – wie in den Tagen der Apostel – auch jetzt unmittelbar zu den Erwählten spreche. Zwar müßten erst einmal die Türken die ganze Welt erobern und der Antichrist über sie herrschen; dann aber – und das werde bald sein – würden die Erwählten aufstehen und die Gottlosen vernichten, so daß Christi Wiederkehr erfolgen und das Tausendjährige Reich anbrechen könne. Was Müntzer an diesem Programm am stärksten beeindruckte, war der von den Gerechten gegen die Ungerechten zu führende Vernichtungskrieg. Von Luther abfallend, richtete er jetzt seine Gedanken und Reden nur noch auf die Offenbarung Johannis und solche Episoden des Alten Testaments wie die Erschlagung der Baalspriester durch Elia, die Tötung der Söhne Ahabs durch Jehu und die Ermordung des schlafenden Sisera durch Jael. Die Zeitgenossen bemerkten die Veränderung, die über ihn gekommen war, und beklagten seinen Blutdurst, der sich zeitweise in reinem Wahnwitz kundtat.
Mit Waffengewalt müssen die Erwählten den Weg ins Tausendjährige Reich bahnen – wer aber waren diese Erwählten? Nach Müntzers Auffassung waren es jene,

die vom Heiligen Geist oder, wie er es meist ausdrückte, vom ›lebendigen Christus‹ erfüllt waren...«[11] Die Bewegung erreichte 1525 ihren Höhepunkt und gleichzeitig ihr Ende – es kommt zur blutigen Auseinandersetzung. »Wie die *Histori* – sicher glaubwürdig genug – schildert, behauptete der Pseudoprophet in einer leidenschaftlichen Ansprache, Gott sei ihm erschienen und habe ihm den Sieg versprochen; er werde die feindlichen Kanonenkugeln in seinen Mantelärmeln auffangen, und Gott werde lieber Himmel und Erde verwandeln als den Untergang seines Volkes zulassen. Ein Regenbogen, der in diesem Augenblick am Himmel erschien, vertiefte noch den Eindruck dieser Rede, erblickte man doch in der Identität mit dem Symbol auf dem Banner ein Zeichen der göttlichen Gunst. Zumindest Müntzers persönliche Gefolgschaft scheint mit einem gewaltigen Wunder fest gerechnet zu haben, und da sie ebenso diszipliniert wie fanatisch war, vermochte sie zweifellos die ungeordneten und kopflosen Bauernmassen zu beherrschen. Als die Fürsten keine befriedigende Antwort auf ihr Angebot erhielten, riß ihnen die Geduld, und sie ließen die Kanonen reden. Die Bauern hingegen hatten nicht einmal versucht, die paar Geschütze, über die sie verfügten, in Aktion zu bringen oder Anstalten zur Flucht zu treffen. Statt dessen sangen sie, als stände die Wiederkehr Christi in eben dieser Sekunde bevor, unentwegt ihr ›Komm, Heiliger Geist‹. Die erste und einzige Salve der fürstlichen Artillerie wirkte katastrophal; die Bauern wandten sich in

panischem Entsetzen zur Flucht; die fürstliche Reiterei setzte hinter ihnen her und machte sie zu Hunderten nieder. Die Zersprengung der Bauern und die Einnahme Frankenhausens, wobei rund 5000 Menschen das Leben verloren, kostete das Fürstenheer bloß ein paar Mann. Einige Tage später kapitulierte Mühlhausen kampflos und büßte die ihm zugeschobene Schuld an dem Aufstand mit hohen Geldstrafen und dem Verlust der Reichsunmittelbarkeit. Was Müntzer anbelangt, war er dem Blutbad entronnen, wurde aber bald in einem Versteck in Frankenhausen aufgestöbert. Graf Ernst von Mansfeld, dem er übergeben wurde, ließ ihn foltern und am 27. Mai 1525 nach erpreßtem Geständnis über den Bund der Auserwählten gleichzeitig mit Pfeiffer im fürstlichen Lager enthaupten. Storch, der allem Anschein nach gleichfalls die Hand in der Erhebung hatte, starb im selben Jahr als Geächteter.«[12]
Wenig später wird – von täuferischen Bewegungen in den Niederlanden ausgehend – durch Jan Mathys und Jan Bockelson die Stadt Münster zum Neuen Jerusalem erhoben; hier war – so hieß es – das göttliche Reich 1533 Wirklichkeit geworden: Das Jahr 1533 galt als die 1500. Wiederkehr des Todes Christi und damit als gültiger Termin für den Anbruch des kommenden Reiches.[13] Auch diese Hoffnung wurde enttäuscht; schon bald breitete sich in der inzwischen eingeschlossenen Stadt ein sich religiös verstehendes Schreckensregime aus – geradezu das Gegenbild eines göttlichen Reiches. 1535 bereits nahm der Spuk ein Ende.[14]

Martin Luther grenzte sich entschieden gegen diesen Radikalismus der Schwärmer und Wiedertäufer mit ihrem gewaltsamen Einsatz für das kommende Reich ab. Zwar ist auch seine Reformation eschatologisch, d. h. endzeitlich bestimmt; aber gewaltsame Umstürze und die Vorstellung eines Tausendjährigen goldenen Zeitalters auf Erden mit »eitel Heiligen und Frommen« (Chiliasmus = Lehre vom Tausendjährigen Reich, in Anlehnung an Apokalypse 20) lagen ihm fern: die zu erwartende Endzeitkatastrophe, die auch Luther in näherer Zeit annahm, beruhte für ihn auf dem Handeln Gottes.

Als Zeuge einer anderen Art der Wiederkunftserwartung sei der schwäbische Prälat Johann Albrecht Bengel (1687–1752) genannt; er berechnete aus bestimmten Angaben und Zahlen der Apokalypse des Johannes den Anbruch des Tausendjährigen Reiches auf 1836. Diese Art der Wiederkunftserwartung aufgrund von Berechnungen hat manche Nachfolger gefunden. Heute tritt sie uns z. B. bei den Zeugen Jehovas entgegen. Ihr Begründer, der amerikanische Kaufmann und Publizist Charles Taze Russell (1852–1916), hatte zunächst 1874 als den Ausbruch des Tausendjährigen Reiches errechnet, dessen endgültiges Hervortreten für 1914 erwartet wurde.[15] Später legte sein Nachfolger Rutherford in dem Vortrag »Die Welt ist am Ende – Millionen jetzt Lebender werden nie sterben« (24. 2. 1918) aufgrund eigener Berechnungen 1925 als neuen Termin fest, der aber nach dem Ausbleiben der

erwarteten Ereignisse ebenfalls aufgegeben und durch neue Termine ersetzt wurde.[16] Trotzdem ist gerade bei den Zeugen Jehovas die fanatische Endzeitstimmung relativ lebendig geblieben, angeregt durch immer neue bildhafte Ausgestaltungen des furchtbaren Endes der verlorenen Welt und der Glückseligkeit der Erlösten, für die die Erde zu einem – sehr materiell vorgestellten – Paradies werden wird.[17] In dieser Hinsicht können die Zeugen Jehovas als eine moderne und auf die Spitze getriebene Ausgestaltung des Montanismus der frühen christlichen Jahrhunderte angesehen werden.
Aber auch andere Gruppierungen haben die Endzeitstimmung zum wesentlichen Antrieb für ihr religiöses Leben gemacht – so etwa die Irvingianer in England und Schottland, die Mormonen und die Adventisten in den USA. Bei manchen heutigen Jugendsekten wird die Rettung aus einer untergehenden Welt ebenfalls zu einer grundlegenden Motivation für den Zusammenschluß mit den zukünftig Geretteten.[18] Die Furcht vor dem nahen Weltende, vor dem Weltgericht und vor der damit verbundenen Scheidung der Geister in Verdammte und Erlöste droht hier zum eigentlichen inneren Antrieb für die Frömmigkeit und Religionsübung zu werden; damit wird der Egoismus – das Gegenteil wahrer Religiosität – zum Prinzip der Religion.
In der katholischen und evangelischen Kirche ist die Wiederkunftshoffnung dagegen sehr in den Hintergrund getreten, ja man weiß eigentlich nicht mehr viel damit anzufangen; konkrete Aussagen darüber sind

hier kaum zu finden.[19] In der herkömmlichen Theologie hat sich sogar ein echtes Dilemma eröffnet, seit Albert Schweizer die Naherwartung des Weltenendes und der Wiederkunft als einen fundamentalen Irrtum Christi hingestellt und später Rudolf Bultmann das ganze damalige Weltbild und die damit verbundenen Anschauungen Christi einer Entmythologisierung unterzogen haben: davon wird noch besonders zu sprechen sein (s. S. 69 ff.).

Wir müssen aus diesem kurzen Überblick das radikale Scheitern aller bisherigen Erwartungen in bezug auf das Wiedererscheinen Christi feststellen. Es ist deutlich geworden: weder Berechnungen irgendwelcher Art noch die auf *äußere* Merkmale aufgebauten Vorstellungen von der Wiederkunft (äußere Katastrophen, Untergangsvisionen, Hoffnung auf den *äußeren* Anbruch des göttlichen Reiches) haben sich als stichhaltig erwiesen. Jeder weitere Versuch in diese Richtung muß im Kontext der bisherigen Erfahrungen von vornherein als äußerst fragwürdig erscheinen; die Zurückhaltung der Kirchen in bezug auf konkrete Aussagen zur Wiederkunft sind von daher nur zu verständlich; die ernüchternden Bemühungen der heutigen Theologie unterstützen und motivieren diese Zurückhaltung.[20]

Wenn wir hier dennoch versuchen, das Wiedererscheinen Christi nicht als ein vages zukünftiges, sondern als für unsere unmittelbare Gegenwart und nächste Zukunft aktuelles Ereignis zu beschreiben, so in vollem Bewußtsein davon, daß alle bisherigen Aktualisierungsversuche radikal gescheitert sind und wir uns gegenüber den Ausgangspunkten, die allen bisherigen Versuchen zugrunde lagen, ebenso radikal abgrenzen müssen:

- weder Berechnungen des Zeitpunktes, an dem sich die Wiederkunft ereignen soll;
- noch die Feststellung katastrophaler, »endzeitlicher« Zeitverhältnisse;
- noch auch visionäre Zukunftsprophetien

können Ausgangspunkte für die Hoffnung auf die Wiederkunft Christi sein. Solche Wege führen in die Irre. Gibt es andere, bisher so nicht aufgetretene Gesichtspunkte, aus denen wir die Berechtigung ableiten können, nun ganz neu an die Frage der Wiederkunft heranzutreten und ihren Beginn in unserer Zeit anzusetzen? Folgende vier Gesichtspunkte sind da zu nennen:

1. Die Wiederkunftsprophetien des Neuen Testaments selbst geben uns – so ist zu zeigen – genügend Anlaß, einen konkreten Zeitpunkt der Menschheitsentwicklung für ihre Erfüllung ins Auge zu fassen; wir werden bei ihrer Deutung die Mitte zu halten haben zwischen der einseitig materiellen und der einseitig geistigen Auslegung der Wiederkunftsbilder im Neuen Testament.
2. Im Hinblick auf unsere Zeit ist zu sagen: weniger die ins »Apokalyptische« sich steigernden Bedrohungen durch Atomkrieg, Umweltkatastrophen, Krankheiten (Aids) sind es, die hier zeichenhaft erscheinen –

an der *inneren* Situation, an den Seelenentwicklungen der Menschen sind heute die Zeichen der Wiederkunft abzulesen: auf sie gilt es hinzublicken.

3. Es mehren sich die Erlebnisse und Erfahrungen einer neuen Gegenwart Christi in unserer Zeit. Sie unterscheiden sich von den bisherigen Zukunfts- und Untergangsvisionen erheblich – sowohl inhaltlich als auch in ihren Auswirkungen; sie treten zudem ganz individuell auf, nehmen aber trotzdem allgemein-menschlichen Charakter an. Vieles dieser Art ist im vertraulichen Gespräch – z. B. in der Seelsorge – zu erfahren; manches davon findet sich bereits in der Gegenwartsliteratur.
4. Helles Licht wirft auf die mit dem Wiederkunftsthema verbundenen Fragen die Anthroposophie Rudolf Steiners; wir beziehen sie voll in unsere Darstellung ein – unter Voraussetzungen, die später behandelt werden (s. S. 95); damit gewinnen wir eine Erkenntnisstütze, die über Vermutungen, Spekulationen und Kombinationen hinausführen und uns sicheren geistigen Boden geben kann.

Diese vier Ausgangspunkte werden hier nicht aus theoretischen Erwägungen heraus genannt; in allen vier Bereichen – im Leben mit den Wiederkunftsbildern in den Evangelien, im Miterleben der Zeitverhältnisse, in der Seelsorge, im Durcharbeiten der Anthroposophie – liegen dem Buch eine vier Jahrzehnte umfassende Beschäftigung mit dem Thema zugrunde; in Seelsorge und Gemeindepraxis, im erneuerten sakramentalen Leben der Christengemeinschaft blieb dieses Thema immer lebendig. Schließlich waren die Aufgaben an der Freien Hochschule der Christengemeinschaft Anlaß, die Wiederkunftsfrage auch systematisch durchzuarbeiten. Das Buch wird sich in folgende Kapitel gliedern:

- das 1. Kapitel wendet den Blick auf einige charakteristische Schilderungen der Wiederkunft im Neuen Testament; dabei wollen wir fragen, welche konkreten Aussagen über das Wie, Wo und Wann der Wiederkunft in diesen Schilderungen enthalten sind; auch was die neuere Theologie zu den damit verbundenen Fragen zu sagen hat, werden wir berühren;
- das 2. Kapitel beschäftigt sich mit der inneren Situation unserer Zeit und einigen Erlebnissen der Wiederkunft heute;
- dann werden wir im 3. Kapitel eine Reihe von erhellenden Äußerungen Rudolf Steiners zu unserem Thema heranziehen;
- im 4. Kapitel fragen wir auf dem Hintergrund der gewonnenen Einsichten: »Was sollen – was können wir tun?«, und was hat das alles für uns selbst, für unser Leben und Schicksal zu bedeuten?
- im 5. Kapitel sollen, viel ausführlicher als im 3., Erfahrungen der Wiederkunft heute unmittelbar zu Worte kommen;
- das 6. Kapitel gibt die wesentlichen Texte zum Thema aus dem Neuen Testament im Wortlaut wieder;

– als 7. Kapitel des Buches können die Anmerkungen gelten, die über die üblichen Verweise hinaus manches enthalten, was die Ausführungen des Hauptteils inhaltlich ergänzt.

Dem Leser, der mit den theologischen und bibelkundlichen Ausgangspunkten der Christengemeinschaft nicht vertraut ist, wird an vielen Stellen – dessen bin ich mir bewußt – ein hohes Maß an Unvoreingenommenheit abverlangt; ohne sie gäbe es genügend Anlaß, die Lektüre des Buches vorzeitig abzubrechen – wofür der Verfasser volles Verständnis hätte. Andererseits kann mittels der ausführlichen Literaturhinweise über die zugunsten der Lesbarkeit knapp gehaltenen Ausführungen hinaus auf manches verwiesen werden, was offen bleibende Fragen (besser und weiter gründlicher) behandelt. Es ist die Hoffnung des Verfassers, daß von dem *Ganzen* der hier vorgelegten Darstellung etwas ausgeht, das Unzulänglichkeiten im Einzelnen aufwiegen kann.

I. Die Verheißung der Wiederkunft Christi im Neuen Testament

Von dem Wiedererscheinen Christi ist in allen Teilen des Neuen Testaments die Rede:

- in den vier Evangelien und in der Apostelgeschichte;
- in den Briefen;
- in der Apokalypse.

Zunächst sei ein erster Überblick über die wichtigsten Stellen gegeben.

Die Evangelien und die Apostelgeschichte

In den *Evangelien* ist die Verheißung der Wiederkunft Christi vor allem in die sogenannte Ölberg-Apokalypse eingebettet, die von den Gefährdungen der zukünftigen Menschheit spricht: von Kriegen und Naturkatastrophen, von Verfolgungen und Krankheiten – nicht nur als katastrophale Ereignisse der Zukunft, sondern als »Geburtswehen einer neuen Welt«; in diesem Zusammenhang heißt es: »Dann werden sie schauen den Sohn des Menschen, wie er kommt mit den Wolken, in Geisteskraft und im vollen Offenbarungsglanz.« (Lukas 21,27)

Bei *Matthäus* ist diese Ölberg-Apokalypse im 24. Kapitel zu finden, im 25. Kapitel gefolgt von den »Wiederkunftsgleichnissen«: den Gleichnissen von den »zehn Jungfrauen« und den »anvertrauten Pfunden« sowie von der Schilderung des »Weltgerichts« und der »Scheidung der Geister«. *Markus* hat die Ölberg-Apokalypse mit der Wiederkunftsverheißung im 13., *Lukas* im 21. Kapitel, wobei er allerdings schon im 17. Kapitel einen Teil der apokalyptischen Prophezeiungen vorwegnimmt.
In allen drei Evangelien gehören diese Kapitel zur Karwoche, und zwar zum Dienstag mit seinen besonderen Auseinandersetzungen und Streitgesprächen zwischen Christus und den Führern des Volkes. Am Abend dieses Tages verläßt Christus mit seinen Jüngern Jerusalem; auf der Kuppe des Ölbergs sieht er auf die Stadt und den Tempelbau und auf die Tagesereignisse zurück. Nun eröffnet er den Jüngern die Zukunft: die Zeichen seiner Wiederkunft und ihre Erfüllung. Der entsprechende Wortlaut ist am Schluß des Buches in der Übersetzung von Emil Bock wiedergegeben (S. 301 ff.).
Im *Johannes-Evangelium* findet sich keine Ölberg-Apokalypse; die Wiederkunft selbst erwähnt es am Ende da, wo es sich um das Schicksal des Jüngers, den Christus lieb hatte, handelt, mit den Worten: »... wenn ich ihn dazu bestimme, zu bleiben bis zu meiner Wiederkunft ...« (Johannes 21, 22–23). Aber die *Apokalypse des Johannes* steht dann am Schluß des Neuen Testaments als eigenes Buch – sie ist im Grunde nichts

anderes als die ausgebreitete Schilderung der Ereignisse der Wiederkunft.

Die *Apostelgeschichte* weist – wie wir schon eingangs erwähnten –, bei der Himmelfahrt Christi in bedeutsamer Art auf die Wiederkunft hin: indem der Christus in den Wolken entschwindet, erscheinen den Jüngern zwei »Männer in weißen Gewändern«, die ihnen zurufen: »Er wird einst wiederkommen in der gleichen Art der Offenbarung, wie ihr ihn jetzt in die Himmelsphäre habt übergehen sehen.«

Hier ausführlich die vielen Fragen zu erörtern, die sich für unser heutiges Bewußtsein an die Schilderungen der Evangelisten anschließen müssen, ist nicht Anliegen dieser Untersuchung; dafür sei auf die eingehenden Darstellungen bei Emil Bock und Rudolf Frieling verwiesen, die zeigen können, daß das, was uns an dieser Prophezeiung heute zunächst unverständlich erscheinen muß, einsehbaren Sinn erhalten kann.[21] Wir heben hier einige für die Betrachtungen wesentliche und charakteristische Bilder und Motive hervor und befragen sie nach dem, was sie uns sagen wollen, um Art, Zeit und Ort der Wiederkunft zu bestimmen. Doch zuvor wenden wir uns noch kurz den Briefen und der Apokalypse zu.

Die Briefe und die Apokalypse des Johannes

In den Briefen des Neuen Testaments finden sich vor allem an drei Stellen ausführliche Äußerungen zur Wiederkunft: durch *Paulus* im 1. und 2. Brief an die *Thessalonicher* (im 4./5. bzw. im 1./2. Kapitel; Wiedergabe dieser Texte S. 315 ff.); hier handelt es sich jedesmal darum, den Gemeinden gegenüber zu erklären, warum die Wiederkunft im Gegensatz zu manchen Nah-Erwartungen nicht schon längst eingetreten ist und wie denn die inzwischen Verstorbenen an der sich hinauszögernden Wiederkunft Christi Anteil haben können. Auf das Thema »Naherwartung« kommen wir etwas ausführlicher im Zusammenhang mit einigen theologischen Fragestellungen am Ende dieses Kapitels zu sprechen. Im übrigen aber sind alle Briefe vom Motiv der Wiederkunft durchdrungen, auch die nicht-paulinischen. Man spürt, wie intensiv von den Schreibern auf das neue Kommen des Christus zugelebt wurde. Wir *nennen* alle Stellen in den Anmerkungen[22] und *zitieren* einige am Schluß.

Die *Apokalypse des Johannes* weitet zu einem ganzen Buche aus, was in den ersten drei Evangelien nur in einem oder zwei Kapiteln als »kleine« oder »Ölberg-Apokalypse« enthalten ist. Das Motiv der Wiederkunft steht hier gleich am Beginn, nicht gegen Ende der Prophezeiungen; es ist gleichsam der Anfangsklang, der allem Folgenden die besondere Prägung gibt und Richtung verleiht. Im 1. Kapitel, Vers 7, erklingt die Verheißung: »Siehe, er kommt in den Wolken. Alle Augen sollen ihn schauen ...«, und gleich danach erfolgt als erste Stufe der Erfüllung die »Erscheinung des Menschensohnes« (Vers 10–20): »... sein Antlitz leuchtete wie die Sonne in ihrer vollen Kraft« (1,16). Dann bleibt das Wiederkunftsmotiv im Hintergrund der folgenden Ereignisse und tritt wie aus dem Verborgenen wieder hervor als weitere Erscheinung des Menschensohnes, die sich nun in anderer Art – und jetzt nicht nur für Johannes – im 14. Kapitel zeigt; da heißt es: »... siehe, eine leuchtende Wolke. Und auf der Wolke die Gestalt des Menschensohnes...« (Vers 14). Die ganze Apokalypse ist aber durchdrungen von immer wiederkehrenden Motiven des »Kommens«, so Kapitel 3,3 und 11; 6,17; 16,15; im 19. Kapitel als das Erscheinen des »weißen Reiters«; am Schluß kulminiert es dann: Kapitel 22, in den Versen 6, 7, 10, 12, 20: »Siehe, ich komme schnell!«

In dieser Schrift wird viel deutlicher als in den Evangelien, daß die apokalyptischen Ereignisse ihrer katastrophalen Seite nach nur der Schattenwurf eines Lichtes sind – eines Lichtes, das ausgeht von dem Wiedererscheinen Christi.

Auch die Briefe und die Apokalypse werfen viele Fragen für unser heutiges Verständnis auf. Einigen werden wir nachgehen; für vieles andere sei wieder auf das entsprechende Schrifttum verwiesen.[23]

Wie – wo – wann?

Alle Teile des Neuen Testaments – das geht aus diesem kurzen Überblick hervor –, sprechen im Blick auf die Zukunft von dem Wiedererscheinen Christi. Dabei trat in bisherigen Erklärungsversuchen meist die Frage in den Vordergrund, *wann* dieses Ereignis sich vollziehen werde; und da die Wiederkunft mit dem Letzten Gericht und dem Weltende verknüpft gedacht wurde, waren damit die schon angedeuteten Angsterlebnisse und Schrecken verbunden. Wir werden uns aber fragen müssen, ob eine solche Verknüpfung der Ereignisse notwendig aus den Prophezeiungen abzuleiten ist, oder ob hier schon eine Mißdeutung vorliegt, die den richtigen Blick auf die Wiederkunftsereignisse verstellt. Jedenfalls bekommen die diesbezüglichen Vorstellungen schon ein ganz anderes »Gesicht«, wenn wir zunächst einmal nicht fragen, wann, sondern wie und wo wird sich denn die Wiederkunft vollziehen? Bisher hat man ganz naiv geantwortet: so wie damals Christus als Mensch in einem irdischen Leib gelebt hat, so – oder ähnlich (vielleicht in einem erhöhten Zustand) – wird er sich auch bei seiner Wiederkunft zeigen; sehr materialistisch waren oft die Vorstellungen, die sich mit diesen Zukunftserwartungen verbanden. Und *andere* Vorstellungen standen ja auch nicht zur Verfügung. Damit aber war der Blick in einer Weise fixiert, die das gesamte Thema Wiederkunft in einem falschen Licht erscheinen ließ.

Von dieser leiblich-materiellen Fixierung gilt es loszukommen. Denn die Worte und Bilder des Neuen Testaments legen keineswegs eine irdisch-leibliche Erscheinung des Wiederkommenden nahe. Im Gegenteil: Hier müssen offensichtlich ganz andere Vorstellungen ausgebildet werden, um die Seinsebene und Seinsweise des Christus in seinem Wiedererscheinen zu erfassen. Diesem Fragenbereich wollen wir uns nun zuerst zuwenden, um von da aus später auch die Frage nach dem Zeitpunkt der Wiederkunft zu stellen.

»Kommend in den Wolken«

An entscheidenden Stellen findet sich im Zusammenhang mit dem Wiedererscheinen Christi im Neuen Testament das Bild von der *Wolke*, und zwar ebenso in den Evangelien wie in den Briefen und in der Apokalypse. Es wird also für die Wiederkunftsereignisse ein wesentliches, kein zufälliges Bild sein. In gewisser Weise liegt gerade in diesem Bild der Schlüssel für das Verständnis der Seinsebene, in der sich das Wiedererscheinen Christi vollzieht; denn hier handelt es sich nicht um eine »äußere Wolke«; die »Wolke« ist, wie sehr viele andere Bilder im Evangelium – denken wir nur an das »Wasser« und das »Brot des Lebens«, an die »Taube« bei der Taufe, an den »Leib Christi« im Abendmahl u. v. m. – Hinweis auf einen allerdings sehr konkreten geistigen Tatbestand.[24] Um dieses Bild als

Hinweis auf eine geistige Wirklichkeit zu erfassen, müssen wir uns deutlich machen, daß sich unsere Welt keineswegs im physisch-materiellen Sein erschöpft; das gilt schon für uns Menschen selbst: Wir haben einen physisch-materiellen Körper mit Fleisch und Knochen, Muskeln und Sehnen, Blut und Lymphe usw. Aber dieser Körper ist nicht tot, sondern belebt: er ist von Lebenskräften durchdrungen, die die lebendigen Prozesse unserer Leiblichkeit bewirken: im Tode, wo sich diese Lebenskräfte zurückziehen, werden sie gleichsam im Gegensatz noch einmal besonders anschaubar: Der tote, starre Leichnam zeigt, was es heißt, *nur* materiell zu sein, und zugleich, wie die Lebenskräfte *vorher* im Leib gewirkt haben.
Auf diesen Bereich lebendig-gestaltender Kräfte richten wir hier besonders unseren Blick. Sie werden in der Anthroposophie Rudolf Steiners »ätherische Kräfte« genannt. Sie sind nicht *unmittelbar* wahrzunehmen, aber überall, wo Leben ist, wirksam; mittelbar werden sie anschaulich in ihren Wirkungen, indem sie belebend, bildend, gestaltend und bewegend überall tätig sind. Wahrnehmbar werden sie der hellseherischen Erfahrung als ein lebentragender, dynamischer und außerordentlich differenzierter Kräfte-Bereich, der von der geistigen Welt her an unsere irdische Welt angrenzt und sie teilweise durchdringt.[25] An der menschlichen Leiblichkeit kann dieser Kräftebereich eventuell als »aurische« Erscheinung oder als Teile der menschlichen »Aura« wahrgenommen werden.

Nicht nur der menschliche Leib aber, auch der Erdenleib ist von diesem lebendigen Kräftebereich durchdrungen; ist doch die Erde nicht nur eine Ansammlung toten Gesteins, sondern voller Leben, voller sich bildender, gestaltender, sich bewegender Prozesse. Das *Wasser* ist dabei in besonderer Weise »Träger« solcher Kräfte: ohne Wasser kein Leben; und das Wasser selbst ist in dauernder Bewegung und in dieser Bewegung bildend, formend, gestaltend;[26] es bewegt sich, bringt in Bewegung und formt das Bewegte: ein Abbild ätherischer Kraftwirkung.
Ein Teil des Phänomens Wasser ist die *Wolke*. In ihr und mit ihr erhebt sich die Lebenssphäre der Erde aus der einseitigen Bindung an die materielle Erde, wird ganz frei und vermag sich mit den Kräften des Lichtes, der Wärme usw., die von der Sonne und aus dem Kosmos kommen, zu durchdringen. Dadurch bekommt dieser Bereich der Lebenskräfte eine andere, »höhere« Qualität; er wird – bis zur Unsichtbarkeit für unsere Augen – gleichsam dem Himmel mit *seinen* Kräften entgegengehoben und kann dann als belebender Regen die Erde neu befruchten.[27]
Auf diese Tatsachen müssen wir hinschauen, wenn im Evangelium das Bild der Wolke auftaucht. In diesem Bilde – als Wahrbild für geistige Vorgänge – repräsentierte sich einer älteren Weltauffassung der an die irdische Welt angrenzende himmlische Bereich, gleichsam der »erste Himmel«; dieser »erste« oder »unterste« Himmel ist der Bereich *der* Lebenskräfte der Erde und

des Menschen, die mit den himmlischen Kräften verbunden sind. Besonders bei der Himmelfahrt wird das Bild der Wolke deutlich hervorgehoben (Apostelgeschichte 1): Der Auferstandene, der 40 Tage mit den Jüngern gewandelt ist, »wird von der Wolke aufgenommen« und vor den Augen der Jünger »entrückt«. Im gleichen Moment aber, wo die Jünger die Entrückung des Christus erleben, werden sie von »zwei Männern in weißen Gewändern« auf das künftige Wiedererscheinen des Christus aus dem Wolkensein hingewiesen.

Aber auch an anderen Stellen finden wir das Wort von der Wolke. Insbesondere ist da vor allen Dingen an die schon erwähnten Worte in Lukas 21, 27 zu denken: »Dann werden sie schauen den Sohn des Menschen, wie er kommt in den Wolken«. Auch bei Matthäus und Markus (Kap. 24 bzw. Kap. 13) finden sich die entsprechenden Worte. Im Matthäus-Evangelium und Markus-Evangelium ist zudem noch eine weitere Stelle enthalten: Als Christus sich vor dem Hohenpriester rechtfertigen muß, spricht er ebenfalls von seiner »Wiederkunft in den Wolken« (Kap. 26 bzw. Kap. 14).

Auch im 1. Kapitel der Offenbarung des Johannes heißt es, wie wir sahen: »Er kommt mit den Wolken«. Und im 14. Kapitel erscheint der Menschensohn »sitzend auf einer weißen Wolke« – ebenfalls ein Bild der Wiederkunft.

Im ersten Thessalonicherbrief, Kapitel 4, erwähnt Paulus die »Entrückung« der Lebenden in den »Wolkenbereich« im Zusammenhang mit der Wiederkunft.

Die vorangehenden Überlegungen können ein Schlüssel zur Deutung dieser Bildmotive sein. Gehen wir zunächst von der Himmelfahrt aus: der Christus war den Jüngern nach der Auferstehung noch 40 Tage hindurch erlebbar; daß diese »Erscheinung des Auferstandenen« schon nicht einfach in einem gewöhnlichen irdisch-materiellen Körper stattfand, geht aus den Evangelienberichten deutlich hervor. Der Leib Christi war mit Tod und Auferstehung durch eine vollständige Verwandlung, Vergeistigung hindurchgegangen, war vollständig von geistigem Leben durchdrungen. Wenn ich hier diese Worte gebrauche, dann meine ich etwas Konkretes und Verstehbares damit. Das Geheimnis der Auferstehung und des Auferstehungsleibes kann verstanden werden; allerdings würde die dafür notwendige Erörterung den hier gegebenen Rahmen sprengen. Es gibt aber genügend Literatur zu diesem Thema.[28] Dieser Leib war jedoch bis zur Himmelfahrt doch noch wie »begrenzt« und gerade dadurch dem Blick der Jünger überschaubar.

Mit der Himmelfahrt geht der Christus nun aus diesem Zustand der Erdennähe und Begrenzung in die an die irdische Welt heranreichende ätherische Welt über; er gibt damit alle irdische Begrenzung auf; schon die äußere Wolkensphäre ist ja nicht begrenzt, sondern zieht über Kontinente und Ozeane hin ohne Rücksicht auf irgendwelche irdische Grenzen. Diese Tatsache kann uns Bild werden für den Bereich, in den der Christus sich erhebt, den Bereich der Entgrenzung, d.h. der

Allgegenwart. Himmelfahrt heißt deshalb nichts anderes als: der Auferstandene geht in eine »erhöhte« Seinsweise, in den Zustand der Allgegenwart über. Er ist geistig-lebensvoll nun nicht nur in Palästina, sondern über die ganze Erde hin gegenwärtig: »Siehe, ich bin bei euch alle Tage...« und »Wo zwei oder drei versammelt sind in meinem Namen, da bin ich mitten unter ihnen«.[29]
Die Wolke ist also zunächst ein Bild für den Lebensbereich, der das Allumfassende, die Erde Umspannende bezeichnet. Sie ist aber auch ein Bild für das sich ständig Wandelnde, das In-Erscheinung-Treten und Sich-Wieder-Auflösen, das Sich-Erheben und Niedersenken, der Bereich, der einerseits mit den Kräften des Himmels verbunden ist und doch die Erde umfaßt und befruchtet im Regen.
Wir kommen also mit diesem Bild der Wolke aus der irdischen Begrenzung, die Christus in den 40 Tagen noch hatte, heraus. Im Bild der Wolke zeigt sich das Allumfassende seines Wesens, das mit Himmelskräften allgegenwärtig die Erde umspannt und ihr Segen zu spenden vermag. So lebt Christus seit den Jahrhunderten nach dem Mysterium von Golgatha mit der Menschheit. In diesem Sinne darf er mit den Worten unseres Credo »der Herr der Himmelskräfte auf Erden« genannt werden – »lebend im Erdensein«, wie die Himmelfahrtsepistel sagt, aber dieses Erdensein mit »Himmelssein« »verklärend«.[30]
Von diesem Ausgangspunkt aus kann uns nun auch die »Wolke« als Bild für den Bereich verständlich werden,

aus dem heraus sich die Wiederkunft vollziehen soll. Wenn es heißt: »Siehe, er kommt mit den Wolken« (Offenbarung 1), dann bedeutet dies, daß der Blick der Menschen langsam aufgeht für die neue Nähe Christi, die aus jenem höheren Bereich heraus wirksam wird, in dem er seit der Himmelfahrt mit der Menschheit lebt und aus dem heraus er sich gleichsam neu verdichtet, anwesend wird. Denn die Wolke kann nicht nur ins Unsichtbare entschwinden – das Bild für die Himmelfahrt –, sondern sich aus dem Unsichtbaren wiederum bilden, sichtbar werden und niederregnen: »Dann werden sie schauen den Sohn des Menschen, wie er kommt in den Wolken (oder im Wolkensein)« (Lukas 21).[31]
Es ist grotesk, diese »Wiederkunft in den Wolken« z.B. so zu deuten, daß Christus, der schon in Tibet erschienen sei, mit dem Flugzeug, aus den Wolken kommend, in Holland landen und von dort aus mit Hilfe der modernen Medien seine Ankunft der ganzen Menschheit mitteilen werde – so vor einigen Jahren mit großem Propagandaaufwand durch riesige Anzeigen in großen Tageszeitungen Europas und Amerikas von einer esoterischen Gruppe verkündet.[32] Hier haben wir das materialistische Gegenbild der wahren Wiederkunftsereignisse: nicht eine *irdische* Erscheinung – mit Hilfe der *Technik* in äußeren Wolken sichtbar werdend – ist gemeint, so wenig sich die Himmelfahrt mittels eines Flugzeugs vollzogen hat, sondern die Ausbreitung der Kraft des Auferstandenen über die Erde hin zur Allgegenwart beschreibt;[33] und nicht mit Hilfe der

technischen Medien wird Christus in seiner Wiederkunft der Menschheit zum Bewußtsein kommen, – davon ist gleich noch zu sprechen. Es muß eben das Bild der Wolke als Ausdruck des Übersinnlich-»Ätherischen« richtig verstanden werden, dann wird es zum Schlüssel für die richtige Anschauung der Wiederkunftsereignisse.

Keine irdische Erscheinung

Daß wir Christus in seiner Wiederkunft nicht in irdischer Verkörperung erwarten dürfen, geht auch aus einem anderen Evangelienwort hervor, das sich bei Matthäus findet: »Wenn jemand zu euch spricht: Siehe, hier ist der Christus, oder siehe dort! so höret nicht darauf ... Wenn man zu euch spricht: Siehe, in der Einsamkeit der Wüste ist er, so gehet nicht dorthin. Und wenn man sagt: Siehe, in seinem Gemach ist er, so glaubet den Worten nicht. Wie der Blitz im Osten aufflammt und bis zum Westen hinüberleuchtet, so wird die Wiederkunft des Menschensohnes sein« (Matthäus 24,23 ff.). Etwas Entsprechendes ist in der Apokalypse gesagt, wenn es da heißt: »Siehe, er kommt im Wolkensein. *Alle Augen sollen ihn schauen,* auch die ihn durchstochen haben« (1,7).

Damit ist auf die überirdische Erscheinung des Kommenden hingewiesen, die nicht in einem irdischen Leib zu fassen ist, denn: »... Alle Augen sollen ihn schauen« – das ist äußerlich-irdisch nicht zu realisieren. Eine irdische, leibliche *Verkörperung* des Christus wird es nicht noch einmal geben; was in einem menschlichen Erdenleib von Christus zu erleben, zu erleiden und zu erringen war, ist damals geschen. *Diese* Art seiner Gegenwart braucht sich nicht zu wiederholen – sie wäre auch erneut auf eine kleine Menschengruppe beschränkt und könnte die Menschheit nicht wirklich umfassen.[34]

Das Evangelium setzt den falschen Wiederkunftserwartungen das Bild des »Blitzes« entgegen, der aus den Wolken flammt. Dieses Bild ist uns noch aus einem anderen Evangelienzusammenhang vertraut. In dem Osterbericht des Matthäus heißt es: »...: der Engel des Herrn stieg vom Himmel hernieder ... seine Gestalt war wie ein Blitz«. Auch hier haben wir eine übersinnliche, keine irdische Erscheinung, die aus der geistigen Welt herniederflammt und dem Schauen der Frauen am Ostermorgen sichtbar wird, ja dann sogar zu ihnen zu sprechen beginnt (Matthäus 28,2ff.).

Es ist gewiß kein Zufall, daß das Evangelium an beiden Stellen vom Blitz spricht, handelt es sich dabei doch auch wieder um ein sehr sprechendes Bild. Der Blitz ist eine Lichterscheinung von ungeheurer Intensität, deren Gewalt bis in das Irdische reicht: Der Blitzschlag als Folge einer elektrischen Entladung zwischen Himmel und Erde. Dieses Licht flammt von oben nieder, die Spannung auflösend – reinigend, die Finsternis zerreißend und durchdringend: »Ein Mensch mit starkem und tiefem Gemüt ahnt jedoch in den Blitz- und Donnergewalten die Offenbarung höchster Kräftesphären des Kosmos und vermag sich dem erhebenden Eindruck eines die Atmosphäre reinigenden und das Gleichgewicht der Elemente wieder herstellenden Gewittergeschehens mit Staunen und Ehrfurcht hinzugeben«.[35]

Auch der Blitz wird uns zum Bild: Aus einem ungeheuren Spannungszustand des Weltgeschehens gehen die Wiederkunftsereignisse hervor – davon wird später noch zu sprechen sein –, reinigend, Finsternis durchdringend, weite Horizonte wie mit einem Schlag erhellend.

Zweierlei wird hier damit anschaubar: erstens, daß es sich bei dem Wiederkommenden – wie gesagt – um keine physisch-materielle Erscheinungsform handeln kann, die einfach festgehalten werden könnte, sondern die sich gleichsam verdichtet, in einer Lichtgestalt aufflammen und sichtbar werden, dann aber auch wieder entschwinden kann; zweitens aber auch: Dieses Aufflammen mit Blitzgewalt steht dem nicht entgegen, daß die darin zutage tretende Erscheinung – des Engels, des Wiederkommenden – nicht doch auch menschlich erfaßbar, ja sogar in Worten hörbar zu werden vermag. Diese Erscheinung hat zwar Blitz-Charakter, sie flammt aus einer höheren Welt hernieder – aber sie vernichtet nicht, sondern erleuchtet und tröstet sogar; der Engel spricht zu den Frauen: »Fürchtet euch nicht ...«.

Wir dürfen dies auch auf die Erscheinung des Wiederkommenden anwenden. Sie stammt »aus der Wolke«, aus dem Ätherbereich der Erde, der sich im Blitz gleichsam aufleuchtend verdichtet und seine bis dahin verborgene Gewalt kundtut. Aber diese Gewalt ist gleichzeitig auch gehalten, sie überwältigt nicht, sondern wird gerade menschlich faßbar.

So sind die Erscheinungen des Wiederkommenden bei allen damit verbundenen Erschütterungen vor allem auch tröstend, ermutigend, aufrichtend – das geht aus vielen Erfahrungen unserer Zeit hervor, von denen noch zu sprechen sein wird. Sie sind »Verdichtungen« aus der Allgegenwart und göttlichen Vollmacht Christi, aber sie wollen dem Menschen göttliche Nähe, nicht Übermacht bringen. So stellt auch Rudolf Steiner gelegentlich dar, daß die Nähe des Christus auch wie die eines Menschen erlebt werden wird; die Erschütterung mag dabei mehr in den vorangehenden Stürmen und Gewittern des Schicksals erlebbar werden.

Wir sehen: Wenn wir uns auf die Bilder des Evangeliums als Hinweise auf die geistigen Wirklichkeiten, die sich in solchen Bildern offenbaren, wirklich einlassen, dann werden wir an richtige Anschauungen der Wiederkunft herangeführt.[36]

»Vom Osten bis hin zum Westen«

Ein Aspekt des Wortes aus dem Matthäus-Evangelium, das oben zitiert wurde, ist noch aufzugreifen; denn da heißt es: »Wie der Blitz im Osten aufflammt und bis zum Westen hinüberleuchtet, so wird die Wiederkunft des Menschensohnes sein«.

Als ein weltumspannendes Ereignis wird damit die Wiederkunft Christi gekennzeichnet. Daß die Nähe Christi der Menschheit auf neue Art bewußt wird, dazu bedarf es keiner technischen Medien. Denn eine neue Fähigkeit soll in der Menschheit langsam erwachen und zu einer neuen Nähe des Göttlichen werden: ein neues Schauen der übersinnlichen Welt, für das es keine räumliche Ferne mehr geben wird, sondern das Raum und Zeit überwindet.[37]

In einem anderen Bild spricht Paulus dasselbe aus; wir haben die entsprechende Stelle aus dem 1. Thessalonicherbrief schon zitiert, wo es heißt, daß sich das menschliche Bewußtsein bei der Wiederkunft in den »Wolkenbereich« erheben soll. Was die Jünger bei der Himmelfahrt nicht vermochten: Christus in seiner Erhöhung zum »Wolkensein« schauend zu folgen, soll der Menschheit als Fähigkeit zuwachsen; auch dieses Wort von der »Erhebung in den Wolkenbereich« werden wir jetzt recht verstehen – es ist ebenfalls nicht äußerlich gemeint, sondern deutet die Erhöhung der Bewußtseinskräfte aus der irdischen Begrenzung in ein umfassendes, irdisch nicht begrenztes Bewußtsein an.

Die Wiederkunft hat also zwei sich ergänzende Voraussetzungen:

- die Erhöhung der menschlichen Seelenkraft zu einem »ätherischen Schauen«;

dieser Erhöhung kommt wie von oben die andere Bewegung gleichsam entgegen:

- die »Verdichtung« der Christus-Nähe zu einer wirksamen Gegenwartserfahrung, aus der Allgegenwart zu einer momentan aufleuchtenden Erfahrung unmittelbaren Gegenwärtigseins.

Das eine ist mit der »Erhebung in die Wolke«, das andere mit dem »Aufflammen des Blitzes« im Bilde ausgedrückt.
Aus all dem wird deutlich, daß die Bilder von Wolke und Blitz, die im Neuen Testament die Prophetie der Wiederkunft begleiten, nicht auf eine neue Verkörperung Christi in einer irdischen Leiblichkeit hindeuten. Damit haben wir einen wesentlichen Ausgangspunkt für die Betrachtung der Wiederkunftsereignisse gewonnen.

»Wann wird das geschehen?«

Wenden wir uns nun der Frage nach der *Zeit* der Wiederkunft zu. Die Jünger fragten Christus nach dem Zeitpunkt der Ereignisse, die zu erwarten sind: »Wann wird das geschehen?« Eine wesentliche Antwort darauf finden wir in der Ölberg-Apokalypse am Ende des Kardienstags.[38]

Vergegenwärtigen wir uns die ganze Szenerie: Christus war an diesem Tag in besonderer Weise den Angriffen seiner Gegner ausgesetzt. Wir sehen ihn da im Wortgefecht mit ihnen jede Situation überlegen meistern. Nun ist er am Abend mit seinen Jüngern auf dem Rückweg nach Bethanien; er hat die Anhöhe des Ölbergs erstiegen und rastet einen Augenblick. Der Blick fällt dabei zurück auf den Tempelberg und auf den Tempel selbst, dessen Schönheit die Jünger mit Recht preisen.

Aber das Auge des Christus erblickt in all dieser Pracht des Tempelgebäudes ein Zukunftsbild: wie Flammen aus dem Bauwerk schlagen und zu dessen völliger Vernichtung führen. »Kein Stein wird auf dem anderen bleiben.« Wir können uns vorstellen, wie der vom Ölberg aus nach Westen gerichtete Blick in dieser Abendstunde auch die gerade untergehende Sonne wahrgenommen haben mag und wie die Glut des Sonnenuntergangs den Tempel gleichsam in lodernde Flammen einhüllte – eine Zukunftsschau vom Untergang des Tempels, die sich dann im Jahre 70 bei der Eroberung Jerusalems durch die Römer erfüllen sollte.

Aber Christus sieht nicht nur die Zerstörung des Tempels, sondern er schaut wie durch diese hindurch die größeren Untergänge, die im Erdgeschehen kommen werden. Hieraus entfaltet sich ihm die Ölberg-Apokalypse, wie man dieses Stück des Evangeliums genannt

hat. Apokalypse aber heißt ja nicht Untergang oder Katastrophe, sondern Offenbarung, Enthüllung eines Verborgenen. So sind auch hier – wie auch in der Offenbarung (Apokalypse) des Johannes am Ende des Neuen Testaments – nicht die Untergänge das Wesentliche, sondern die darin sich offenbarenden neuen Christusereignisse. Die Ölberg-Apokalypse steigert sich am Schluß zur Prophetie der Wiederkunftsereignisse, d.h. zur Darstellung des neuen Welten*aufgangs*. Dieser Teil der Kardienstagereignisse wird dann auch an den Altären der Christengemeinschaft zum Evangelium der Adventszeit – Lukas 21,25–36 –, die ganz im Zeichen der Wiederkunft steht (Text am Schluß, S. 310f.).
Emil Bock und Rudolf Frieling haben in großartiger Weise die Ölberg-Apokalypse besprochen und unserem heutigen Verständnis zugänglich gemacht.[39]
Wir können uns deshalb hier auf die Worte aus der Ölberg-Apokalypse beschränken, die ein deutliches Licht auf den Zeitpunkt der Ereignisse zu werfen vermögen.

»Das ist der Anfang der Wehen«

Da sei zunächst auf einige Worte hingewiesen, die zeigen, daß mit der Wiederkunft Christi nicht das Weltenende gleichzusetzen ist, auch wenn sich gerade hier die Katastrophen besonders deutlich im Erdgeschehen geltend machen. So heißt es ausdrücklich: »Erschreckt nicht – *denn es ist notwendig*, daß dies zuerst geschieht;

aber es ist *nicht sogleich das Ende«* (Lukas 21,9). Das Auftreten von Schrecknissen und besonderen Katastrophen, welche die Wiederkunft begleiten, ist also noch kein Zeichen für das Weltenende, sondern – wie noch genauer zu sehen sein wird – der Beginn bestimmter neuer Entwicklungen in der Menschheit.[40]
Im Markus-Evangelium (13,10) wird weiter gesagt: »An *alle* Völker muß zuerst das Evangelium verkündet werden«, und ähnlich bei Matthäus (24,14): »Dieses Evangelium vom göttlichen Reich wird in der *ganzen* Menschheit verkündet werden, zum Zeugnis *allen* Völkern; dann (erst) ist das Ziel nahe.« In anderer Weise greift auch Lukas das Motiv auf (21,24) mit den Worten: »... bis die rechte Zeit der Völker sich erfüllt«. Wir sehen hier, daß Christus selbst mit langen Zeiträumen rechnet, in denen sich die Zukunftsereignisse vollziehen sollen; die Erfüllung dieses Wortes dürfte bis heute nicht voll eingetreten sein.
Bei Matthäus und Markus findet sich nun noch ein weiteres Wort, das geeignet ist, den besonderen Charakter der besprochenen Ereignisse hervorzuheben: »Alles dies (die hereinbrechenden Katastrophen und Schwierigkeiten) ist der *Anfang der Wehen«* (Matthäus 24,8); und bei Markus (13,8) noch lapidarer: »*Anfang der Wehen* ist dies«. Hier haben wir ein außerordentlich aussagekräftiges Bild, das gewiß nicht zufällig von Christus gebraucht wird und bei Matthäus und Markus in gleicher Weise überliefert ist. Denn Wehen leiten ja den Vorgang der Geburt ein, sie sind mit wiederkeh-

renden, nicht sofort sich lösenden Schmerzen verbunden und sind überhaupt ein in der *Zeit* sich hinziehendes Geschehen. Sie bringen für die Mutter leibliche »Katastrophen« mit sich; aber Schmerzen und Katastrophen sind nicht das Wesentliche dieser Wehen, sie sind nur Begleiterscheinungen dessen, was durch sie geboren und sich offenbaren will: das Kind. Jede Geburt ist etwas wie eine menschliche »Apokalypse«, ein durch Geburtswehen In-Erscheinung-Treten von etwas noch nicht Dagewesenem. Einen sprechenderen Ausdruck für die Bedeutung der schmerzhaften Zukunftsereignisse wird man kaum finden können: Sie sind die Geburtswehen einer höheren Menschheit, »der höheren Menschheit freudiges Beginnen« (Novalis).

Daß vom »*Anfang* der Wehen«, nicht vom »Ende«, vom »Abschluß« der Geburt gesprochen wird, sei besonders betont, denn auch damit ist auf die größeren Zeiträume dieser Geschehnisse hingewiesen. Die Weltgeschichte hat einen langen Atem, und wir können an das Bibelwort denken: »Vor Gott sind tausend Jahre wie ein Tag«, oder auch an das Christus-Wort aus dem Johannes-Evangelium (16,16): »Kurze Zeit, und ihr werdet mich nicht mehr sehen, und wiederum kurze Zeit, da werdet ihr mich wieder sehen«. Diese »kurze Zeit« beläuft sich für die Jünger zunächst auf Stunden – bis zum Tod am Karfreitag – und auf Tage – bis zur Erscheinung des Auferstandenen am Abend des Ostersonntags. Für die Menschheit als ganze aber – und diese Bedeutung hat das Wort gleichzeitig – wird daraus die Zeitspanne von dem Entschwinden Christi und seinem Wiedererscheinen in der Wiederkunft, eine »kurze Zeit« von zwei Jahrtausenden![41]

»Ich bin«

Können wir versuchen, die Zeit der Wiederkunft näher zu bestimmen? Die Worte vom »Anfang der Wehen« und »Das ist noch nicht das Ende« können uns darauf hinweisen, daß mit den eintretenden Menschheitskatastrophen, welche mit der Wiederkunft zunächst einhergehen, nicht etwa das Weltende kommen muß, wie es gerade heute wieder von vielen Menschen erwartet wird.[42] Finden wir in der Ölberg-Apokalypse noch weitere Anhaltspunkte? Gibt es charakteristische Hinweise auf den Zeitpunkt der Wiederkunft, nicht nur allgemeine auf Erschütterungen und Katastrophen, die es auch zu anderen Zeiten gegeben hat? Gewiß, die heutige Zeit hat Katastrophen *neuer* Dimension, die man nicht zu Unrecht apokalyptisch nennen kann: Weltkriege, atomare Bedrohung, Umweltschäden, die apokalyptische Ausmaße annehmen, ein unerwarteter Einbruch von Krankheiten (Aids). Wir können in all' dem auch Zeichen der Zeit sehen und mit den apokalyptischen Ereignissen der Wiederkunft in Beziehung setzen, sind wir doch wirklich in eine »neue Zeit« hineingestellt.

Einiges aber ist in den Texten enthalten, was die Zeit der Wiederkunft mehr von innen und nicht von apokalyptischen Erschütterungen her charakterisiert, allerdings nicht im Sinne irgendwelcher *Beweise*, die es auf diesem Feld sowieso schwerlich geben kann. *Hinweise* jedoch können bestimmte Motive des Textes – so meine ich – sehr wohl sein. In diesem Sinne mögen die Überlegungen der folgenden Abschnitte verstanden werden. Da ist zunächst das Christuswort: »Seht zu, lasset euch nicht verführen. Denn viele werden kommen in meinem Namen und sagen *ich sei es*, und: Die Zeit ist herbeigekommen. Folget ihnen nicht nach« (Lukas 21,8 in der Luther-Übersetzung). Die Worte, die Luther übersetzt mit »ich sei es«, heißen griechisch »egó eimi«, das heißt: »Ich bin«. Gewiß kann diese Wendung auch so wiedergegeben werden, wie Luther es getan hat; sie weist aber doch noch auf einen anderen Tatbestand. Denn es ist mit diesem Wort nicht nur gemeint, daß Menschen auftreten werden, die sich selbst für den Wiederkommenden ausgeben werden – wie wir es in unserer Zeit in der Tat erleben; man denke an den erstaunlichen Anspruch, den heute manche östliche Gurus erheben –:[43] sondern mit diesem »ich bin« ist (wie auch Emil Bock in dem erwähnten Kapitel darstellt) die gegenwärtige Stufe der menschlichen Ich-Entwicklung gemeint, die an ihrem Höhepunkt angelangt ist. Dies von überall her schallende »Ich bin« ist die eigentliche Signatur und Problematik unserer Zeit und ihrer ins Unabsehbare wachsenden Schwierigkeiten, was wohl kaum eingehender Darstellung bedarf. Natürlich hat es auch in der Vergangenheit Egoismus gegeben und – etwa in der Renaissance – Persönlichkeiten, die als »Ich-Menschen« besonderer Prägung aufgetreten sind, aber das waren damals Einzelne. Heute wird das allgemein-menschlich, jeder Mensch entwickelt heute eine deutlich erlebbare Ichhaftigkeit, was zunächst besonders an den negativen Folgen sichtbar wird: gewaltige Gemeinschaftsprobleme überall, bis in die Familien und die Ehen hinein; Problematik im Zusammenarbeiten aller Art; das einseitige Streben nach Selbstverwirklichung, Emanzipation; die schwindende Bereitschaft, für andere da zu sein in Berufen, die sehr viel persönlichen Einsatz und Opferkraft verlangen (wobei schlechte Bezahlung ein stark wirkendes, aber doch nicht das einzige wirksame Motiv ist). Manches andere, dem Leser Bekannte, wäre noch hinzuzufügen.

Ich möchte nicht mißverstanden werden: Diese ganze Entwicklung ist notwendig für das Selbständigwerden, die wirkliche Selbstfindung, die zu gewinnende *innere* Freiheit des einzelnen Menschen; sie gelangt in unserer Zeit an den gekennzeichneten Höhepunkt und soll in Zukunft in positive Entwicklungen übergehen.

Denn nicht umsonst ist die Zeit des menschlichen Ich nicht nur die Zeit menschheitlicher Probleme und Auseinandersetzungen, sondern auch die Zeit der Wiederkunft; die tiefen Schatten unserer Zeit weisen auf das um so hellere Licht, das in ihr aufleuchten soll. Nur wenn das menschliche Ich sich in sich verschließt, wird es zum Problem und zum Keimpunkt der zerstörerischen Kräfte. In der Weltentwicklung kann und soll aber ganz etwas anderes mit dem freiwerdenden Ich, dem sich bewußt ergreifenden Menschen als Möglichkeit entstehen. Wir haben es heute in der Hand, dem Egoismus zu verfallen und damit uns selbst und die Welt zutiefst zu schädigen; wir können uns aber auch bewußt und frei dem Geist und damit einer Menschheitszukunft zuwenden, in der der zu seinem innersten Wesen erwachte Mensch der Partner der Gottheit zu werden beginnt.

Rudolf Frieling hat darauf hingewiesen, wie das berühmte Pauluswort: »Nicht ich, sondern Christus in mir« ja ein funktionierendes, kräftiges Ich *voraussetzt*. Denn es kann sich bei dem »Christus in *mir*« nicht um ein »Christus *anstelle* meines Ich« handeln, etwa im Sinne eines mediumistischen Verhältnisses zur geistigen Welt oder gar einer Besessenheit, bei der an die Stelle des menschlichen Ich ein anderes geistiges Wesen – und sei es auch ein sehr hohes – tritt und der menschliche Anteil vollständig verdrängt wird.

Das kann im Christentum nicht gemeint sein. Wenn in der Menschenweihehandlung, dem erneuerten Gottesdienst der Christengemeinschaft, immer wieder das »Christus in euch« ertönt, so ist bereits die bewußte, ichhafte Persönlichkeit vorausgesetzt. Ja, wir müssen geradezu sagen: Daß Christus sich damals bei seiner »Himmelfahrt« von dem Erdenleben der Menschen zurückzog, hatte vor allem auch den Sinn, die Menschheit erst einmal voll zu sich selbst kommen zu lassen. Wäre er ihr in dem damaligen Seelenzustand gegenwärtig geblieben, wo die Menschen im allgemeinen noch viel offener für Geistiges, ja in gewisser Weise kindlicher waren als heute, hätten wir Menschen nie aus der *eigenen* Kraft unsere Identität finden können.[44] Seine Gegenwart wäre allbestimmend und überwältigend gewesen und hätte keine Entwicklung zur Freiheit und Selbstbestimmung zugelassen. Erst in unserer Zeit ist die Menschheit dazu herangereift, über die negativen Auswirkungen des »Ich bin« hinauszugehen und nicht nur aus frommer Kindlichkeit, sondern aus dem Vollbesitz des Ichbewußtseins heraus zu sagen: »Nicht ich, sondern Christus in mir«, ohne sich dabei zu verlieren.[45] Daß wir mit innerer Berechtigung gerade für unsere Zeit diesen besonderen Schritt zur Entfaltung der Ich-Erfahrung beschreiben dürfen, geht auch aus einigen Berichten im 5. Kapitel hervor (s. S. 203, 206, 268 ff., 273, 283, 285, 297 und 302).

»Zu stehen vor dem Menschensohn«

In der Ölberg-Apokalypse finden wir das Ich-Motiv auch am Schluß – abgesehen von den schon zitierten Stellen – in den Worten vom »Stehen vor dem Menschensohn«. Das Zitat heißt im Zusammenhang, nachdem zuvor zu wachem Bewußtsein und zur Erhebung der Seelen im Gebet aufgerufen worden ist: »... daß ihr Kraft finden möget, zu entrinnen alledem, was geschehen soll, und zu *stehen* vor dem Menschensohn« (Lukas 21,36).

Dieses aufrechte Stehen in der Gegenwart des sich dem Menschen offenbarenden Gottes muß man als ein außergewöhnliches Bild begreifen; denn zunächst ist diese göttliche Gegenwart für den Menschen unerträglich. Das alte Wort: »Wer Gott sieht, der stirbt«, deutet auf die Tatsache, daß der Mensch die Nähe Gottes zunächst *nicht* ertragen kann, weil sie für ihn übermächtig und verzehrend ist. Mindestens das anbetende Sich-Niederwerfen vor der Gottheit müßte man als Reaktion auf die göttliche Nähe erwarten. Eine Nachwirkung dieser Haltung ist noch das Knien im christlichen Gottesdienst, z.B. in der römischen Messe bei der Wandlung und – früher noch geübt, heute aufgegeben – bei der Kommunion.[46]

Von daher wird uns das Bild am Schluß der Ölberg-Apokalypse in seiner tiefen Bedeutung klarer; das aufrechte, frei im Gleichgewicht sich haltende Stehen ist ja doch ein einzigartiger Ausdruck für die Ichkraft im Menschen, die sich kraftvoll in die Welt stellt. Wir können an das berühmte, Luther zugeschriebene Wort denken, das er – allein dem Kaiser und dem ganzen Reichstag gegenüberstehend – in Worms gesprochen haben soll: »Hier stehe *ich, ich* kann nicht anders, Gott helfe mir!«

An diese souveräne Fähigkeit des reif werdenden Menschen knüpft die Ölberg-Apokalypse mit ihren Schlußworten an; diese Kraft allein befähigt den Menschen, den sich neu offenbarenden Gott zu ertragen und ihm frei gegenüberzustehen, ohne sich zu verlieren, aber auch ohne sich in sich selbst verschließen zu müssen. Gott will in Zukunft nicht Diener und Knechte, die sich ihm unterwerfen; schon im Johannes-Evangelium spricht es Christus aus: »Ich nenne euch nicht mehr Knechte: ich habe euch *Freunde* genannt...« (15,15). Den hier besprochenen Schlußworten vom »Stehen vor dem Menschensohn« gehen schon andere voraus, die in die gleiche Richtung weisen; Christus sagt: »Wenn dieses anfängt zu geschehen, so richtet euch auf und erhebet den Sinn zum Geiste...« (Lukas 21,28). Auch hier wird vom Sich-Aufrichten gesprochen, das zum Aufrecht-Stehen führt; die freie Betätigung der Ich-Kraft wird so im Zusammenhang mit der Wiederkunft geradezu gefordert. Der zweite Teil des Satzes heißt wörtlich: »... und erhebet eure Häupter«; gemeint ist wohl kaum ein überhebliches »den Kopf oben tragen«; worauf es aber gerade bei der Wiederkunft ankommt, ist, daß der Mensch in seinem Bewußtsein, mit seinem Verstand – also mit seinem Haupte – wieder eine Beziehung zur geistigen Welt gewinnt; denn das Ich kann sich letztlich nur an etwas anschließen, was es versteht und deshalb auch von *sich* aus wollen kann. Gerade in der Zeit, in der die Menschen durch die Ich-Entwicklung auseinandergetrieben werden, brauchen sie ein um so stärkeres Bewußtsein und Verständnis von einer gemeinsamen Verantwortung vor der göttlichen Welt, die dem einseitigen Egoismus entgegenzuwirken vermag. So steht auch dieses Wort von der »Erhebung der Häupter« in direkter Beziehung zu der unserer Zeit zufallenden Aufgabe. Wir werden später gerade darauf noch einmal zurückkommen (s. S. 169).

Erkennungszeichen für die Wiederkunft

Noch ein anderes Wort aus der Ölberg-Apokalypse soll hier herangezogen werden, das, wenn man es recht versteht, noch einen weiteren Gesichtspunkt für die Beantwortung der Frage nach der Zeit der Wiederkunft enthält. Es lautet:

»Seht an den Feigenbaum und mit ihm alle anderen Bäume; wenn sie Knospen treiben, so könnt ihr das wahrnehmen an ihnen und erkennt aus euch selbst, daß der Sommer nahe ist. Ebenso sollt ihr, wenn ihr alles dieses seht, daran erkennen das große Geschehen, in dem sich das Gottesreich naht« (Lukas 21,29–31).

Zunächst ist recht unverständlich, was mit diesen Worten gemeint ist. Was soll das Bild von den Knospen? Worauf deutet Christus hier hin?

Wir müssen, um dies wirklich zu verstehen, eine durch Rudolf Steiner bekannt gewordene Tatsache über die Menschheitsentwicklung heranziehen. Wir kommen damit noch einmal von einer anderen Seite auf die »ätherischen« Kräfte zu sprechen, die uns schon beim

Bild der Wolke beschäftigt haben. Hier geht es nun um die ätherischen Kräfte im Menschen. Der Mensch – so kann gesagt werden – war nicht immer so fest in sich gefügt, wie das heute der Fall ist. Ein Teil seines Wesens, seine Lebenskräfte (ätherischen Kräfte) waren früher noch nicht so eng mit seinem Leib verbunden, sie waren ursprünglich viel lockerer, ragten gleichsam über den Leib hinaus und sensibilisierten den Menschen für die geistigen Kräfte seiner Umgebung. Dies war der Grund für die ursprüngliche Hellsichtigkeit, die vor dem Christusereignis in der Menschheit vielfach vorhanden war.

Im Lauf der Zeit aber zogen diese Kräfte immer mehr in den Menschen ein; sie kamen etwa um die Zeit des Christusereignisses ganz mit dem menschlichen Leib zur Deckung und stellten eine festgefügte, solide Verbindung mit ihm her. Erst zu dieser Zeit betrat der Mensch *ganz* die Erde und vergaß immer mehr den Himmel. Auch das alte Hellsehen erlosch, der Mensch begann, sich auf der Erde einzurichten.

In unserer Zeit jedoch kehrt sich diese Entwicklung langsam um: Die im Leib schlummernden und festgehaltenen Kräfte lockern sich wieder und beginnen, erneut mit den Kräften des Umkreises Kontakt aufzunehmen. Anfänge eines neuen ätherischen Hellsehens erwachen dadurch; sie werden zum Ansatzpunkt für das Wahrnehmen der Wiederkunft.

Wollte man die hier angedeuteten Tatsachen im Bild darstellen, könnte an die ausbrechende Knospe gedacht werden – in der Tat das Bild, das Christus zur Beschreibung seiner Wiederkunft heranzieht. Denn in der Knospe sind ja zunächst, solange sie im winterlichen Zustand verharrt, die Lebenskräfte der Pflanze ganz zurückgezogen und ohne Kontakt mit dem Umkreis; das Leben ist ganz innerhalb der Knospenhülle. Erst wenn die Frühlingssonne mit Licht und Wärme die Pflanze berührt, fangen die Lebenskräfte an, über diesen eingeschlossenen Zustand hinauszustreben: Die Knospe öffnet sich, nimmt Verbindung mit den Kräften des Umkreises auf; sie beginnt zu wachsen, zu blühen, zu fruchten; der abgeschlossene Winterzustand geht in ein neues Werden über.

Wir sehen, wie das Bild der aufbrechenden Knospe noch einen weiteren, mit der Wiederkunft und zugleich mit innermenschlichen Entwicklungen unserer Zeit zusammenhängenden Sachverhalt deutlich macht: das neue Aufbrechen der Lebenskräfte, der ätherischen Kräfte im Menschen. Das neue Herannahen des Christus in der ätherischen Welt ist wie ein *geistiges* Sonnenereignis, ein Frühlingsbeginn. Von dieser Sonne geht die Wirkung aus, welche die winterlich gewordenen, in sich abgeschlossenen Lebenskräfte des Menschen herausruft und in neue Lebendigkeit, in neues Wachstum herüberführen will.

Zwei wichtige Phänomene sind es also, die uns in vollem Maße berechtigen, die in der Ölberg-Apokalypse angedeuteten Zeichen der Wiederkunft auf *unsere* Zeit zu beziehen:

- das Heranreifen der Ich-Kräfte, das uns Menschen die Möglichkeit geben soll, »zu stehen vor dem Menschensohne«, ohne uns zu verlieren –, und gleichzeitig unsere Gedanken zu einem neuen Verstehen der geistigen Welt zu erheben;
- die »Lockerung« der Lebenskräfte, die von Christus im Bild der aufbrechenden Knospe für sein Wiedererscheinen vorausgesagt wird.

Beide Zeichen finden in unserer Zeit eine erste Erfüllung.

Alles kommt in Bewegung

Mit der Lockerung der Lebenskräfte gehen Veränderungen in vielen Bereichen des menschlichen Daseins einher; man kann sagen: *Alles kommt in Bewegung.* Damit sind positive und negative Erscheinungen verbunden (s. auch S. 164).
An positiven Phänomenen seien genannt:

- eine neue Aufgeschlossenheit, Sensibilität für alles Geistige;
- Suchen nach geistiger Erfahrung;
- Streben nach größerer Mitmenschlichkeit;
- tieferes Verständnis für viele Lebensfragen;
- Verantwortungsgefühl für die Umwelt;
- offenere Lebensweise;
- Loslassen alter und starrer Formen.

Daneben stehen Gefährdungen; das kann nicht anders sein, denn die »Lockerung« bringt es mit sich, daß alte, verläßliche Stützen nicht mehr tragen und neue noch nicht da sind, vor allem noch nicht gleich auf neue Art da sind. An gefährdenden Erscheinungen seien hervorgehoben:

1. auf geistigem Feld:
- die geistige Aufgeschlossenheit hat oft zu große Naivität, ja Urteilslosigkeit im Gefolge;
- das Suchen nach geistiger Erfahrung macht anfällig für Irrwege in die geistige Welt;

2. auf seelischem Feld:
- starke Labilität, Haltlosigkeit, Angstzustände;
- es treten, oft im Gefolge von Meditationsversuchen, heute sehr leicht abnorme seelische Zustände auf: ebenfalls Angstzustände, Halluzinationen, visionäre Erlebnisse usw. bis hin zu Geisteskrankheit;
- Neigung zum »Aussteigen«, Abwenden vom tätigen Leben;
- Unfähigkeit, das Schicksal zu ordnen;
- Abneigung gegen Verantwortung;

3. im Bereich der Lebenskräfte:
- Übersensibilität und Labilität als Schwäche;
- labile leibliche Konstitution;
- geringe Leistungsfähigkeit;
- Anfälligkeit für »undefinierbare« Krankheiten;
- Nervosität.

Es ist wohl deutlich, daß hier Chance und Gefahr sehr dicht beieinanderliegen; die Chance besteht in einer beginnenden Umwandlung aller Lebensverhältnisse für die Menschheit, die eine neue Beziehung zur geistigen Welt gewinnen soll. Die Gefahr liegt darin, daß die freiwerdenden geistigen Kräfte nicht richtig gestärkt und gefestigt oder eben in falscher Weise ergriffen werden; u.a. durch östliche Meditationen.[47]
Die Bedeutung dieser Tatsachen wird im weiteren Verlauf der Darstellung noch genauer besprochen werden, s. S. 164ff.

Die aufbrechende Knospe

Kehren wir noch einmal zu dem Bild der aufbrechenden Knospe zurück, das Christus selbst als das Bild bezeichnet, das auf seine Wiederkunft hinweist (Lukas 21, aber auch Matthäus 24 und Markus 13). Bei Matthäus und Markus tritt dieses Bild neben ein anderes, von dem wir schon gesprochen haben: das Bild der »Wehen«: »Alles dies ist der Beginn der Wehen« (Matthäus 24,8, Markus 13,8).
Beide Bilder ergänzen sich; die Wehen deuten die gewaltigen *Schmerzen* an, aus denen das Neue heute geboren werden will; die aufbrechende Knospe läßt uns an all das denken, was in unserer Zeit an *Formen zerbricht* oder schon zerbrochen ist, um etwas Neuem Raum zu geben, das sich als Sproß oder Blüte in der

Menschheit über den alten Zustand erhebt. Beide Bilder können uns ein tieferes Verständnis für die Vorgänge der Gegenwart lehren und uns veranlassen, inmitten vieler Untergänge, Schmerzen und Krisen das Aufstrebende und Zukünftige zu suchen.

Wohin können wir da blicken? Einiges, was unter uns als Keim für vieles Zukünftige gelten kann, wurde oben unter den positiven Phänomenen schon genannt; es ist heute durchaus eine veränderte seelische und geistige Haltung unter unzähligen Menschen da, die eben diese positiven Vorzeichen hat. Und man kann vermuten, daß sich die positiven, Zukunft tragenden Kräfte in weiteren Generationen – wenn auch vielleicht von Jahrsiebt zu Jahrsiebt unterschiedlich und schwankend – immer deutlicher und bestimmender zeigen können; wobei sicher gleichzeitig auch die Abirrungen und Gefährdungen reichlich zunehmen werden, wie heute bereits wahrnehmbar ist.

Aber noch etwas anderes kann uns vor Augen treten, wenn wir nach dem aus der aufbrechenden Knospe aufstrebenden Neuen fragen. Schließlich ist in diesem Jahrhundert die Christengemeinschaft mit dem erneuerten Kultus begabt worden, der allein aus der Kraft der Wiederkunft Christi geboren werden konnte und nach langem Winterzustand der Religion ein neues Aufblühen des religiösen Lebens anzeigt. Dies dürfen wir als etwas anschauen, das – heute zwar noch in knospenhaftem Anfangszustand – den Keim einer Neugeburt der innersten menschlichen Kräfte in sich trägt. Und ein gleiches gilt für die Anthroposophie, die die Möglichkeit einer Erneuerung auf vielen Feldern der heutigen Kultur mit sich bringt und in manchen Bereichen schon anfänglich realisiert hat. So könnten die beiden Bildworte von den Wehen und der Knospe für uns im Blick auf die Untergänge und die Zukunftsmöglichkeiten unserer Zeit einen konkreten Inhalt bekommen.

Ich habe hier zwei Bereiche, die mir nahe liegen, besonders hervorgehoben: die Christengemeinschaft und die anthroposophische Bewegung. Das soll nicht heißen, daß nicht auch auf vielen anderen Feldern Neuansätze, Zukunftsimpulse da sind: z.B. auf sozialem Feld, im kirchlichen Bereich, in der ökologischen Bewegung, in der Kunst – wovon wir im nächsten Kapitel noch besonders sprechen werden. Überall wird ja heute empfunden, daß etwas Neues kommen muß, das den Auswirkungen der einseitigen Ich-Entwicklung entgegenwirkt, weil es mit den heute in der Menschenseele vorhandenen Möglichkeiten rechnet.

Das Anbranden des Meeres

Im Zusammenhang mit den in Bewegung geratenen »ätherischen« Kräften sei nun noch an ein letztes Wort aus Lukas 21 erinnert; da heißt es im Vers 25: »Es werden Zeichen erscheinen an Sonne, Mond und Sternen; und auf Erden werden die Völker in Bedrängnis geraten

und ratlos werden vor dem Heranbranden des Meeres und seines Wogenschwalls.«
Diese Worte weisen auf dreierlei hin:

- ein neuer Blick in den Kosmos, auf Sonne, Mond und Sterne, entwickelt sich;
- Ratlosigkeit, Bedrängnis entsteht unter den Menschen, hervorgerufen durch das
- »Anbranden« des »Meeres«.

Was ist damit ausgesagt und wie steht es in Beziehung zu den in Bewegung kommenden ätherischen Kräften des Menschen?
Beginnen wir mit dem letzten Motiv: mit dem Brausen des Meeres ist wohl kaum nur eine äußere Meereskatastrophe gemeint – obwohl andererseits solche Katastrophen auch in diesem Wort mitprophezeit sein mögen. Auch andere Worte aus der Ölberg-Apokalypse deuten unter anderem auf Umwelt-Katastrophen, die wir heute erstmals als Folge des menschlichen Verhaltens deutlich vor uns sehen. Aber gerade die apokalyptischen Bilder sind nie nur äußerlich zu verstehen: in dem »Heranbrausen des Meeres und seines Wogenschwalls« können wir das In-Bewegung-Kommen der ganzen die Menschheit umgebenden geistigen (ätherischen) Kräftewelt erblicken, von der wir gesprochen haben, die wie ein geistiges Meer, ein Welten-Äther-Meer, alles Irdische umringt.[48] Indem der Christus in der ätherischen Welt seine Wiederkunft beginnt, gerät dort alles in Bewegung: die geistige Welt brandet wie ein aufgerührtes

Meer an die angrenzende irdische Welt an, um auch in ihr eine neue Bewegung auszulösen. Auch die ätherischen Kräfte im Menschen werden davon ergriffen und lockern sich, wie wir beschrieben haben.
Dadurch aber verläßt den Menschen die Sicherheit, die er vorher auf die Festigkeit der irdischen Verhältnisse gründete: alles beginnt innerlich wie zu wanken, die aus dem Nur-Irdischen stammenden Gefühle der Sicherheit reichen nicht mehr aus, da alles unsicher wird. *Angst* bemächtigt sich der Seelen –: ein nur zu bekanntes seelisches Phänomen unserer Zeit, von dem viele Psychologen sagen, es sei heute *die* Grundstimmung der meisten Menschen – ein Grund-Angstgefühl, das oft keine bestimmte, greifbare Ursache hat, aber die Seele tief erfaßt.[49] Das kann heute auch nicht anders sein, wenn nicht eine *neue* Sicherheit aus der Beziehung zur geistigen Welt erwächst: aus der Beziehung zu *dem,* der – um im Bild des Evangeliums weiter zu sprechen – *über* dem Meer wandelt und die Wogen nicht nur in Bewegung zu versetzen, sondern auch zu beruhigen vermag.[50]
Das dritte Motiv führt uns schließlich weit über den gegenwärtigen Menschheitszustand hinaus. Wir haben früher schon beschrieben, daß die ursprünglich der Menschheit mitgegebene Hellsichtigkeit mit den lockeren ätherischen Kräften im Menschen zusammenhing, die sozusagen viel sensibler für die geistige Umwelt waren und in die geistigen Hintergründe von Natur, Mensch und Kosmos hineinschauen ließen. Damit war

auch ein anderer Blick auf den Sternenhimmel und die Sonne möglich. Sie erschienen nicht (nur) ihrer äußeren Seite nach, sondern wurden wesenhaft erlebt, mit Leben und Geistigkeit erfüllt; ein Nachklang davon lebt in den Bezeichnungen von Sterngruppen als Sternbilder. Vor allem aber war noch vielfach ein Bewußtsein davon vorhanden, daß sich im Sternenhimmel auch ein Bild der eigentlichen ewigen Heimat des Menschen, aus der jede Menschenseele stammt, darbietet. Das alte Hellsehen erlosch, und an seine Stelle trat der nüchterne Blick in die Welt, auch in die Welt der Sterne.
Mit der beschriebenen Lockerung geht nun in unserer Zeit auch ein erstes Aufflammen einer neuen Hellsichtigkeit einher, wie wir bereits angedeutet haben. Sie hat nicht nur das neue Erscheinen Christi zum Inhalt, sondern wird auch ein neues Verhältnis zur Welt begründen; das veränderte »Umweltbewußtsein« bei vielen Menschen heute ist auch ein Zeichen dafür, ein erster Anfang; auch zu den Sternen wird eine neue Beziehung entstehen. Die Sterne werden wieder zu Zeichen und »Rufern« der höheren Welt werden und den Menschen an seine geistige Heimat gemahnen. Das ist mit den Worten »...Es werden Zeichen erscheinen an Sonne, Mond und Sternen...« zunächst angedeutet.[51]
So sehen wir auch diese drei Motive aus Lukas 21 im Zusammenhang mit der Bewegung der ätherischen Kräfte verständlich werden.
Bevor wir nun einen entscheidenden nächsten Schritt in unserer Betrachtung machen, wollen wir noch einmal

auf die bisherigen Ausführungen zurückblicken. Wir haben feststellen können, daß sich nach den Bildern, die im Neuen Testament auftreten, die Wiederkunftsereignisse nicht im irdisch-materiellen Leib abspielen werden, sondern als geistige Ereignisse stattfinden: Wir haben von der ätherischen Welt gesprochen, die mit ihren Kräften alles Irdische geistig durchdringt und in der die entsprechenden Ereignisse stattfinden, die sich dann bis zu äußeren Wahrnehmungen verdichten und wieder auflösen können – wie eine *Wolke*, die sich aus dem Unsichtbaren verdichtet und eventuell wieder dahin entschwindet. Wie ein Blitz, der aufflammt. Wir haben davon gesprochen, daß viele Hinweise im Neuen Testament gerade auf unsere Zeit als den Beginn der Wiederkunft Bezug haben: Insbesondere die Entwicklung des Ich-Bewußtseins, aber auch die Lockerung der Lebenskräfte im Menschen mit den damit verbundenen vielfältigen Phänomenen:

- Aufbrechen eines neuen Schauens, das auch zu einer neuen Verbindung mit der irdischen und kosmischen Umwelt führt;
- andererseits tiefe Angsterlebnisse vor allem bei den Menschen, die ihre Stütze allein im Materiellen suchen;
- die Notwendigkeit, den »Sinn« in einer neuen Art »zum Geiste zu erheben«;
- die Hilfen, die dafür durch die Anthroposophie und das erneuerte religiöse Leben gerade unserer Zeit erwachsen.

Es zeigte sich auch, daß die Wiederkunftsgeschehnisse erst der Anfang einer großen weltgeschichtlichen Phase innerhalb der Menschheitsgeschichte sind – der »Anfang der Wehen«, wie es im Evangelium heißt – und das Erdenende mit dem »letzten Gericht« in einer weiten Zukunft anzusetzen ist[52] (s. dazu auch S. 84ff.)

Ich möchte hier noch einmal betonen, daß ich meine Darstellung nicht im Sinne einer schlüssigen Beweisführung verstanden wissen möchte. Meine Absicht ist es, auf Zusammenhänge hinzuweisen, die bei genauerer Betrachtung zwischen den Evangelienschilderungen und den inneren Entwicklungen der Menschheit sichtbar werden. Dabei ergibt sich die Aktualität der Wiederkunftsprophetie für unsere Zeit und die nächste Zukunft und damit ein tieferes Verständnis der gegenwärtigen Menschheitssituation.

Die sogenannte Naherwartung Christi

Da die Frage der Naherwartung in der Theologie im Hinblick auf die Wiederkunft eine große Rolle spielt, wollen wir hier noch etwas ausführlicher darauf eingehen.

Kein geringerer als Albert Schweitzer hat in seinem grundlegenden Buch »Geschichte der Leben-Jesu-Forschung« (Erstauflage 1906) diese Frage in das allgemeine Bewußtsein gerückt. Schon zu seinen Lebzeiten habe – so Schweitzer – Jesus das Kommen des Gottesreiches erwartet – etwa bei der ersten Aussendung der Jünger (Matthäus 10). Für Schweitzer ist klar, »daß diese Weissagung nicht in Erfüllung ging. Die Jünger kehrten zu ihm zurück, und die Erscheinung des Menschensohnes fand nicht statt...«. Danach habe Jesus den Leidenstod herbeigeführt, um das Kommen des Reiches gleichsam zu erzwingen; aber auch in dieser Erwartung habe er sich geirrt. Schweitzers Argumentation ist auch heute weithin – obschon mit deutlichen Differenzierungen – anerkannt.

Es sei eines der eindrucksvollsten Beispiele genannt, aus dem ohne weiteres hervorzugehen scheint, Christus habe selbst die Meinung gehabt, daß die Wiederkunft bald eintreten werde. Wir finden die entsprechende Aussage bei Matthäus 16, 27–28. Da heißt es: »Denn es wird geschehen, daß des Menschen Sohn kommt in der Herrlichkeit seines Vaters mit seinen Engeln. Und alsdann wird er einem jeden vergelten nach seinen Werken. Wahrlich, ich sage euch, es stehen einige hier, die den Tod nicht schmecken werden, bevor sie des Menschen Sohn kommen sehen in sein Reich.« Entsprechendes findet sich bei Markus 9, 1 und Lukas 9, 27. Für die Theologie ist dies ein klassisches Beispiel unerfüllt gebliebener Naherwartung. Walter Grundmann z.B. schreibt in seinem »Kommentar zum Matthäus-Evangelium« (1968): »Die Aufnahme dieses Wortes durch Matthäus zeigt, daß er die Naherwartung teilt.« Wir müssen uns klarmachen, daß die Verläßlichkeit der Aussagen Christi jede Grundlage verliert, wenn sich

Christus in einem so wesentlichen Punkt über seine eigene Zukunft geirrt hat. Deshalb ist die Antwort auf die Frage, ob hier ein Irrtum vorliegt, von entscheidender Bedeutung für vieles andere, was wir mit dem Christuswort verbinden.

Nun folgt aber auf dieses Christuswort im Matthäus-Evangelium ein weiteres wichtiges Ereignis. In Kapitel 17 schließt sich direkt an dieses Zitat die Verklärung Christi auf dem Berge an, bei der drei von seinen Jüngern, Petrus, Jakobus und Johannes, seiner Lichtgestalt ansichtig werden. Das Entsprechende sehen wir bei Markus 9,2 und Lukas 9,28ff. Wir haben hier ein sehr deutliches Beispiel dafür, daß das Evangelium oft Fragen durch die Art der Komposition, das heißt durch die Zusammenstellung der Ereignisse, beantwortet. Das ist auch hier der Fall, denn diese Schauung, die den drei Jüngern auf dem Berg der Verklärung zuteil wird, ist ja nichts anderes als die Erfüllung des Wortes vom Ende des 16. Kapitels.

Emil Bock hat in seinen Evangelienbeiträgen in einleuchtender Art darauf hingewiesen: »Hier, so meint man, spreche Christus von dem kommenden Weltgericht am Jüngsten Tage, zu welchem er selbst als Richter wiederkommt. Der Hinweis, daß einige nicht sterben, bis daß dies geschieht, sei eine Zeitangabe: unter denen, die vom Jüngsten Tage lebend angetroffen werden, sind noch solche, die jetzt schon leben. Auf Grundlage dieser Auffassung muß man dann sagen: Die Jünger sind alle gestorben, und der Jüngste Tag ist

noch nicht hereingebrochen; also hat Jesus sich getäuscht.
Und doch gibt gerade hier das Evangelium selbst – durch die verschwiegene, aber eindringliche Sprache der Komposition – in wunderbarer Anschaulichkeit ein Bild davon, wie sich das Christus-Wort tatsächlich erfüllt hat. Unmittelbar nach dem Wort ›Es stehen etliche hier...‹ fährt das Evangelium fort: ›Und nach sechs Tagen nahm Jesus zu sich Petrus und Jakobus und Johannes und führte sie abseits auf einen hohen Berg und ward verklärt vor ihnen, und sein Angesicht leuchtete wie die Sonne, und seine Kleider wurden weiß wie ein Licht...‹ Da sehen etliche, die als Zuhörer dabeistanden, als Christus sprach, ›des Menschen Sohn kommen in seinem Reich ... in der Herrlichkeit seines Vaters mit seinen Engeln.‹ Wir haben in den letzten Betrachtungen davon gesprochen, daß Moses und Elias wie zwei Engelsgestalten zur Seite Christi sind. – Und vergolten wird auch auf dem Berge der Verklärung einem jeden nach seinen Werken. Das Erleben der Verklärung selbst ist die Vergeltung; in der verschiedenen Art dieses Erlebens spiegelt sich das innere Leben eines jeden Jüngers wie in einem Fazit wider. Den verklärten Christus schauen dürfen, ist göttlicher Lohn, ihn nur dumpf oder nicht zu erleben, ist göttliches Gericht. Für die drei Jünger ist auf dem Berge der Verklärung der Beginn der Wiederkunft Christi bereits eingetreten, obwohl Christus noch gar nicht gestorben ist. Für sie ist auch der ›Jüngste Tag‹

schon angebrochen. Der Keim ist gelegt, und nun wächst das Wunder des kommenden Menschensohnes im Schoße der Menschheit.«[53]

Wenn wir uns auf die Darstellung einlassen, daß der Beginn des Gottesreiches schon in der Verklärung auf dem Berge liegt, gewinnen wir erneut einen Blickpunkt dafür, daß sich die Wiederkunft nicht in irdisch-materiellen Tatsachen erfüllen muß, sondern gerade in solchen Ereignissen, wie sie auf dem Berg der Verklärung stattgefunden haben: als Ahnungen oder hellsichtige Wahrnehmungen der Gegenwart des Christus. Mit anderen Worten: Die Wiederkunft beginnt in dem Moment, wo die Menschen fähig werden, die immerwährende übersinnliche Gegenwart Christi wieder als eine volle Wirklichkeit zu erleben und wahrzunehmen. Dies ist für drei Menschen auf dem Berg der Verklärung der Fall und setzt sich zum Beispiel in dem Erleben des Paulus vor Damaskus fort; es soll, wie wir sahen, in unserem Jahrhundert und in weiterer Zukunft nicht nur für einzelne, sondern für zahlreiche Menschen wirksam zu werden beginnen.

Hiermit ist ein wichtiger Gesichtspunkt der Anschauung, Christus habe sich über seine eigene Zukunft geirrt, in sich zusammengefallen. Weitere wesentliche Beispiele sollen später herangezogen werden. Es wird sich dabei zeigen lassen, daß man schon mit der vorgefaßten Meinung, die Wiederkunft Christi müsse sich in einer bestimmten Art vollziehen, an die neutestamentlichen Aussagen herantreten muß, um die deutlichen

Zeichen, die z.B. in der Komposition der Evangelien enthalten sind, zu übersehen: daß diese Aussagen ja bereits eine erste Erfüllung gefunden haben. Der vermeintliche Irrtum Jesu erweist sich als ein – allerdings recht naheliegender – Irrtum der Theologen.

Botschaft für »alle Welt«

Hier sei nun daran erinnert, daß sich eine Fülle von Worten im Evangelium findet, welche Naherwartung im üblichen Sinne ausschließen. Denken wir nur – um im Matthäus-Evangelium zu bleiben – an den berühmten Schluß dieses Evangeliums (28, 19–20): »Gehet hin in alle Welt und lehret alle Völker, und taufet sie im Namen des Vaters, des Sohnes und des Heiligen Geistes. Und siehe: ich bin bei euch alle Tage bis ans Ende der Erdenzeit.« Das klingt kaum nach einseitiger Naherwartung; denn selbst wenn das damalige Weltbild noch keine wirkliche Vorstellung von der Größe der Menschheit und der Erde vermittelte: In wenigen Tagen oder auch nur Jahren war dieser Auftrag des Christus, alle Völker zu lehren und zu taufen, auch für damalige Vorstellungen kaum zu erfüllen.
Aber auch das Wort von der geistigen Nähe Christi: »Ich bin bei euch ...« gibt der Frage der Naherwartung noch eine andere Dimension: Mit der Himmelfahrt ist Christus – so sagt ja dieses Wort – allen Menschen geistig nahe; diese Nähe Christi bleibt aber zunächst ganz

unbewußt. Daß die Menschen zu ihr erwachen, ist der Beginn seiner »Wiederkunft«.

Das Ende des Matthäus-Evangeliums klingt aber auch noch mit einem anderen Wort – diesmal aus dem 24. Kapitel – zusammen. Da heißt es (Vers 14): »Dies Evangelium vom Reich wird verkündet werden in der ganzen bewohnten Welt zum Zeugnis für alle Völker, und dann wird das Ende kommen.« Auch hier sehen wir den weltumspannenden Auftrag, das Evangelium zu verkünden, einer einseitigen Naherwartung entgegenstehen. Jede Menschenseele soll auf der Erde Christus begegnen können, bevor die Erde ihre Bedeutung für die Menschheit verliert und untergeht.

Andere Belege dafür, daß Christus selbst keineswegs an eine nahe Erfüllung seiner Wiederkunft für die *Menschheit* – nicht für Einzelne, wie Matthäus 16 oder wie bei Paulus vor Damaskus – dachte, haben wir schon in der bisherigen Darstellung herangezogen (s. S. 47f.).[54]

Das Kommen des Menschensohnes

Hier seien nun noch zwei Beispiele angeführt, die ebenfalls eine andere Deutung als die heute in der Theologie übliche erlauben. Als erstes beziehen wir uns auf den Satz aus dem 10. Kapitel des Matthäus-Evangeliums, der Albert Schweitzer zu der verhängnisvollen Auslegung veranlaßte, Christus habe sich in seiner Naherwartung geirrt. Dieser Satz steht nur bei

Matthäus in der Rede, mit der die Jünger von Christus ausgesandt werden, um die Nähe des Gottesreiches zu verkünden; er lautet: »Verfolgt man euch in einer Stadt, so flieht in die nächste. Ja, ich sage euch, ihr kommt nicht zu Ende mit den Städten in Israel, bis der Menschensohn kommt« (Vers 23).

Schweitzer bemerkt dazu: »Jesus sagt den Jüngern in dürren Worten, daß er sie in *diesem* Aeon (d.h. vor dem Kommen des Menschensohnes und dem Anbruch der »Endzeit« – d. Verfasser) nicht mehr zurückerwartet. Die Parusie (das Kommen) des Menschensohnes, die mit dem Einbruch des Reiches zeitlich und logisch identisch ist, wird stattfinden, ehe sie mit ihrer Verkündigung die Städte Israels durcheilt haben. Daß seine Worte dies und nichts anderes sagen, dürfte klar sein. Es ist die Form, in der Jesus den Jüngern das Geheimnis des Reiches Gottes offenbart ... *Ebenso klar ist aber ..., daß diese Weissagung nicht in Erfüllung ging.* Die Jünger kehrten zu ihm zurück, und die Erscheinung des Menschensohnes fand nicht statt. Die natürliche Geschichte desavouierte die dogmatische, nach der Jesus gehandelt hatte.«

Wir sehen, in welcher Schwierigkeit sich eine Betrachtungsweise befindet, die sich vor allem an äußeren Tatbeständen ausrichtet, wie es Schweitzer hier tut.

Albert Schweitzer kommt es offenbar gar nicht in den Sinn, die Lösung des Problems auf einer anderen Ebene zu suchen als in dem irrenden menschlichen Bewußtsein Jesu, der einer fundamentalen Täuschung erlegen sei. Wenn man nun aber den Evangelientext bei Matthäus selbst zu Rate zieht, bemerkt man mit Erstaunen, daß die Aussendung der Jünger in diesem Evangelium einen ganz anderen Charakter trägt als bei Markus und Lukas: Diese berichten, daß die Jünger sich tatsächlich auf den Weg machen; auch die Rückkehr der Jünger wird vermerkt und wie sie von ihren Erfolgen erzählen (Lukas 10, 17ff.). Das alles fehlt bei Matthäus; was Albert Schweitzer wie selbstverständlich voraussetzt, wenn er sagt: »Die Jünger kehrten zu ihm zurück, und die Erscheinung des Menschensohnes fand nicht statt«, liegt hier gar nicht vor, denn weder wird von einer Rückkehr der Jünger berichtet noch davon, daß sie sich überhaupt auf den Weg gemacht hatten. Vielmehr ist aus dem ganzen Zusammenhang deutlich, daß die matthäische Aussendungsrede im Vergleich zu Markus und Lukas einen – auch schon dem Wortbestand und der Länge nach – viel grundsätzlicheren Charakter hat als die Aussendungen nach Markus und Lukas. Sie bezieht sich gar nicht auf eine unmittelbar anschließende Verkündigungsreise der Jünger; sie nimmt etwas voraus, das in Beziehung steht zu den letzten Worten des Matthäus: »Gehet hin in alle Welt und lehret alle Völker ...« – ein *umfassendes* Aussendungsmotiv bereits im 10. Kapitel, das sich im 28. Kapitel sogar zur Sendung »in alle Welt« erweitert. Im 10. Matthäus-Kapitel ist es der Augenblick, in dem Christus den Kreis der Zwölf enger mit seinem Wirken verbindet und sie damit erstmals in sein Lehren und Wirken einbezieht, das heißt

eben: aussendet mit selbständiger Verantwortung und Vollmacht.
Dabei ist die Tatsache, daß die Jünger – wie bei Markus und Lukas zu sehen ist – dann auch einige selbständige Verkündigungsversuche machen, für Matthäus nur ein momentaner Sonderfall, der von ihm nicht einmal berichtet wird! Er richtet den Blick auf die umfassende Kraft, die sich erstmals den Jüngern als Aussendung mitteilt, sie aber dann bis an ihr Lebensende zu Trägern des Heils werden läßt.
In diesem Zusammenhang werden auch die Wendungen der Aussendungsrede in Matthäus 10 verständlich, die sich auf Verfolgungen und Bedrohungen beziehen, welche die Jünger erfahren sollen, die doch erst nach dem Tode Christi so eingetreten sind. Auch daran ist abzulesen, daß diese Rede eine viel umfassendere Zeitperspektive hat, als Schweitzer bemerkte. Solche Wendungen fehlen übrigens dann auch bei den Aussendungen nach Markus und Lukas.
Auch in Matthäus 10 ist also nicht von einer Naherwartung im üblichen Sinne die Rede, noch müssen wir etwa einen fundamentalen Irrtum Christi daraus ableiten. Eine unbefangene Betrachtungsweise lehrt erneut, daß der Irrtum nicht beim Evangelium oder bei Christus, sondern in der verengten theologischen Auffassung zu suchen ist. (Damit sollen die Verdienste Albert Schweitzers keineswegs geschmälert werden – sein Buch über die »Geschichte der Leben-Jesu-Forschung« ist in vieler Hinsicht grandios –, nur ist eine

gewisse Begrenzung in der hier besprochenen Richtung nicht zu verkennen.)

Naherwartung bei Paulus

Blicken wir über die Evangelien hinaus auf Paulus und seine Äußerungen über die Wiederkunft in seinen Briefen.[55] Als besonders schwierig und wesentlich zugleich müssen seine Darstellungen der Wiederkunft in den beiden Thessalonicher-Briefen (1. Thess. 4 und 5; 2. Thess. 1 und 2) empfunden werden (Text am Schluß, S. 315 ff.). Wir greifen eine Stelle aus dem 1. Brief im 4. Kapitel heraus: »Dann werden als erste die mit Christus verbundenen Verstorbenen die Auferstehung erleben: *danach wir, die aufgesparten Lebenden.* Unsere Seelen werden, mit denen der Verstorbenen vereint, wie auf Wolken erhoben, um Christus zu begegnen...« (Vers 16 f.). Eine einleuchtende Interpretation dieser Thessalonicher-Stelle hat Rudolf Frieling in seinem Buch »Christentum und Wiederverkörperung« (S. 99 ff.) gegeben: »Wir bemerkten an einer früheren Stelle (S. 38 f.), daß das Wort ›Parousia‹ weniger auf ein Kommen als auf ein Gegenwärtigsein hindeutet. Der Auferstandene, der gesprochen hat: ›Ich bin bei euch alle Tage‹ [Matthäus 28, 20],[56] ist gegenwärtig. Sein ›Kommen‹ vollzieht sich auf dem Felde des menschlichen Bewußtseins, das zu diesem Tatbestand aufwacht, wodurch dieser erst wahrhaft beim Menschen ›ankommt‹. Diese prinzipielle Einsicht muß aber doch noch durch einen anderen Aspekt ergänzt werden: daß bei diesem Erwachen des Menschen auch der Christus, obwohl bereits gegenwärtig, eine Aktivität von seiner Seite aus entfaltet. Im 28. Matthäus-Kapitel beispielsweise wird berichtet, wie der Auferstandene bei den Jüngern auf dem Berge weilt, wie sie aber nicht alle bewußtseinsmäßig dem Erlebnis gewachsen sind. ›Etliche aber zweifelten‹ (28, 17). Darauf tut der sich manifestierende Christus von sich aus etwas Zusätzliches, um dem mangelhaften Wahrnehmungsvermögen entgegenzukommen. ›Er trat an sie heran‹ (28, 18), und nun kann er auch zu ihnen *sprechen.* – In ähnlicher Weise macht der sich offenbarende Auferstandene bei der Szene am See Tiberias eine solche ›Bewegung auf die Jünger zu‹. Diese johanneische Erzählung läßt durchblicken, daß es Helligkeitsgrade des übersinnlichen Bewußtseins gibt. Die Jünger schauen die Gestalt am Ufer, aber ›sie wußten nicht, daß es Jesus sei‹ (21, 4). Dem Lieblingsjünger leuchtet als erstem die Erkenntnis auf: ›Es ist der Herr‹ (21, 7). Ans Land gestiegen, halten sie mit dem Auferstandenen das Frühmahl. ›Niemand wagte ihn zu fragen ‚wer bist du?; denn sie wußten, daß es der Herr ist‹ (21, 12). Es ist ein seltsamer Schwebezustand zwischen dem Nichtwissen und Doch-Wissen. Fr. Rittelmeyer sprach einmal von dem ›Traum-Geruch‹ dieser wundersamen Szene. Da ›kommt‹ Jesus und nimmt das Brot ... (21, 13). Wieso ›kommt‹ er, da er doch mit den Jüngern am brennenden

Kohlenfeuer zum Mahle beisammen ist? Wiederum haben wir in diesem ›Kommen‹ wohl eine solche Bewegung von der Seite des Übersinnlichen her auf das unzureichende Erdenbewußtsein zu anzunehmen. – In dieser Weise ist auch bei der Wiederkunft eine Dynamik von seiten des Christus im Spiele, *eine Bewegung auf die Menschen zu.* Dadurch ist der mehr passive Aspekt zu ergänzen, der darin liegt, daß laut Luk. 17, 30 die Wiederkunft der Tag ist, an welchem der Menschensohn ›apokalyptetai‹, ›enthüllt‹, ›ent-deckt‹ wird. Daß er etwas von sich aus zu diesem Enthülltwerden hinzutut, ist bei Paulus mit dem ›Herabsteigen vom Himmel‹ (1. Thess. 4, 16) ausgesprochen.

Gleichwohl führt ihn dieser ›Abstieg‹ noch nicht einmal in den unteren Bereich der ›sarx‹. Er betritt den materiellen Boden nicht ein zweites Mal, sein Herabsteigen ist ein herablassendes Entgegenkommen innerhalb der übersinnlichen Welt, die in sich selbst abgestuft ist. Paulus weiß zwischen einem ersten, zweiten und dritten Himmel aus eigener leibfreier Erfahrung zu unterscheiden (2. Kor. 12, 2). In der buddhistischen Erzählung vom Hingange Buddhas wird ein Sich-auf-und-nieder-Bewegen zwischen den verschiedenen Stufenbereichen der höheren Welt wie mit Selbstverständlichkeit konkret geschildert. Aber auch im Neuen Testament sind solche Wahrheiten nicht unbekannt. Der Hebräerbrief spricht von Christus als dem großen Hohen Priester, der ›die Himmel durchschritten‹ hat (4, 14). So kommt bei seiner Wiederkunft der Christus den Menschen sozusagen bis an den untersten Rand der übersinnlichen Welt entgegen, und die Folge ist, daß nunmehr die Menschen ihrerseits emporsteigen können zur ›Begegnung‹ im Übersinnlichen. Bei seinem Absteigen durch die Geistessphären durchwandert der Christus auch die Region, wo die im Herrn Verstorbenen weilen – ›und die Toten in Christo werden auferstehen zuerst‹. ›Danach werden wir, die auf der Erde lebend zurückgeblieben sind, zugleich mit ihnen emporgerissen werden in den Wolken zur Begegnung mit dem Herrn in die Luft, und so werden wir allezeit mit dem Herrn sein‹ (1. Thess. 4, 16. 17). Die große Bewegung nimmt ihren Ausgang im Bereich der Verstorbenen, so wie zu Ostern das Karsamstag-Geschehen vorausgeht. Auch die Welt der Verstorbenen geht durch Metamorphosen. Was bei Paulus knapp zusammengedrängt ist, deutet auf eine künftige Phase in den Beziehungen zwischen Lebenden und Toten hin, wo die Trennung durch den Erdentod einem Zusammenleben höherer Art nicht mehr im Wege steht. ›Wir zusammen mit ihnen‹. Der Hinweis auf die ›Wolken‹ stellt die Verbindung zur Himmelfahrt her. Damals verloren die auf Erden ›Hinterbliebenen‹ den Emporsteigenden aus ihren Geistesaugen, er entschwand ihnen in die Wolken hinein. Jetzt schauen sie ihn nicht nur aus den Wolken heraus sich wieder offenbarend, sie werden selbst in ein höheres Dasein emporgehoben und finden sich, jetzt nicht mehr ›Hinterbliebene‹, mit den Verstorbenen zusammen. Die ›Luft‹, in welche die Erdenmenschen ent-

rückt werden, ist Wahr-Bild für die Entschränktheit der neuen Daseinsweise, welche die Erdenschwere überwunden hat – die Gegenbewegung zum ›Falle‹ Adams. Das Wort ›harpazein‹, das für die Entrückung ins Lüftereich gebraucht ist, deutet auf einen nicht undramatischen, nicht eben sanften Vorgang hin. Die Menschenseelen, die sich mit ›klammernden Organen‹ in das materielle Dasein hineingelebt haben, werden den Todesmächten der Materie ›entrissen‹ durch die erlösende Christuskraft.«
Wir sehen, daß bei einer entsprechenden Betrachtung auch für sehr schwierige Texte eine sachgemäße, verständige Erklärung gegeben werden kann. Hier interessiert nun noch besonders die Tatsache, daß Paulus eventuell die Wiederkunft doch zu seinen Lebzeiten erwartet hat, was aus den Worten »... danach wir, die aufgesparten Lebenden ...« hervorzugehen scheint. Paulus schließt sich in die Schar derer ein, die bei der neuen Christuserscheinung zu den »aufgesparten Lebenden« gehören werden. Er tröstet ja auch die, welche Verstorbene zu beklagen haben und nun darüber Sorge tragen, daß diese Verstorbenen keinen Anteil an der Wiederkunft gewinnen können, mit der Einsicht, daß auch im Reich der Verstorbenen die Wiederkunft Christi erlebbar werden wird – sogar noch bevor sie im Bewußtsein der Lebenden ankommt. In bezug auf die Wiederkunft gibt es keine Trennung von Lebenden und Toten.
Daß Paulus hier – und auch an anderen Stellen seiner

Briefe – die Naherwartung vertritt, ist nicht ganz auszuschließen – vielleicht aber hat er hier gar nicht eine *spezielle* Aussage darüber im Auge, sondern will nur ganz allgemein über das Verhältnis von Lebenden und Verstorbenen zum Wiederkommenden sprechen. Andererseits lebte er als jemand, der vor Damaskus bereits die »Nähe« des Wiederkommenden wahrgenommen hatte, ganz gewiß unter dem besonderen Eindruck dieser Nähe und hat sie vielleicht schon deshalb auch als Naherwartung in sich getragen. So können wir hier Albert Schweitzer auch eher zustimmen, wenn er in seinem Paulus-Buch sagt: »Vom ersten bis zum letzten Briefe sind die Gedanken Pauli immer in derselben Weise von der Erwartung der nahen Wiederkunft Jesu, des Gerichts und der messianischen Herrlichkeit beherrscht...«[57]

Das Zusammenrücken von Wiederkunft, Endgericht und messianischer Herrschaft ist dabei noch einmal besonders zu bedenken. Es kommt nämlich dabei noch etwas anderes in Betracht: Emil Bock schildert, wie im Judentum in der pharisäischen Schulung – Paulus war ursprünglich Pharisäer – gewissermaßen ein zu »hitziges« Erwarten der Zukunft ein wesentlicher Antrieb war. In der mit dieser Schulung verbundenen prophetischen Schau schoben sich dadurch weiter entfernt liegende Ereignisse und nah gelegene gleichsam ineinander; eine Verkürzung der Zeitperspektive trat dadurch ein. Was erst in fernerer Zukunft zu geschehen hatte, erschien in dieser Schau drängend nah, unmittelbar an die Gegenwart herangerückt. Von daher ist der Charakter der »jüdischen Apokalyptik« verständlich, welche Weltuntergangs- und Endzeitstimmungen in die damalige Zeit hineintrug und sich dann wohl auch in manchem urchristlichen Kreise als Naherwartung niedergeschlagen haben mag. Auch bei Paulus mag dies zeitweise der Fall gewesen sein.

In ähnlicher Weise äußert sich auch Rudolf Frieling in dem erwähnten Buch: »Die Urchristenheit stand zunächst einmal unter dem gewaltigen Eindruck und unter der dynamischen Einwirkung des Auferstehungs-Ereignisses. Was da aus ferner Zukunft des Jüngsten Tages in nächster Nähe eingeschlagen hatte, rückte durch die Unmittelbarkeit des Erlebens diesen Jüngsten Tag selbst wie in greifbare Nähe. Bei einer Wanderung kann es beispielsweise geschehen, daß schon im Beginn das ferne Ziel sich dem Auge zeigt, das dann im weiteren Fortsetzen des Weges wieder hinter Wäldern und Bergzügen verschwinden mag, obwohl man ihm allmählich näherkommt. Ein solches prophetisches Vor-Aufleuchten des fernen Zieles wurde offenbar der Urchristenheit zuteil in ihren enthusiastischen Erfahrungen, wie sie in der Apostelgeschichte geschildert werden. Es wehte Zukunftsluft herein. In diesem Zusammenhang muß wohl auch die sogenannte ›*Nah-Erwartung*‹ gesehen werden, die man der Urchristenheit anlastet. Kein Zweifel, daß man den Jüngsten Tag nahe herbeigekommen wähnte. Man sah das Künftige in jener ›perspektivischen Verkürzung‹, die oftmals bei

prophetischen Vorblicken zu beobachten ist. Sie braucht gegen die Wahrheit des Prophezeiens nichts zu beweisen, nur stellt sich dann heraus, daß der Verlauf der Ereignisse sich sehr viel komplizierter, mehrschichtiger und langwieriger gestaltet, als es nach dem Schau-Bilde anzunehmen gewesen war, das langdauernde Entwickelungen in eines zusammendrängen kann... – Man sollte der ›Nah-Erwartung‹, ehe man sie in billiger Kritik als Illusion abtut, ein im Gefolge des blitzartig einschlagenden Oster-Ereignisses geschehenes Aufleuchten hereinragender Zukünftigkeit zugute halten. Der Blick war von der endgültigen Auferstehung gebannt, die nachtodlichen Schicksale der entkörperten Seele traten in den Hintergrund.« (S. 63 f.)
»Daß Paulus zumindest zu der Zeit, als er diesen 1. Thessalonicherbrief schrieb, es für möglich hielt, daß sich diese eschatologischen Ereignisse noch zu seinen Lebzeiten abspielen könnten, ist nach dem uns vorliegenden Text wohl nicht zu bezweifeln. Auch er war durch sein Damaskus-Erlebnis aus der Zukunftswelt des Jüngsten Tages angestrahlt und angehaucht und dadurch in den Bann der ›Nah-Erwartung‹ gezogen worden. Das bedeutet aber nicht, daß seine Thessalonicher-Apokalypse damit hinfällig würde. Die geschauten Bilder sind als solche richtig, wir müssen sie nur aus der Sphäre der ›Imagination‹ in eine uns heute verständliche Gedankensprache übersetzen ... Bei der Übersetzung in das Alltagsbewußtsein können Irrtümer entstehen, so wenn Paulus die Verwirklichung je-

ner Schau-Bilder in Bälde erwartete. Der Verlauf der Weltgeschichte hat inzwischen die ›*Kurzschlüsse*‹ korrigiert, die damals in der Urchristenheit in verständlicher Weise eintreten konnten. Der grandiose Ausblick der Thessalonicher-Apokalypse bleibt dennoch zu Recht bestehen. Auch das, was über die künftige engere Gemeinschaft zwischen den Verstorbenen und den ›Hinterbliebenen‹ gesagt ist, über die künftige Außerkraftsetzung jenes Trennungszustandes, den die Erdenmenschen als ›Hinterbliebensein‹ kennen.« (S. 103)
Auf Grund all dieser Überlegungen kann es nun gerechtfertigt erscheinen, den Blick auf *unsere* Zeit zu richten. Das soll im nächsten Kapitel geschehen.

II. Das Wiedererscheinen Christi in unserer Zeit

Nachdem wir aus den Schilderungen des Neuen Testaments eine Reihe von Antworten auf die Fragen nach dem Wie-Wo-Wann der Wiederkunft finden und ein entscheidendes theologisches Hindernis beiseite räumen konnten, wenden wir uns Erfahrungen und Erlebnissen zu, die gerade in unserer Gegenwart in bedeutsamer Art von einer neuen Gegenwart Christi künden.

Erlebnisse der Wiederkunft heute

Man muß damit rechnen, daß solche Erlebnisse, gerade wenn sie »echt« sind, zunächst im Verborgenen des menschlichen Herzens bewahrt werden. Echte Erlebnisse dieser Art greifen tief in das menschliche Schicksal ein, und es wird bei denen, die solche Erfahrungen haben, wenig Neigung entstehen, gleich anderen Menschen darüber Mitteilung zu machen. Im Gegenteil: oft beginnen Menschen erst am Ende des Lebens, im Angesicht des Todes, über solche Erlebnisse zu sprechen, oder in besonderen Schicksals-Augenblicken, besonders in dem Bereich der Seelsorge.
Seit den 30er Jahren etwa ist von vielen Menschen in aller Stille etwas von dem wiederkommenden Christus

erlebt worden. Eine besondere Steigerung erfuhren diese Erlebnisse während des Zweiten Weltkrieges; aber auch seit Ende des Krieges ist dieser Erfahrungsbereich in vielen Schicksalen weiter lebendig.
Dabei ist charakteristisch, daß es sich oftmals um besondere Situationen der Not, der Verzweiflung, Einsamkeit und Ausweglosigkeit handelt, in denen die Nähe des wiederkommenden Christus erlebt und geschaut wird. Vor Jahren schon hat eine Veröffentlichung in Schweden Aufsehen erregt, die eine ganze Fülle von solchen Erfahrungen zur Verfügung stellte: Die deutsche Ausgabe heißt: »Sie erlebten Christus. Berichte aus einer Untersuchung des Religionssoziologischen Instituts, Stockholm, durch G. Hillerdal und B. Gustafsson«, und im Geleitwort schreibt B. Tullander: »Wie im Vorwort ausführlich dargestellt, handelt es sich um eine Sammlung von Berichten, die gleichsam wie durch einen Zufall oder Einfall entstanden ist. Einige briefliche Mitteilungen von Personen, die von ihren ungewöhnlichen Erlebnissen – dezidiert als ›Christusbegegnungen‹ bezeichnet – berichteten, veranlaßten Hillerdal nach einer Rücksprache mit Berndt Gustafsson, eine Umfrage als Annonce in einer großen schwedischen Tageszeitung am 24. Dezember 1972 erscheinen zu lassen. Das Echo überstieg, wie Hillerdal und Gustafsson schreiben, alle Vorstellungen und Erwartungen und faszinierte durch die Fülle und Frische der so zahlreich und unerwartet eingehenden Berichte...

Rudolf Steiner hat während einer gewissen Zeitperiode, die um Neujahr 1910 in Stockholm beginnt, sehr eindringliche Mitteilungen gemacht über eine kommende ›Christusoffenbarung‹ in unserer Zeit. Zuerst würden wenige, dann immer mehr Menschen ›den lebendigen Christus‹ schauen, jedoch nicht in einer physischen, sondern in einer ›ätherischen Gestalt‹. Immer häufiger würde dies gegen Mitte des 20. Jahrhunderts vorkommen... Die Erscheinung des ätherischen Christus sei ›das größte Geheimnis des zwanzigsten Jahrhunderts‹...

Das Leben pflegt unerwartete Wege zu gehen. Dieses schwedische Buch hat den Charakter eines öffentlichen Dokumentes, ... Es handelt sich um eine Anzahl von Menschen, die unabhängig voneinander und ohne von irgendwo beeinflußt zu werden, als spontane Augenzeugen aufgetreten sind. An so etwas kann man nicht vorbeigehen, abgesehen von allen Erklärungen und intellektuellen Beurteilungen. Es handelt sich einfach um Tatsachen. Diese geben eine unerwartete Bestätigung dessen, was durch die Aussagen Rudolf Steiners vorbereitet wurde.«[58]

Das Buch zählt in seinem Zustandekommen und in vielen Einzelheiten zu den erstaunlichsten und »zeichenhaften« Geschehnissen unseres Jahrhunderts. Gerade wenn man die oben gemachte Bemerkung bedenkt, daß solche Berichte, wenn sie echt sind, keineswegs leicht weitererzählt werden, muß man diesem Buch gegenüber auch seine Fragen haben; trotzdem weist es auf den von uns gesuchten Erlebnisbereich und zeigt, daß er heute vielfältig aufbricht.

Einen der Berichte aus diesem Buche schalten wir hier ein: »In Bericht 98 erzählt eine Lehrerin von einem Erlebnis an einem Abend im Jahre 1949, als sie allein in einem recht abgelegenen Schulhaus in einem kleinen Walddorf war. ›Es war ein so wunderlicher Abend, Vollmond und gewaltiger Sturm.‹ Die Frau, die an Einsamkeit gewöhnt war und sie nicht fürchtete, setzt sich an das Harmonium und spielt. Sie singt dazu Thomas Kingos Choral: ›Trauer und Freude, die wandern zusammen‹.

›Plötzlich war mir, als hörte ich unten an der Haustür klopfen. Vielleicht hatte jemand aus der Nachbarschaft Mitleid mit mir. Ich ging nach unten, um zu öffnen, aber da war niemand.‹

In dem wunderlichen Wetter stellt sich die Frau ans Fenster und sieht, wie die Wolken am Himmel jagen. Da denkt sie an ein Gedicht von Hjalmar Gullberg:

›Ich träume, ich hör jemand klopfen
mit gedämpftem Schlag an die Tür.
Ich laufe die Treppe herunter,
Wie kamst du an diesen Ort?
Was ist das für eine Zeit?
Was geschieht mit dem Raum,
in dem ich lebe?
Geht hier über den Markt durch Gassen
Dein Leidensweg vorbei?‹

Der Bericht geht weiter: ›Als ich das Gedicht gesprochen hatte, kam jemand in mein Zimmer. Ich wußte im Augenblick, wer das war, sank am Fensterbrett auf die Knie und wagte nicht, mich umzuwenden und Ihn anzusehen. Von Ihm strömten ein Licht und ein Friede aus, der über allem Verstand ist. Ich fühlte deutlich die Berührung Seiner Hand, als Er sich bückte und mir eine Last abnahm – die Bürde, daß ich nicht zu Seinem Werkzeug tauge. Wie lange ich an dem Fensterbrett auf den Knien lag, weiß ich nicht.‹

Als die Frau sich endlich aufrichtet und die Augen öffnet, scheint der Mond in das leere Zimmer – sie ist eben eingezogen und hat sich noch nicht eingerichtet – und erfüllt es mit klarem Licht. An der Wand erblickt sie ein schwarzes Kreuz, den Schatten von dem hölzernen Fensterkreuz.

›Aber draußen vor dem Fenster wurde aus dem dunklen Kreuz ein anderes Kreuz, das war hell und reichte bis zum Himmel. Seine Stimme erklärte mir das Mysterium des Kreuzes. Ich hörte keine Stimme, aber auf wunderbare Weise wurde mir die Bedeutung des Kreuzes klar. Das Opferthema war mir so schwer begreiflich gewesen, nun verstand ich, so glaube ich, auf einmal den tiefen Sinn von Christi Opfertat und deren Bedeutung für jeden einzelnen Menschen. Eine gewaltig große Perspektive eröffnete sich da. Ich sah das Kreuz zwischen Himmel und Erde wie eine Achse, um die sich alles drehte, das innerste Geheimnis der Schöpfung, die göttliche Liebe …‹«

Sind diese Erlebnisse echt?

Es entsteht natürlich die Frage, ob solche Erlebnisse echt sind oder doch mehr einen illusionären, vielleicht sogar halluzinatorischen und krankhaften Charakter haben. Gibt es Zeichen für die Echtheit auf dieser Erfahrungsebene?

Ein Motiv haben wir bereits genannt. Ein Mensch, der wirklich echte Erfahrungen dieser Art hat, wird nicht geneigt sein, leichtfertig darüber zu reden. Gerade weil die Begegnung mit dem Wiederkommenden ein tief eingreifendes Erlebnis ist, wird es zunächst auch tief im Inneren weiterwirken und im Herzen bewegt werden. Das ist übrigens ein Zeichen aller echten geistigen Erfahrung.[59] Ein zweites Zeichen kann man darin erblikken, daß echte Erlebnisse immer eine Bewegung auf andere Menschen hin auslösen. Wenn ein Erlebnis zur Steigerung der eigenen Persönlichkeit, zur Steigerung des Selbsterlebens, der Selbstbezogenheit führt, wenn es Zeichen der Verstiegenheit und der Illusionierung des Seelenlebens hervorbringt, dann wird es wohl kaum echt genannt werden können. Echte Erlebnisse öffnen das Herz der Menschen für die anderen Menschen, steigern die Fähigkeit und die Neigung zu helfen und für anderes Leid und für andere Not da zu sein. Gerade weil sie aus der eigenen Not geboren sind und als Hilfe in der Not erfahren werden, werden sie selber zum Quell der Hilfsbereitschaft und der sozialen Fähigkeit, sich anderen Menschen zuzuwenden.

Von innen her ist noch ein drittes Zeichen bemerkbar. Dazu sei zunächst eine Zwischenbemerkung gemacht: wir beziehen uns in dieser Darstellung immer wieder auch auf Hinweise und Aussagen Rudolf Steiners. Das geschieht nicht aufgrund eines billigen Autoritätsglaubens. Vielmehr liegt dem die Erfahrung zugrunde, daß bei Rudolf Steiner nicht nur Interessantes, Anregendes, Überraschendes über viele Bereiche des Lebens zu finden ist, sondern gerade über geistige Fragen *Verläßliches,* das heute auf vielen Feldern der Lebenspraxis (Pädagogik und Heilpädagogik, Medizin und Landwirtschaft, Arzneimittelherstellung und Kunsttherapie – um nur einige zu nennen) Anwendung und Bestätigung gefunden hat.
Rudolf Steiners Aussagen entstammen geistiger, hellseherischer Erfahrung; sie sind – wie er selber oft beschrieben hat – auf den Wegen strenger geistiger Schulung gewonnen und haben nichts gemein mit unsicheren visionären, halluzinatorischen Eingebungen oder unkontrollierten ekstatischen Erlebnissen. In überschaubaren, vom denkenden Bewußtsein mitvollzogenen Schritten führt die anthroposophische Schulung an geistige Erfahrungen heran, indem alles Halluzinatorische und Ekstatische ausgeschlossen wird. Wie die naturwissenschaftliche Schulung auf ihren Wegen zu sicheren Erkenntnissen für die natürliche Welt führt, so die geisteswissenschaftliche auf den ihren für die geistige Welt; so nennt Rudolf Steiner die Anthroposophie auch *Geisterkenntnis.*[60]

Wenn er hier zitiert wird, dann nicht, um den Leser mit einer neuen Dogmatik zu konfrontieren; auch sollen solche Aussagen nicht einfach übernommen, sondern bedacht und vielfach der eigenen Lebenserfahrung gegenüber gestellt werden – so hat es Rudolf Steiner selbst immer wieder gefordert. Unter diesen Voraussetzungen werden seine Hinweise dem Leser vielleicht willkommen sein.

Rudolf Steiner wurde einmal gefragt, woran man Luzifer und Christus im Erleben unterscheiden könne. Seine Antwort war: »Christus ist die reinste Selbstlosigkeit, daran kann man ihn erkennen.« Es ist das gleiche Motiv nach innen gewendet, das wir gerade betrachtet haben. In dem Christuserlebnis ist gar nichts von Egoismus und Selbstbezug enthalten. Von ihm geht die reinste Liebe und Selbstlosigkeit aus; in echten Erlebnissen teilt sie sich dem Herzen dessen, der dies erfahren darf, mit und wird in seinem Herzen weiterwirken.[61]

Besondere Vorsicht ist allerdings geboten, wenn sich das Erleben der Gegenwart Christi zu einem missionarischen Auftrag, zu einer »Sendung« im Sinne der Verkündigung einer neuen Heilslehre und der damit verbundenen Gruppenbildung gestaltet. Auch das ist vielfältig geschehen: entweder so, daß Menschen mit dem Anspruch auftraten, mittelbar und sogar unmittelbar »Offenbarungen Christi« an die Gegenwart mitteilen zu können;[62] oder daß sie selbst eine Inkarnation des Göttlichen seien.[63]

Letzteres gehört, wie wir gesehen haben, zu den Prophezeiungen in der Ölberg-Apokalypse, daß Menschen sich den Christusnamen aneignen werden: »Wenn dann jemand zu euch spricht: Siehe, hier ist der Christus, oder siehe dort! so höret nicht darauf. Denn es werden solche auftreten, die sich Christus nennen und es doch nicht sind, und Propheten, die es nicht wirklich sind. Große Visionen werden sie hervorrufen und Wundertaten tun, um die Menschen auf falsche Wege zu bringen, womöglich auch die, in denen das höhere Sein schon lebt. Siehe, ich habe es euch vorher gesagt.
Wenn man zu euch spricht: Siehe, in der Einsamkeit der Wüste ist er, so gehet nicht dorthin. Und wenn man sagt: Siehe, in seinem Gemach ist er, so glaubt den Worten nicht. Wie der Blitz im Osten aufflammt und bis zum Westen hinüberleuchtet, so wird die Geistesankunft des Menschensohnes sein.« (Matthäus 24,23–28) Ausdrücklich also wird darauf hingewiesen, daß sich die Wiederkunftsereignisse *so* nicht vollziehen.
Schwieriger ist die andere Art der Irreführung zu durchschauen, wenn nämlich kein Anspruch auf die eigene Göttlichkeit erhoben wird. Denn wirksam ist das Auftreten der entsprechenden Heilslehrer meist auch hier – bis hin zu »Heilungen« und »Erleuchtungen«, bis hin zu »Mitteilungen« übersinnlicher Erfahrung, z. B. aus vergangenen Inkarnationen oder verborgenen Schicksalstatsachen, und bis hin zu Zukunftsprophezeiungen, die eintreffen usw. Aber auch solche ein-

drucksvollen Wirksamkeiten sind letztlich kein Kriterium für Wahrheit und Echtheit. Auch in der »Lehre« kann viel enthalten sein, was wahr ist – meist sind es Halbwahrheiten – und was einen hohen moralischen Eindruck macht. Woran soll man sich halten?
Hier sind – denke ich – noch ganz andere Kriterien entscheidend; wer heute als Verkünder und Lehrer übersinnlicher, okkulter Tatsachen auftritt, muß sich ausweisen: nicht nur in Hinsicht seiner moralischen Qualitäten und seiner Absichten, sondern vor allem auch in Hinblick auf seine eigene Schulung und seine geistige, okkulte Vergangenheit; sie darf nicht in unbewußten Seelenkräften wurzeln, sondern muß im wachen, vom Denken überschaubaren Bewußtsein, das allein die freie Entfaltung des Menschen garantiert, ansetzen und *diese* in Entwicklung bringen.
Auch in dieser Hinsicht kann der Blick auf Rudolf Steiner lehrreich sein. Denn er hat sich in diesem Sinne ausgewiesen; er hat in vielfältiger Weise gezeigt, daß sein Werk auf das freie Erkennen und Entwickeln des Menschen hinzielt, und daß es aus der Schulung an der abendländischen Philosophie und Naturwissenschaft hervorwächst.[64] Sein eigener naturwissenschaftlicher und philosophischer Werdegang liegt in seinem Frühwerk voll zutage; seine Schulung wächst aus den besten Kräften der abendländischen Geistesgeschichte hervor und führt nicht zu einer Kultivierung dunkler, unbewußter Seelenschichten, sondern zu überschaubaren inneren Schritten aus Freiheit und Erkenntnis.

Zur Frage der Echtheit schreibt übrigens B. Gustafsson selbst in dem erwähnten Buch: »Früh wurden an mich Fragen wegen der Echtheit der Erlebnisse gestellt. Man hat keinen Grund, solchen Fragen auszuweichen. Es gab manchmal, obgleich selten, Menschen, die sich nicht im klaren waren, was sie eigentlich erlebt hatten. Es handelt sich jedoch beinahe ausnahmslos um echte, genuin religiöse Erfahrungen mit bestimmten Merkmalen: Gefühlstiefe, das Gefühl, daß es eine ›Offenbarung‹ war, eine Verwandlung. Das Erlebnis hat den betreffenden Menschen in einer tieferen Schicht berührt, als wenn man z. B. frühere Erfahrungen wiedererlebt oder vergessene Erinnerungen zurückruft oder überhaupt sich einen historischen Stoff vergegenwärtigt. Es ist eine Begegnung mit ›dem Anderen‹, mit der Wirlichkeit an sich. Es kommt als eine Offenbarung, plötzlich, ohne persönliche Anstrengung, unerwartet. Darauf folgt eine Neuorientierung im Leben und Denken, eine innere und nicht selten eine äußere persönliche Wandlung...«

Wir wären trotz allem vielleicht unsicher, ob wir in dieser Art über Erfahrungen in unserer Zeit sprechen könnten, wenn nicht aus der Geisteswissenschaft Rudolf Steiners viele Hinweise zu entnehmen wären, daß tatsächlich in unserer Zeit solche Erlebnisse zunächst bei einzelnen Menschen, dann für immer größere Menschengruppen eintreten werden. Rudolf Steiner weist sogar auf bestimmte Jahre uneres Jahrhunderts hin, in denen diese Erfahrungen langsam beginnen werden.

Sie sollen dann in den nächsten Jahrhunderten wachsen und immer deutlicher werden.[65]

Urbildliche Erfahrungen: Gebet und Meditation

Hier seien nun drei Christus-Erfahrungen angefügt, in denen zugleich etwas Urbildliches zur Erscheinung kommt. Dabei tritt sogleich ein Erfahrungsbereich vor uns hin, in dem die Nähe des Christus sich auch heute in besonderer Weise verdichten kann: Gebet, Meditation, Kultus.

In klassischer Weise ist dies am Schicksal der französischen Sozialistin, Philosophin und »Mystikerin« Simone Weil anschaubar:

»Die in einem jüdischen Elternhaus geborene und in einem humanistischen Milieu erzogene Simone Weil war nach eigenem Bekenntnis ›in einem vollständigen Agnostizismus‹ aufgewachsen und hatte sich absichtlich stets des Betens enthalten. Nur um der künstlerischen Form und um einer Zuneigung zum strengen Gregorianischen Choral willen hatte sie manchmal einem Gottesdienst beigewohnt. Sie hatte ein ausschließlich ästhetisches Verhältnis zur Religion. Ein junger Engländer, dessen strahlender Gesichtsausdruck ihr aufgefallen war, als er nach dem Empfang der Kommunion vom Altar zurückging, bringt ihr das Gedicht ›Love‹ eines Dichters des 17. Jahrhunderts.[66] Sie lernt

es schätzen um der schönen Form willen, sie sagt sich die Strophen immer wieder vor, und unversehens erfährt sie eines Tages die Wirklichkeit des gemeinten Inhaltes: ›Ich war damit beschäftigt, es mir selber aufzusagen in eben dem Augenblick, als, zum ersten Mal, Christus kam und mich ergriffen hat. Ich glaubte nur ein schönes Gedicht zu wiederholen, und ohne daß ich es wußte, war es ein Gebet.‹«[67]
Und sie fügt hinzu: »Ich empfand durch das Leiden hindurch die Gegenwart einer Liebe, gleich jener, die man im Lächeln eines geliebten Antlitzes liest.«
Bei Simone Weil tritt dieses Erlebnis gleichsam ungewollt in ihr Leben und verändert es gänzlich; es ist gleichwohl die Frucht eines langen Suchens und einer reifen Seele, die wie im inneren Sprechen zunächst unbewußt an die Kraft des Betens herankommt; das Schicksal selbst führt an den Ort solcher Erfahrungen, ohne daß der Mensch vorher Gedanken in dieser Richtung entfaltet hat; aber die zurückliegenden Schicksalswege haben in der Seele die Reife erzeugt, die den bewußten Zugang zu der Christus-Erfahrung erschließen kann. Simone Weil findet aufgrund solcher Erfahrung dann auch den Weg ins Christentum: sie wird Christin.
Anders ist es, wenn dieser Zugang von vornherein bewußt gesucht wird, wenn überhaupt ein christlich orientiertes geistiges Ringen in innerer Arbeit und in meditativer Bemühung schon da ist. Immer wird die Christus-Erfahrung Gnade sein. Und doch gibt es heute auch Schritte auf diese Erfahrung zu, die wir

selbst zu tun vermögen: im Gebet, im Kultus, in der Meditation – überhaupt in der Hinwendung zu Christus. Je geordneter und disziplinierter solche inneren Schritte sind, desto eindeutiger und unverfälschter können die Erlebnisse in diesem Bereich auftreten.

Als einen hervorragenden Zeugen dafür – stellvertretend für manche andere – können wir Friedrich Rittelmeyer aufführen, von dem man sagen kann, daß sein ganzes Leben auf die Suche nach Christus hinorientiert war. Schon vor seiner Begegnung mit Rudolf Steiner hatte er den Weg der inneren Vertiefung beschritten; seine tiefsten Anregungen für seine Meditation nahm er dabei aus dem Johannes-Evangelium und der darin erfahrbaren Christus-Wirklichkeit. Rittelmeyers Begegnung mit der Anthroposophie befruchtete dann dieses eigene Streben. Er konnte so zu der unmittelbaren Christuserfahrung durchstoßen: »... da ward für einen heiligen Augenblick Er selber offenbar. Wie in Menschengestalt erschien er, als Gottesmensch, als Menschengott ... was er einatmete, war Frieden, und was er ausatmete, war Güte. Und merkwürdig, es war, als ob der ganze Mensch in mir seit Urzeiten auf ihn gewartet hätte und in ihm nun ›erfüllt‹ sei...«[68]

Aus solchen Erfahrungen heraus war Rittelmeyer mit seinem ganzen Wesen ein lebendiger Zeuge der Christusgegenwart unter uns. Und auf diesem eigenen Erfahrungshintergrund haben auch seine Worte über Rudolf Steiner als Verkünder der Christusgegenwart besonderes Gewicht; denn sie sind auf dem Horizont eigener aufkeimender Erfahrungen erlebt und von daher formuliert. Rittelmeyer beschreibt in seiner »Lebensbegegnung mit Rudolf Steiner« seine Eindrücke von einem ersten Vortrag 1917 in Berlin: »Der erste intime Vortrag, den ich nach meiner Übersiedlung nach Berlin von Dr. Steiner hörte, sprach von Christus. Der Eindruck gehört zu dem Stärksten, was ich je erlebt... Damals habe ich erlebt, wie man in der Gegenwart Christi vom Christus spricht. In seinen Worten lag etwas anderes als Andacht. Es war ein ehrfurchtsvoll freies Hinschauen auf den Christus, der ganz nahe da war, und in seiner Anwesenheit verwandelte sich das Menschenwesen wie von selbst in edelstes Gebet. Der Vortrag hatte nicht im geringsten etwas von der Art einer Predigt, auch nicht im geringsten von der Art eines Gebets. Er war eine rein geisteswissenschaftliche Mitteilung von Tatsachen einer höheren Welt, wie sie sich der Forschung ergeben hatten... Nicht ein Pfarrer, auch nicht ein Prophet: der Wissende einer Wirklichkeit stand vor uns und ließ uns diese Wirklichkeit durch sich hindurch schauen. – Wie im Hintergrund tauchten die vielen hundert Predigten über Christus auf, die ich gehört hatte. Sie versanken in den Schatten... Eine neue Christusverkündigung stand vor mir. Eine neue Christuszeit zog herauf.«[69]

Was an Rudolf Steiner so erlebt werden konnte, war bei ihm Frucht einer lebenslangen geistigen Arbeit, die viel tiefer reichte als bei Rittelmeyer und zu einer einmaligen Höhe der Christus-Erfahrung gediehen war.[70]

Kultus

Ein weiterer wesentlicher Erfahrungsbereich ist in den Sakramenten und im christlichen Kultus gegeben; in ihnen will sich ja für die menschliche Gemeinschaft die unmittelbare Nähe Christi, seine lebendige Gegenwart immer wieder neu schenken, auch wenn sie zunächst nicht unmittelbar erlebbar wird – das ist der Sinn aller Kultushandlung; etwas von dem göttlichen Leben will sich der feiernden Menschengemeinschaft mitteilen. So ist es nicht verwunderlich, daß dann gerade hier in mannigfaltiger Art auch Erlebnisse auftauchen, die von dieser Tatsache zeugen.

Es ist hier nicht der Ort, von entsprechenden Erfahrungen im einzelnen zu berichten, die zunächst in vertraulichem Gespräch oder in der Seelsorge mitgeteilt worden sind.[71] Aber soviel kann gesagt werden: Die Anteilnahme an den Sakramenten vermag heute auch zum Schauen der Christusgegenwart zu führen; dafür gibt es vielfältige Erfahrungen.

Als eine urbildliche Schilderung solcher Erlebnisse sei hier etwas aus den biographischen Aufsätzen herangezogen, die Rudolf Meyer, einer der Begründer der Christengemeinschaft und bis zu seinem Tode unermüdlicher Autor zahlreicher bedeutender Bücher, 1976 im Rückblick auf sein Leben gegeben hat. Es war in Görlitz, wohin er von Breslau aus als junger Priester gefahren war, um mit der dort entstehenden Gemeinde das Pfingstfest zu feiern. Er schreibt: »Es war das erste

Mal, daß ich von dem Wandlungsgeschehen der Weihehandlung leise über die Schwelle gezogen wurde. Ich sah, während ich die Hostie erhob, wie über meinen Händen, sie begleitend oder auch durchdringend, andere Hände, lichtdurchlässige, sich bewegten; und ebenso geschah es, als ich den Kelch erhob. Zuerst suchte ich es als eine optische Täuschung zu deuten. Aber es wiederholte sich an bestimmten Stellen und war nicht auszulöschen aus der Handlung. Eine starke Erschütterung, zugleich beseligend, durchdrang mich. Ich konnte nicht darüber sprechen und es auch nicht erklären.

Als ich später dann der Gräfin Keyserlingk das Wahrgenommene mitteilte, sagte sie sofort: Das war doch der Christus. Er wollte Ihnen sagen: Meine Hände sind deine Hände. – Solche Erlebnisse, wenn sie echt sind, haben das Gesetz in sich, nicht zu verblassen, sondern zu wachsen. 33 Jahre später hatte sich dieses sakramentale Erlebnis zu einer Erfahrung der Allgegenwart dessen ausgeweitet, der in der Wandlung gegenwärtig ist«:

Du nimmst das Leid der Welt in dich hinein,
Der Herzen Wirrnis, ihre Einsamkeiten.
Die Toten mahnen dich, sie zu geleiten,
Und alles fragt nur: Hast du Brot und Wein?

Du teilst dich selber aus, die Not zu stillen.
Schon drängen andre nach, die hungrig sind –

Da fühlst du, wie die Lebenskraft zerrinnt;
Der Erdenleib versagt sich deinem Willen.

Doch siehe, wie das Werkzeug dir entgleitet,
Stehst du, gestützt von unsichtbaren Armen:
Ein andrer Wille ist es, der dich hält

Am Abgrund und zum Weltenherzen weitet.
Dein Sein durchströmt ein himmlisches Erbarmen
Das unerschöpflich dich verleiht der Welt.[72]

Solche und ähnliche Erfahrungen erschließen sich heute nicht selten in unseren Gemeinden; gerade in den Augenblicken der Wandlung – wenn der Priester am Altar Brot und Wein ergreift und niederkniet – oder in der Kommunion kann die Christusgegenwart als Wirklichkeit erlebt oder erschaut werden. Sicher werden diese Erfahrungen in Zukunft zahlreicher und konkreter werden und viele Menschen durch die Nöte und Bedrängnisse der kommenden Schicksale mit Kraft, Trost und Ermutigung hindurchtragen. Gebet – Meditation – Kultus bereiten auf solche Erfahrungen vor; sie können dann vielleicht auch an ganz anderer Stelle im Schicksal auftauchen.
Als ein weiterer Zeuge für die Erfahrung der Christusgegenwart im Wandlungsgeschehen der Menschenweihehandlung kann auch Albert Steffen angeführt werden, der Schweizer Dichter und Mitarbeiter Rudolf Steiners (nach dessen Tod erster Vorsitzender der Allgemeinen Anthroposophischen Gesellschaft). Er war

anwesend, als Friedrich Rittelmeyer am 16.9.1922 die erste Menschenweihehandlung zelebrierte, und hat berichtet, wie er die Anwesenheit Christi im Altargeschehen zu erfahren vermochte.[73]

Schwere Schicksale: Apokalypse

Ein dritter großer Erfahrungsbereich ist der des menschlichen Schicksals selbst, mit seinen Schwierigkeiten und Prüfungen, die in unserer Zeit geradezu einen apokalyptischen Charakter annehmen – apokalyptisch aber auch im *eigentlichen* Sinne des Wortes, als Enthüllung und Offenbarung der neuen Gegenwart Christi. Vieles wäre in diesem Sinne hier anzufügen. Ein Erlebnis dieser Art wurde oben schon mitgeteilt, so daß hier nur noch zwei bekannte Beispiele herangezogen werden sollen, um den Gang der Darstellung an dieser Stelle nicht zu sehr mit Einzelheiten zu belasten. Einige weitere sind ohne großen Kommentar im 5. Kapitel zu lesen.

Das erste Beispiel findet sich in dem von Helmut Gollwitzer herausgegebenen Buch »Du hast mich heimgesucht bei Nacht. Abschiedsbriefe und Aufzeichnungen des Widerstandes 1933–1945« mit vielen eindrucksvollen Schicksals- und Leidenszeugnissen jener Zeit. Zu den erschütterndsten gehören die Aufzeichnungen des Norwegers Petter Moen, der Leiter einer Widerstandsgruppe war und als solcher am 4.2.1944 verhaftet wurde. In der Haft hat er zahlreiche Tagebuchblätter niederschreiben können, die nach seinem Tode – das Schiff, das ihn nach Deutschland deportieren sollte, lief auf eine Mine und sank – in seiner Zelle gefunden wurden. Sie zeugen von der Qual und Angst – »... wurde gepeitscht... Habe entsetzliche Angst vor Schmerzen...« – der Gefängniszeit. Dann aber finden sich folgende Zeilen:

MONTAG ABEND in der Dämmerung
Dies ist ein wirkliches Erlebnis:

An meiner Zellenwand erschien das Bild
von Christi Haupt, dornengekrönt.
In tiefem Frieden lag sein Schmerz gestillt
und kundtat stumm: Gesühnt, versöhnt...

Du, Gott und Mensch, hast sterben wollen
und wolltest deiner Unschuld Schmerz.
Floß denn dein Blut in minder vollem
Schlag als in meinem bangen Herz?

O nein, durch deines Opfers Macht
hast unsre Qual du wollen enden,
und als du sprachst: Es ist vollbracht!
nahmst du uns Sünder bei den Händen.

O Christus, Bruder nenn ich dich,
den Bruder mein in Schmerz und Not.
Den Weg der Gnade führe mich
aus Angst und Sünden nach dem Tod!

Noch tiefer als dieses Schicksal führt das Zeugnis des in seiner Kindheit erblindeten Franzosen Jacques Lusseyran; denn es bleibt nicht im seelisch-geistigen Erleben, im schauenden Bewußtsein, sondern greift tief in die Lebenssphäre seiner Leiblichkeit. Als Angehöriger des französischen Widerstandes wird er nach Buchenwald verschleppt und liegt dort todkrank; von allen aufgegeben, in der »Todesbaracke« abgesondert, erlebt er:

»Was ich hier sah – ich wußte genau, was das war: mein Körper schickte sich an, diese Welt zu verlassen. Er wollte nicht ohne weiteres hinübergehen. Er wollte überhaupt nicht hinübergehen. Ich spürte das an den Schmerzen, die er mir schuf. Er wand sich nach allen Richtungen, wie es Schlangen tun, die man durchgeschnitten hat.

Habe ich gesagt, der Tod sei schon bei mir gewesen? Habe ich es gesagt, so war das allerdings ein Irrtum. Krankheit, Schmerz, ja, aber nicht Tod. Im Gegenteil – das Leben, erstaunlicherweise das Leben, hatte ganz und gar von mir Besitz ergriffen: ich hatte noch nie so intensiv gelebt.

Das Leben war eine Substanz in mir geworden. Sie drang mit einer Kraft, die tausendmal stärker war als ich, in meinen Käfig ein. Sie bestand nicht aus Fleisch und Blut – o, gewiß nicht! – nicht einmal aus Ideen. Sie kam wie eine hellschimmernde Welle, wie eine Liebkosung aus Licht, auf mich zu. Ich konnte sie jenseits meiner Augen und meiner Stirn, jenseits meines Kopfes

wahrnehmen. Sie berührte mich, schlug über mir zusammen; ich ließ mich auf ihr treiben.
Aus der Tiefe meines Erstaunens stammelte ich Namen, oder nein, ich sprach sie sicher nicht aus, sie erklangen von selbst: ›Vorsehung, Schutzengel, Jesus Christus, Gott.‹ Ich versuchte nicht, nachzudenken. Für Metaphysik war noch viel Zeit! Ich sog an der Quelle. Und dann trank ich, noch und noch! Diesen himmlischen Fluß wollte ich nicht lassen! Ich erkannte ihn übrigens gut wieder; er war bereits einmal zu mir gekommen, gleich nach meinem Unfall, als ich gemerkt hatte, daß ich blind war. Es war dasselbe, stets dasselbe: *das* Leben, das mein Leben schützte. Der Herr hatte Mitleid mit dem armen Kerl, den er hier so hilflos liegen sah. Es ist wahr: ich konnte mir nicht selbst helfen. Niemand kann sich selbst helfen. Ich wußte es jetzt. Die SS, all die, die Macht besaßen, auch nicht. Das ließ mich lächeln. Aber es gab da etwas, das an mir lag: die Hilfe des Herrn nicht zurückzuweisen. Diesen Hauch, mit dem er mich übergoß. Es war der einzige Kampf, den ich zu führen hatte – ein schwerer und wunderbarer Kampf zugleich –: ich durfte nicht zulassen, daß die Angst meinen Körper überfiel. Denn Angst tötet, Freude aber schenkt Leben.
Ich lebte langsam wieder auf. Und als eines Morgens einer meiner Nachbarn mir ins Ohr brüllte, daß ich keine Aussicht mehr habe davonzukommen und es besser sei, mich darauf vorzubereiten, lachte ich ihm als

Antwort mitten ins Gesicht. Er verstand dieses Lachen nicht, doch er vergaß es niemals.«
Lusseyran schildert dann, wie etwas von diesem Leben im Tod auf die anderen Mitgefangenen überfließt und wie er ihnen dadurch in ihrem Elend helfen kann: »Ich barg in mir eine solche Fülle an Licht und Freude, daß davon auf sie überfloß... Fast alle vergaßen, daß ich Student war... Für viele war ich sogar ›der Mann, der nicht gestorben war‹.«
Hier wird Apokalypse bis in die physische Leiblichkeit erlebt.
Damit haben wir die Urbilder der Christuserfahrungen heute beisammen: Von der Wiederkunft Christi soll ausgehen

- Erkraftung des menschlichen Innersten;
- Friede, Mut, Trost für die Seelen;
- Lebenskraft für die Leiber bis hin zu anfänglichen Erlebnissen der Todüberwindung wie bei Lusseyran.

Aufbruch zu neuen Ufern: moderne Kunst

In überraschender Weise findet unsere These, daß die Wiederkunftsereignisse in unserer Zeit ihren Anfang nehmen, eine Bestätigung in der Entwicklung der Kunst zu Beginn unseres Jahrhunderts. Rudolf Steiner sprach davon, daß der Wiederkommende vom Jahre 1909 ab erstmals erlebbar gewesen sei: Christus offenbarte sich zu dieser Zeit zum ersten Mal im Ätherischen; eine große, lebensvolle Bewegung ging von diesem Ereignis in die Lebenswelt der Erde aus. Im Bereich der Kunst hat dieses Geschehen offenbar sofort eine umfassende Resonanz gefunden. 1910 ist das Aufbruchsjahr der modernen Malerei: Kandinsky malt das erste frei aus Farben und Formen komponierte Gemälde. Auch in den anderen Künsten ereignet sich um diese Zeit die entscheidende Wende, in Plastik, Architektur, Musik, Dichtung. Überall lösen und lockern sich die alten Formen, um neuen Möglichkeiten Raum zu geben.

Der Kunstgeschichtler Werner Hofmann charakterisiert in seinem Buch »Zeichen und Gestalt« diesen Übergang so:

»Um 1910 erreichte das Schicksal der Modernen Malerei seine Wendemarke ... Das Weltgebäude erwies sich als oberflächlich und verbraucht, das Nahe und Einzelne als dürftige Kulisse einer größeren, vielschichtigeren Wirklichkeit. Die Ideen traten gebieterisch hinter den Dingen hervor, platonisches Gedankengut öffnete den Weg von den Erscheinungen in die Wesenszone. Sichtbarmachen meinte in den verschiedenen künstlerischen Lagern den Gewinn *neuer Erlebnisschichten;* es bedeutete aber auch das Erhellen der Keimkräfte, die in den Bildmitteln selber stecken. So dringen diese Jahrzehnte nicht nur in bisher unbetretene Schichten des Gegenständlichen ein, sondern arbeiten immer bewußter an der Erkenntnis ihres formalen und farbigen Vokabulars ... Die Eigenbewegung der Mittel wird zwi-

schen 1910 und 1911 in Frankreich, Deutschland und Italien – ein wenig später auch in Holland und Rußland – als Versuchung und als neue Möglichkeit verspürt... Dieser Schritt, 1910 von Kandinsky verwirklicht, sollte die Befreiung des künstlerischen Ausdrucks zum ›Wie‹, zu seiner ihm aufgetragenen Geistesbotschaft bewirken und das ›Rein- und Ewigkünstlerische‹, von jeder materiell-gegenständlichen Belastung freigesprochen, zur unverhüllten Darstellung bringen.«
Etwas Neues wird spürbar, Aufbruch zu neuen Bewegungen und Erfahrungen, Befreiung vom »Ballast des Materiellen«. Die hinter diesem Aufbruch stehende Sehnsucht bringt Franz Marc so zum Ausdruck: »Die Sehnsucht nach dem unteilbaren Sein, nach Befreiung von den Sinnestäuschungen unseres ephemeren Lebens ist die Grundstimmung aller Kunst. Ihr großes Ziel ist, das ganze System unserer Teilempfindungen aufzulösen, ein unirdisches Sein zu zeigen, das hinter allem wohnt, den Spiegel des Lebens zu zerbrechen, daß wir in das Sein schauen.« Und an einer anderen Stelle heißt es: »Wir werden nicht mehr den Wald oder das Pferd malen, wie sie uns gefallen oder scheinen, sondern wie sie wirklich sind, wie sich der Wald oder das Pferd selbst fühlen, ihr absolutes Wesen, das hinter dem Schein lebt, den wir nur sehen.«
Das fast gleichzeitig und doch ganz unabhängige Auftauchen der gleichen Impulse in Europa hat immer wieder Erstaunen hervorgerufen; Kandinsky war nur die »Speerspitze« einer Generation. Heinz Demisch

drückt dies folgendermaßen aus: »Phänomenal wie die Unbeirrbarkeit der Avantgardisten war die Gleichzeitigkeit, mit der das neue Kunstwollen auftrat. Meist kannten sich die einzelnen Künstler und Künstlergruppen gar nicht, oft wußten sie überhaupt nicht voneinander. Viele hatten, auch wenn man sich später in Paris, München oder an anderen Stätten zusammenfand, still für sich einen antinaturalistischen Stil entwickelt. Von Schleswig bis München, von Berlin bis Rom, von Dresden bis Paris, von Wien bis Bern, von Moskau bis Madrid schien sich ein unsichtbares Netz unbewußter Einverständnisse zu spannen. Viele fanden sich in der Verehrung für Cézanne, van Gogh und Gauguin. Interessant ist ein Blick auf die Geburtsdaten. Kandinsky, Jawlensky, Matisse und Nolde sind noch vor 1870 geboren; Malewitsch, der Begründer des Suprematismus, im Jahr 1878, Klee 1879, Guillaume Apollinaire, der literarische Wortführer des Kubismus, Chirico, Derain, Kirchner, Marc, Nauen im Jahre 1880; Carrà, Gleizes, Gontscharowa, Lehmbruck, Léger, Pechstein, Picasso im Jahre 1881. Dann wird die Folge der Geburten von Jahr zu Jahr noch dichter. Ihre Häufung in den achtziger Jahren ist auffallend! Das aber war das Jahrzehnt, in dem der Naturalismus auf dem Höhepunkt stand. 1880 forderte Emile Zola den naturalistischen Roman und das naturalistische Theater. 1880/81 malte Leibl ›Die drei Frauen in der Kirche‹. Die Modelle mußten viele Monate hindurch täglich haargenau dieselbe Position einnehmen.

Während man den Naturalismus als die Kunst der Zukunft feierte, kamen bereits die Individualitäten zur Welt, die dann als Jünglinge den materialistischen Wirklichkeitsbegriff unbekümmert über Bord warfen.«[74] Auch für den Russen Malewitsch z. B. ist – ähnlich und anders als bei Kandinsky – gerade 1910 das Jahr, das ihm neue Wege eröffnete.

Was für die Malerei gilt, gilt auch, wie ebenfalls Werner Hofmann zeigen kann, für die Entwicklung der Plastik: »Die Geschichtslogik des 20. Jahrhunderts – auf der Suche ›nach den äußersten Grenzen der Ausdrucksmittel‹ (Kandinsky) – ereignet sich in polaren Entgegensetzungen. In den Jahren zwischen 1910 und 1913 stoßen Malerei und Plastik zu Extrempositionen vor, die noch heute als äußerste Grenzmarken Gültigkeit haben. Kandinsky gibt Form und Farbe ihren rauschhaften Urzustand zurück (1910), Delaunay macht aus dem Bild eine rhythmische Farbgleichung (1912), Mondrian eine geometrische Verstrebung von Senkrechten und Waagrechten (1913–14), Malevitch stellt ein schwarzes Quadrat auf einem weißen Grund dar (1913).

In genau demselben Zeitraum vollzieht sich in der Plastik die entscheidende, bis heute fortwirkende Bewußtseinserweiterung, werden die großen Kraftlinien der kommenden Entwicklung entworfen. Brancusi führt das plastische Gebilde in den Zustand der Unabänderlichkeit. Damit ist ein Absolutum der Form gemeint, an dem das Jahrhundert fürderhin das non plus ultra

der Vollkommenheit, der handwerklichen Konzentration und der geistigen Vertiefung ablesen wird. Brancusis Weg in die strahlende Stille der letzten Dinge (die unter seiner Hand wieder zu den ersten werden) ist in dem Maße schweigsam, als die kubistisch-futuristischen Versuche eine beredte Sprache führen. Sie öffnen die breitere Straße, die vielen Nachfolgern Platz gewährt, Brancusi den schmalen Pfad, der immer nur von wenigen beschritten werden wird.
Was in dieser kurzen Zeitspanne versucht, gewagt und entworfen wird, füllt bereits den gesamten Handlungsraum der kommenden Jahrzehnte aus. Die Extreme heißen: lapidare, idolartige Formfeststellungen (Brancusi) und vollkommene Verästelung, Zersplitterung und Linearisierung des Stofflichen in den erfundenen ›Gebilden‹ des Konstruktivismus. Hier die Essenz der immerwährenden Kräfte von Mensch und Kosmos, die geschaute Weltsumme – dort die wechselnden Formzeichen existentieller Rastlosigkeit, unermüdlichen Erfindens und Verwerfens.«[75]
Aber noch andere Polaritäten bringen neue Ausdrucksmittel hervor, so wie sie z. B. in der Kunst Archipenkos sichtbar werden. »Wohl kein Plastiker hat so starken Einfluß auf die Bildhauer seiner Generation, vor allem jedoch auf die jüngeren ausgeübt, und zum Teil so nachhaltig und richtunggebend gewirkt wie Archipenko in den Jahren zwischen 1911 und 1924. Sein Name stand für alle die vielfältigen Versuche und Errungenschaften der Avantgarde auf dem Felde der Pla-

stik wie etwa der Name Picasso im Bereich der Malerei; Archipenko, hoch geschätzt von Lehmbruck bis Moore, war zeitweilig wohl auch nicht ohne Einfluß auf deren Werk; Künstler so verschiedener Artung wie Tatlin und Schlemmer empfingen von ihm Anregungen bei eigenen speziellen Versuchen... 1911, etwa gleichzeitig also, während der Russe Kandinsky den Schritt zur gegenstandslosen Malerei tut und Form und Farbe verselbständigt, befreit Archipenko die plastische Form von naturalistischen Zusammenhängen. Zum ersten Male benutzt Archipenko aus der Anschauung des sich plastisch jetzt auswirkenden Raumes konkave Formen bis zur völligen Durchdringung der Körpermasse; dort wo man ein konvex sich wölbendes Körperglied erwartet, wird oft eine konkave Bildung gesetzt, und so die plastische Form gewissermaßen durch ihre Matritze spürbar gemacht; an Stelle des plastischen Ovals eines Kopfes steht das entsprechende Volumen negativer Form. 1912 führt Archipenko die ersten Skulpto-Malereien aus, in welchen er im Zusammenwirken Fläche, Körper, Raum und Farbe zu verbinden sucht.«[76]

Einer der erfolgreichsten Künstler der letzten Jahrzehnte ist Joseph Beuys. Auf die seinen eigenen Werken zugrundeliegenden Intentionen geht er in einem Interview mit Friedhelm Mennekes ein:

»*F. M.:* Das Thema unserer Ausstellung ist: das Christusbild in unserer Zeit, also die Frage nach der zeitgemäßen Figuration dieses rettenden, erlösenden, befreienden Prinzips im Sinne etwa der Auferstehungstheologie gedeutet. Was sind für Sie Leitorientierungen für ein solches Christusbild? Wenn ich Sie richtig verstanden habe, dann geht es Ihnen ja um ein Weitertasten und Weitersuchen nach einer solchen Figuration.

J. B.: Man kann die Figuration nicht mehr so nehmen, wie sie in irgendeiner Vergangenheit tradiert wurde. Dann fielen wir zurück. Bei mir gab es ja diese Ablösung, wie wir zu Anfang unseres Gespräches schon feststellten. Ab einem bestimmten Zeitpunkt treten bei mir bestimmte tradierte Zeichen nicht mehr auf. Das Ganze hat sich aufgelöst in ein Gewebe, sagen wir ruhig: in ein Gewebe von Kraftzusammenhängen in der Welt. Dieses Bild von Christus kann ja heute nicht mehr mit äußeren Augen wahrgenommen werden, sondern es muß mit einem inneren Auge wahrgenommen werden. Und in diesem inneren Auge zeigt sich, was aus der Auferstehung Christi geworden ist. Der ist ja nicht irgendwo verdampft oder hat sich irgendwie verflüchtigt. Die Frage ist doch: Wo ist der jetzt? Wer mit dem inneren Auge zu sehen sucht, der sieht, daß er längst wieder da ist. Nicht mehr in einer physischen Form, aber in der bewegten Form einer für das äußere Auge unsichtbaren Substanz. Das heißt, er durchweht jeden einzelnen Raum und jedes einzelne Zeitelement substantiell. Also ist er ganz nah da. Und die Schwelle zum Einbruch in den Menschen ist so gewaltig wie nie in der Geschichte. Nur es fehlt noch die offene Zuwendung, das zu erleben und sich dann als Mensch von Grund auf zu verändern.

F. M.: Nun gibt es aber verschiedene Medien, die diese Nachricht vermitteln. Ein Medium wäre das Wort und ein Medium wäre das der künstlerischen Figuration oder Darstellung. In welche Form würden Sie jetzt diesen Gedanken umsetzen?

J. B.: Ein Stichwort muß als erstes fallen: das der Bewegung. Es muß das Bewegungselement sehr stark betont werden. Wie man das jeweils macht, ist eine andere Frage. Die wahre Begründung der Aktionskunst ist das Bewegungselement. Und zwar nach Möglichkeit überallhin. Es ist auch das Moment der Bewegung gemeint, wenn Bäume gepflanzt werden, nämlich daß sich ein Zeitwesen, ein Lebenszeitwesen, eine Zeitmaschine, wie es ein Baum ist, in jeder Sekunde bewegt gegenüber einem starren Gebilde... Der steht ja auch daneben, der Stein. Der ruht, aber sein Wesen daneben verändert sich, entfaltet sich, vom Wind bewegt. Ist anfällig, auch hinfällig gegenüber höheren Einflüssen. Wichtig ist vor allem das Bewegungselement. Die Form, wie diese Verkörperung Christi sich in unserer Zeit vollzieht, ist das Bewegungselement schlechthin.«[77]

Es ist deutlich: um das Jahr 1910 herum ereignet sich gerade auf künstlerischem Feld Entscheidendes: »alles kommt in Bewegung«, alles verändert sich. Auch in der Architektur sind bahnbrechende Impulse wahrzunehmen. Als Gehäuse aller Kunstgattungen wird ihre neue Gestalt im ersten Goetheanum-Bau von 1912 in Dornach sichtbar, in dem die vielfältigen Neuschöpfungen der Kunst beheimatet werden.[78]

Aber nicht nur eine der mannigfachen Veränderungen zeigt sich da ab 1910, die in der Vergangenheit die Kunstentwicklung haben fortschreiten lassen –: ein grundlegender Umschwung ist jetzt eingetreten. »So ist es nicht nur ein üblicher Stilwandel, der den Expressionismus vom Impressionismus und unser gesamtes 20. Jahrhundert von allen vorangegangenen Zeitaltern auch in der Kunst trennt, sonden eine in ihren geistigen Konsequenzen noch heute kaum abzuschätzende Stilrevolution. Sie weist den Betrachter auf einen Bewußtseinsumschwung weltgeschichtlichen Ausmaßes...«[79]
Auch in der Musik tritt dieser Bewußtseinsumschwung etwa zur selben Zeit ein. Entscheidend waren Wirkung und Anknüpfung an das Werk Gustav Mahlers; sichtbar z.B. Nr. 6 von Arnold Schoenbergs Opus 19, das er in Anschluß an die Nachricht von Mahlers Tod komponierte. Aber auch im Werk anderer Komponisten steht die Frage nach der tonalen oder atonalen, bzw. unhörbaren Musik zu dieser Zeit im Vordergrund.[80]

Karl Thylmann, 1915
Christus auf den Wellen

Franz Marc, 1914
Tirol

Franz Marc, 1915
Skizzenbuch aus dem Felde, Blatt 30

Wassily Kandinsky, 1910
Murnau mit Kirche I

Paul Klee, 1917
Über Bergeshöhen

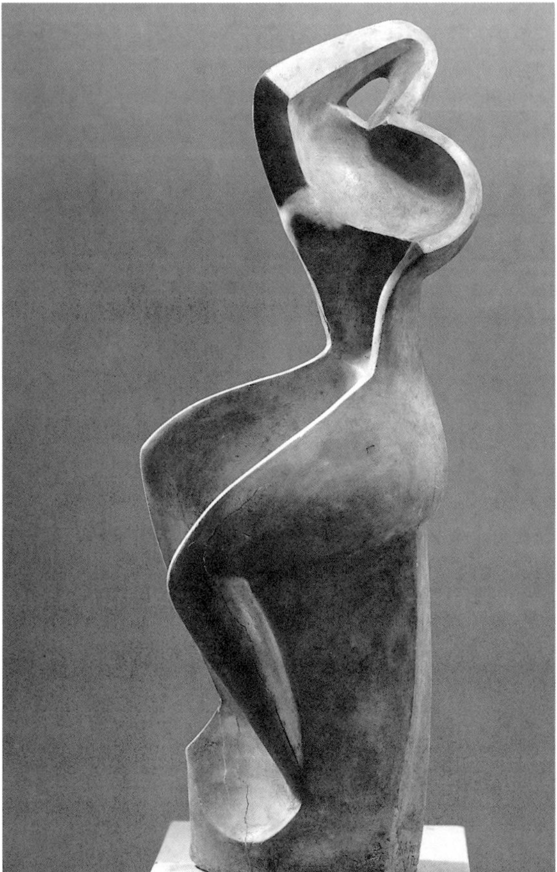

Alexander Archipenko, 1916
Sitzende schwarze Konkave

O. H. Hajek, 1951
Christusträgerin

Max Ernst, 1967
Rückkehr der schönen Gärtnerin

Insbesondere aber in der Entwicklung von Sprache und Dichtung lassen sich die Grundtendenzen, die mit diesem Umschwung gegeben sind, besonders deutlich ablesen. Hans Magnus Enzensberger überschreibt einen Absatz zu seinem »Museum der modernen Poesie«, einer Sammlung moderner Gedichte, mit »1910«:

»Das Museum der modernen Poesie enthält Gedichte aus den Jahren 1910–1945. Dieser Zeitraum wurde nur in Ausnahmefällen überschritten. In ihm hat die moderne Poesie ihre Herrschaft angetreten. Von wann sie datiert, darüber ist kaum ein Zweifel möglich. Eine ganze Kette von poetischen Explosionen hat in den Jahren um 1910 die literarische Öffentlichkeit aller führenden Länder erschüttert. 1908 erschien der erste Gedichtband von Ezra Pound, ein Jahr später die ersten Verse von William Carlos Williams; ebenfalls 1909 publizierte Saint-John Perse die ›Images à Crusoé‹, gleichzeitig mit dem Futuristischen Manifest. 1910 trat mit dem ›Sturm‹ und der ›Aktion‹ in Deutschland der Expressionismus auf den Plan, in Rußland ließ Chlebnikow, in Alexandria Kavafis seine ersten Gedichte drucken. 1912 folgten Guillaume Apollinaire, Gottfried Benn, Max Jacob und Wladimir Majakowski, ein Jahr später Giuseppe Ungaretti und Boris Pasternak. Diese Daten stehen für viele. Sie zeigen an: fortan ist die moderne Poesie nicht mehr die Sache einzelner Autoren und Werke, die wie Findlinge fremd in der Zeit stehen; sie ist zeitgenössisch geworden. Gleichzeitig an den verschiedensten Punkten der westlichen Welt tauchen, zunächst noch sporadisch und voneinander oft ganz unabhängig, Publikationen auf, die bald zu einem internationalen Kontext zusammenrücken.

Weltsprache und moderne Poesie

In den fünfunddreißig Jahren von 1910–1945 haben die Dichter, die in diesem Museum erscheinen, unter sich ein Einverständnis erreicht, das wie nie zuvor die nationalen Grenzen der Dichtung aufgehoben und dem Begriff der Weltliteratur zu einer Leuchtkraft verholfen hat, an die in anderen Zeiten nicht zu denken war. Dieses Einverständnis ist in vielen Fällen biographisch zu fassen. Unter den führenden Köpfen der modernen Poesie waren manche, die ihren Kontext schon sehr früh übersahen und als Kundschafter und Übersetzer, Kritiker und Essayisten daran gingen, ihn ausdrücklich und sichtbar zu machen. Wäre die Wissenschaft von der Literatur weniger an die Grenzen der Nationalsprachen gebunden, so fände sie hier eine ideale Spielwiese für ihre Forschungen. Allerdings hat die Suche nach Einflüssen und direkten Wechselbeziehungen immer etwas Subalternes. Das Einverständnis, von dem hier die Rede ist, zeichnet sich ja gerade dadurch aus, daß es auf sie nie angewiesen war. So finden sich zwischen Santiago de Chile und Helsinki, zwischen Prag und Madrid, zwischen New York und Leningrad immer wieder ganz überraschende Übereinstimmungen, die sich nicht auf gegenseitige Abhängigkeiten zurückführen lassen. Der Prozeß der modernen Poesie führt, wie sich an den Texten dieses Museums zeigen läßt, in wenigstens fünfunddreißig Ländern zu Ergebnissen, die Vergleich über Vergleich herausfordern: er führt, mit einem Wort, zur Entstehung einer poetischen Weltsprache. Diese Feststellung kann nicht dazu führen, die Vielfalt, die sich in dieser Weltsprache ausdrückt, über einen Kamm zu scheren. Die lingua franca, die durch dieses Buch belegt werden soll, hat ihre Größe gerade darin, daß sie sich dem Ausdruck des Besonderen nicht verschließt; daß sie vielmehr das Besondere aus der Bindung an die nationalen Literaturen befreit.«[81]

Auch hier also wieder ähnliche Motive, ähnliche Entwicklungen, wie sie uns bei Malerei und Plastik aufgefallen waren. Es liegt nahe, die gemeinsame Quelle all dieser inneren und äußeren Bewegungen und Umbrüche in den Veränderungen der an unsere irdische angrenzenden geistigen Welt und in der »Bewegung«, die dort von Christus ausgeht, zu suchen; und gerade die Künstler sind offen für das, was »in der Luft liegt«, was als geistige Umwälzung wirksam wird und inspirierend auf die einzuwirken vermag, die für ihr Wirken sowieso auf Inspirationen angewiesen sind.[82]
Daß mit dem »alles kommt in Bewegung« nicht nur ganz neue Möglichkeiten, sondern auch Gefährdungen verbunden sind, ist aus unserer Darstellung schon ge-

nügend klar geworden, zeigt sich nun aber auch in der künstlerischen Entwicklung mit aller Deutlichkeit: Mit dem Zerbrechen aller alten Sprachformen z. B. und der damit gewonnenen künstlerischen und geistigen Freiheit ist ja keineswegs von selbst schon der Durchbruch zu einer neuen Geistigkeit verbunden. Im Gegenteil: das Zerbrechen der alten Formen kann auch leere, sinnlose Auflösungserscheinungen hervorbringen; es müssen erst neue geistige *Inhalte* gefunden werden, die zu neuen Ausdrucksformen führen – sonst bleibt eine gebrochene und zerbrochene Welt zurück ohne Inhalt, oder der Inhalt wird in rein formalen Äußerlichkeiten, in Sprachkonstruktionen und Sprachspielereien gesucht, bis hin zur Computer-Dichtung. [83]

Hugo Ball gründete 1916 zusammen mit Tzara, Arp und Huelsenbeck in Zürich die Bewegung Dada. Sein damals entstandenes Gedicht »Totenklage« zeigt die konsequente Radikalität, mit der hier Sprache aufgelöst wird:

ombula
take
biti
solunkola
tabla tokta tokta takabla
taka tak
Babula m'balam
tak tru – ü
wo – um

biba bimbel
o kla o auw
kla o auwa
la – auma
o kla o ü
la o auma
klinga – o – e – auwa
ome o-auwa
klinga inga Mao – Auwa
omba dij omuff pomo – auwa
tru – ü
tro-u-ü-o-a-o-ü
mo-auwa
gomum guma zangaga gago blagaga
szagaglugi m ba-o-auma
szaga szago
szaga la m'blama
bschigi bschigo
bschigi bschigi
bschiggo bschiggo
goggo goggo
ogoggo
a–o–auma

Der hier eingeschlagene Weg[84] findet im weiteren Verlauf des Jahrhunderts manche Fortsetzung; als Beispiel sei das Gedicht »artikulationen-Detail« von Franz Mon herangezogen, das 1959 in seinem Gedichtband »artikulationen« veröffentlicht wurde.

. . . .
kars ese rir rd r
hare ids urnd hn
arr drie odt runn
tror unds
tar usd
drustar

Dieser Weg müßte im Ausweglosen enden, wenn nicht die einseitige Auflösung der Formen von einem neuen geistigen Inhalt ergriffen und dadurch überwunden werden könnte. Vielfältig wird darum in der modernen Dichtung gerungen. Die Schwierigkeiten zeigen sich aber bei der Sprache deutlicher als in anderen Bereichen der Kunst, da Sprache immer auch *Gedanke* sein will und deshalb das Neue nicht nur gefühlsmäßig, wie in anderen Kunstformen, sondern eben gedanklich-klar ergriffen werden muß; das heißt: Neue geistige Einsichten müssen der Sprache Gestalt geben, um sie vor der Ausweglosigkeit und dem endgültigen Verstummen zu bewahren. Deshalb entscheidet sich gerade in der Entwicklung der Sprache besonders viel.
Dieses Ringen mit der Sprache bekam nach dem 2. Weltkrieg noch einen besonderen Akzent – denn nun hatte das Ungültig-Werden der alten Sprachformen in der Propaganda-Maschinerie des Nazismus seinen unüberbietbaren Höhepunkt erreicht. Diese Problematik durchzieht das dichterische Werk Paul Celans und wurde von ihm auch in seiner Ansprache anläßlich der

Entgegennahme des Literaturpreises der Stadt Bremen im Jahre 1958 thematisiert: »... Erreichbar, nah und unverloren blieb inmitten der Verluste dies eine: die Sprache. Sie, die Sprache blieb unverloren, ja, trotz allem. Aber sie mußte nun hindurchgehen durch ihre eigenen Antwortlosigkeiten, hindurchgehen durch furchtbares Verstummen, hindurchgehen durch die tausend Finsternisse todbringender Rede. Sie ging hindurch und gab keine Worte her für das, was geschah; aber sie ging durch dieses Geschehen. Ging hindurch und durfte wieder zutagetreten ›angereichert‹ von all dem.
In dieser Sprache habe ich in jenen Jahren und in den Jahren nachher Gedichte zu schreiben versucht: um zu sprechen, um mich zu orientieren, um zu erkunden, wo ich mich befand und wohin es mit mir wollte, um mir Wirklichkeit zu entwerfen.
Es war, Sie sehen es, Ereignis, Bewegung, Unterwegssein, es war der Versuch, Richtung zu gewinnen. Und wenn ich es nach seinem Sinn befrage, so glaube ich, mir sagen zu müssen, daß in dieser Frage auch die Frage nach dem Uhrzeigersinn mitspricht.
Denn das Gedicht ist nicht zeitlos. Gewiß, es erhebt einen Unendlichkeitsanspruch, es sucht durch die Zeit hindurchzugreifen – durch sie hindurch, nicht über sie hinweg.
Das Gedicht kann, da es ja eine Erscheinungsform der Sprache und damit seinem Wesen nach dialogisch ist, eine Flaschenpost sein, aufgegeben in dem – gewiß nicht immer hoffnungsstarken – Glauben, sie könnte

irgendwo und irgendwann an Land gespült werden, an Herzland vielleicht. Gedichte sind auf diese Weise unterwegs: sie halten auf etwas zu.
Worauf? Auf etwas Offenstehendes, Besetzbares, auf ein ansprechbares Du vielleicht, auf eine ansprechbare Wirklichkeit. Um solche Wirklichkeit geht es, so denke ich, dem Gedicht. Und ich glaube auch, daß Gedankengänge wie diese nicht nur meine eigenen Bemühungen begleiten, sondern auch diejenigen anderer Lyriker der jüngeren Generation. Es sind die Bemühungen dessen, der, überflogen von Sternen, die Menschenwerk sind, der zeltlos auch in diesem bisher ungeahnten Sinn und damit auf das unheimlichste im Freien, mit seinem Dasein zur Sprache geht, wirklichkeitswund und Wirklichkeit suchend.«
Daß ihn dieses »zeltlose« Sein zu neuen Inhalten, neuen »Wirklichkeiten« führte, davon zeugt sein vielleicht bekanntestes Gedicht »Fadensonnen« aus der 1967 erschienenen Sammlung »Atemwende«.

> FADENSONNEN
> über der grauschwarzen Ödnis.
> Ein baum-
> hoher Gedanke
> greift sich den Lichtton: es sind
> noch Lieder zu singen jenseits
> der Menschen.

In eine andere Richtung blicken wir, wenn wir danach fragen, ob sich auch *inhaltlich* etwas vom Erleben der

Wiederkunft in der modernen Literatur und Dichtung offenbart. Es seien dafür jetzt nur drei Beispiele aufgeführt; weitere bringen wir im letzten Kapitel.
Zunächst sei an das Gedicht des Russen Alexander Block, »Die Zwölf«, aus dem Jahre 1918 erinnert, das uns in die Revolutionswirren führt und am Schluß einer langen, dramatischen Schilderung ausdrücklich in unser Motiv einmündet:

Trach-tach-tach! Der Schüsse Krachen,
Das in Gassen widerhallt,
Und des Schneesturms langes Lachen,
Donnerrollend, eisigkalt.

Trach-tach-tach!
Trach-tach-tach!

Und sie schreiten majestätisch.
Hinten: Hund und Hungerleid;
Aber vorn: mit blutiger Fahne,
Unter Wind- und Schneegeleit
Gegen Blick und Blei gefeit,
Eisperlschimmer, Flockenglosen

Um den Kranz aus weißen Rosen
Und voll Sanftheit jeder Schritt,
Schreitet Jesus Christus mit.

Über dieses Gedicht schrieb Wilhelm Bloess in einer Besprechung: »Man kann nur ahnen, daß Block in jenen Tagen wirklich über sich hinausgehoben war. Wie wenig Block damals selbst verstand, was er als Künstler sagte und sagen mußte, geht aus folgender Äußerung über seine Dichtung hervor, die er im Juni 1919 machte: ›Mir gefällt der Schluß auch nicht, mit dem DIE ZWÖLF enden. Ich hätte es gern gehabt, wenn er anders ausgefallen wäre. Als ich die Dichtung beendet hatte, war ich selbst erstaunt: Warum Christus? Doch je mehr ich hinschaute, desto klarer sah ich Christus. Und noch damals notierte ich mir: *Christus, leider.*‹ Dieser passive Bezug, den er als Mensch zu seinen künstlerischen Gesichten hat, hinderte aber Block nicht zu sagen: ›Wie DIE ZWÖLF nicht auch sein mögen – sie stellen das Beste dar, was ich je schrieb, weil ich damals ganz in der Gegenwart lebte‹.«[85]

Als zweites Beispiel sei ein Gedicht von Johannes Bobrowski angeführt, das er in seinem Band »Schattenland Ströme« veröffentlichte.

OSTERN

Dort noch Hügel,
die Finsternis, aber
die Steige sind recht, aus der Ferne
die Ebenen nahn, mit dem Wind
herüber ihr Schrei.

Über den Wald. Der Fluß
kommt, die Birkenschläge

gehn an die Mauer, Türme,
Gestirn um die Kuppeln, das goldne
Dach hebt an Ketten ein Kreuz.

Da
in die finstere Stille
Licht, Gesang, wie unter
der Erde erst, Glocken, Schläge,
der Stimmen Hähnegeschrei
und Umarmung der Lüfte,
schallender Lüfte, auf weißer
Mauer Türme, die hohen
Türme des Lichts, ich hab
deine Augen, ich hab deine Wange,
ich hab deinen Mund, es ist
erstanden der Herr, so ruft,
Augen, ruft, Wange, ruf, Mund,
ruf Hosianna.

Ein weiteres Zeugnis findet sich in Ernesto Cardenals Gedichtband »Gebet für Marilyn Monroe und andere Gedichte«.

Ich löschte das Licht, um den Schnee zu sehen.
Und sah den Schnee durch das Fenster und sah den
Neumond.
Doch dann sah ich, daß Schnee und Mond nur
wieder Fenster sind,
und durch diese Fenster sahst Du mich an.

Die letzten beiden Beispiele sind gewiß nicht so eindringlich wie das von Alexander Block. Doch wenn die geschilderten Erfahrungen echt sind – und wir haben bei den Autoren wohl keinen Grund, daran zu zweifeln, Bobrowski werden wir im letzten Kapitel nochmals begegnen –, dann weisen sie zumindest in die Richtung, von der wir hier sprechen. So aber ist vieles in der modernen Literatur.

Wir sehen auf einem zweiten, objektiven Feld bestätigt, was wir zunächst an den mehr subjektiven Erlebnissen einzelner Menschen ablesen konnten: den Beginn der Wiederkunftsereignisse in unserer Zeit.

Dieses Kapitel wäre aber nicht vollständig, wollten wir nicht noch einen dritten, nun aber teilweise sehr tragischen Bereich mit einbeziehen: den der äußeren geschichtlichen, politischen Entwicklung, besonders in Mitteleuropa.

Die Entwicklung der Gegenmächte im 20. Jahrhundert

Wenn sich in unserer Zeit wirklich eine neue Gegenwart Christi ereignet, wenn sich neue geistige Möglichkeiten der Menschheit eröffnen, dann darf es uns nicht wunder nehmen, daß auch die Gegenmächte verstärkt auf den Plan treten, die der Menschheit dieses Ereignis verdunkeln wollen – denn verhindern können sie es

Der Verlag Urachhaus veröffentlicht seit über 60 Jahren Bücher, die »dem von der Zeit geforderten Geistesleben dienen« (Rudolf Steiner).

Heute umfaßt das Verlagsprogramm an die 500 lieferbaren Titel u. a. auf den Gebieten Kunst und Kunstgeschichte, Religions- und Geistesgeschichte, Theologie und Philosophie, Naturwissenschaft und Medizin, Literatur, Pädagogik, Lebenshilfe, Kinder- und Jugendbücher.

Wenn Sie über unser Verlagsprogramm orientiert sein wollen, schicken Sie bitte diese Karte ausgefüllt an uns zurück.

VERLAG Urachhaus

Urachstr. 41, 7000 Stuttgart 1

Ich möchte mich kostenlos und unverbindlich über Ihr Verlagsprogramm orientieren und bitte deshalb

☐ um die **einmalige** Zusendung eines Verlagskatalogs;

☐ um **regelmäßige** Verlagsinformationen;

☐ um ein **Probeheft** der Zeitschrift

»DIE CHRISTENGEMEINSCHAFT,
Monatsschrift zur religiösen Erneuerung«.

Mein Interesse gilt ☐ dem *ganzen Verlagsprogramm;*

☐ *Kunst und Kunstgeschichte;* ☐ *Kinderbüchern.*

Name *(bitte in Druckbuchstaben)*

Straße

Postleitzahl, Ort

Senden Sie Ihr Verlagsverzeichnis
bitte auch an folgende Adresse(n):

Bitte
ausreichend
frankieren

Verlag Urachhaus

Postfach 13 10 53

D-7000 Stuttgart 13

nicht. Zwischen wachsendem Licht und wachsender Finsternis – als immer stärkerer Schattenwurf dieses Lichtes – besteht ein Zusammenhang, ja sogar ein Ursache-Wirkung-Verhältnis. Indem der Himmel sich öffnet, öffnet sich auch der Abgrund und speit seine Finsternis- und Todeskräfte aus. Wer sich von der Finsternis faszinieren läßt – und ihre Machtentfaltung ist in der Tat eindrucksvoll –, verfällt ihr. Nur wer den Blick frei bekommt für das in unserer Zeit wirkende Licht, wird letztlich wach bleiben können für die Schritte, die in die Zukunft führen.[86] Wir werden davon noch im 4. Kapitel zu sprechen haben, wo wir uns mit der Frage beschäftigen müssen: was können – was sollen wir tun?

Für die volle Entfaltung des Themas bleibt hier kein Raum, würde dieses doch ein Buch für sich erfordern. Aber einige wesentliche Symptome seien genannt. Da ist zunächst die Tatsache, daß gerade in den 30er Jahren Mitteleuropa in so noch nicht gekannter Intensität von Finsternis überflutet wurde; das aber ist gerade der Zeitraum, von dem Rudolf Steiner angibt, daß in ihm die ersten deutlicheren Zeichen der Wiederkunftsereignisse einigen (wenigen) Menschen sichtbar werden sollen.[87] Als besonders wichtig dafür gibt er sogar das Jahr 1933 an. 1933 aber kommt ein von der Finsternis Besessener[88] an die Macht und überzieht Mitteleuropa 12 Jahre lang mit Lüge, Illusion, mit Mord und Wahnsinn. Zwölf Jahre später, 1945, sind Deutschland und ein Teil Europas ein Trümmerhaufen. Ich meine nun

nicht, daß die von Rudolf Steiner prophezeiten Ereignisse deshalb nicht eingetreten seien; im Gegenteil: sie sind durch die apokalyptischen Zeitverhältnisse – dieses Motiv hat uns schon mehrfach beschäftigt – vielleicht sogar noch begünstigt worden.[89] Nach 1945 zeigte sich jedenfalls zunächst bei vielen Menschen eine so nie erfahrene geistige Offenheit, die zugleich mit und vielleicht auch wegen der herben äußeren Entbehrungen der ersten Nachkriegszeit da ist.[90]
Die Verfinsterungsmächte werden nicht zufällig gerade 1933 ihren Todes-Sieges-Zug antreten und eine ganze Generation idealistisch gesinnter Jugendlicher dahinraffen. Die Gegenmächte sind auf dem Plan und wüten in unvorstellbarem Ausmaß. Ein »Ver-hängnis« wirkt. Soll es uns Lehre sein für Zukünftiges?
Der Zusammenhang mit den Wiederkunftsereignissen wird noch deutlicher, wenn man einen anderen Tatbestand hinzunimmt: es ist nämlich gerade das Jahr 1909, in dem sich die Besessenheit des 1933 an die Macht Kommenden in Wien vorbereitet; 1909 sucht er als Zwanzigjähriger Jörg Lanz auf und erhält von ihm Lektüre, die ihn wesentlich zu einer Ideologie des Rassenwahnes inspiriert haben muß.[91] Auch hier zeigt sich im zeitlichen Zusammenhang die unmittelbare Nähe zu unserem Thema – wenn auch jetzt im Sinne der radikalen Opposition: Da wird im gleichen Jahr, in dem sich die Wiederkunftsereignisse erstmals in der ätherischen Welt geltend machen, das »Medium« (Johannes Tautz gebraucht diesen Ausdruck[92]) zubereitet, durch

das die *wirksamen Gegenbilder* zu den wahren Wiederkunftsgeschehnissen vor die Menschen hingestellt werden sollten.
Schon das von ihm als zentrales Zeichen ausgewählte *Hakenkreuz* auf weißem Kreis und rotem Grund ist in doppeltem Sinne Gegen-Symbol: das Kreuz Christi und das alte okkulte Sonnensymbol, die Swastika,[93] werden darin mißbraucht und zum Gegenzeichen geformt. Rudolf Steiner sagte damals schon: »Die Leute, die dieses Zeichen jetzt nach Mitteleuropa hereinbringen – die wissen ganz genau, was sie tun. Dieses Zeichen wirkt.«[94] Aber nicht nur Zeichen, auch Worte werden in ihren radikalen Gegensinn verkehrt. Schon das Wort vom »Dritten, 1000jährigen Reich« hat – wie wir in der Einleitung sahen – eine tiefe geistige Komponente.[95] Der Exponent der verführenden Gegenmächte ließ sich »*der Führer*« nennen; »Ein Volk, ein Reich, ein Führer«, oder »Einer für alle, alle für Einen« waren die wirksamen Parolen, die sich unauslöschlich in die Seelen – besonders auch der jungen Menschen – eingepflanzt haben. So *er-schien* er auf den großen Massenveranstaltungen, die meisterhaft inszeniert waren, begleitet von Marschrhythmen und Fanfarenstößen, inmitten eines Fahnenmeeres, und – wenn es dunkel wurde – unter einem Lichtdom von hunderten von Scheinwerfern: er er-schien wie ein zur Rettung der verlorenen Menschheit Gesandter –: auch hier wirksames Gegenbild für die Geistesbilder, die den Menschen nahe kommen wollten.

Als Gesandter der Vorsehung – man muß gehört haben, wie er dieses Wort aussprach, ja eigentlich intonierte – fühlte er sich und stellte er sich dar: daß er von der Vorsehung »zu dem größten Befreier der Menschheit vorbestimmt« sei, äußerte er zu Hermann Rauschnigg.[96] Natürlich hat es schon in früheren Zeiten hypertrophierende Machtentfaltung und den damit verbundenen Herrscherkult gegeben – z.B. bei den Caesaren (übrigens auch damals mit einer wesentlichen *zeitgeschichtlichen* Komponente: dem *ersten* Erscheinen Christi). Aber was im 20. Jahrhundert geschehen ist, ereignete sich, *nachdem* die Menschheit durch Aufklärung und naturwissenschaftliches Bewußtsein zu ganz anderen geistigen und sozialen Ausgangspunkten fortgeschritten war; hier wirkt noch eine ganz andere, sehr rätselhafte Dimension ein, die das fortgeschrittene menschliche Bewußtsein – es waren nicht nur »kleine Geister«, die da mitgingen[97] – zu benebeln wußte, und die uns immer wieder fragen läßt: Wie war das alles möglich? Es lag doch wohl für die Gegenbilder und Gegenworte weithin eine besondere Offenheit, Gestimmtheit vor, die gewiß auch *ganz* äußere, aber eben auch sehr tief reichende geistige Gründe hat: In der Tiefe der Menschen lebte eine Sehnsucht, eine Erwartung des »Kommenden« – und sie wurde abgefangen. Noch ein drittes Phänomen sei erwähnt, das die gerade erwähnte besondere Dimension noch unterstreicht: Ein ganzes Volk hat zwölf Jahre lang unausgesetzt den *»Führergruß«* gerufen: »Heil …« erscholl es täglich millionen- und abermillionenfach, bei jeder alltäglichen Begrüßung und bei jedem Abschied; und mehr noch: Die Hand, der Arm wurden zum Gruß erhoben und ausgestreckt. Ein Gruß, eine Geste, die heute nur der Gottheit vorbehalten sein dürfen, hielten ein ganzes Volk in dauernder, gotteslästerlicher Bewegung – ein Gipfel der Dämonie, die über das Bild und Wort hinaus jeden einzelnen Menschen in seinem täglichen *Tun* ergriff.[98] Man kann darüber staunen, daß diese Entfesselung der Gegenmächte zunächst – wenigstens äußerlich – überstanden wurde, wenn auch unter unendlichen Opfern, Tränen, Schmerzen.[99] Ob wir genügend daran gelernt haben, wird erst die Zukunft zeigen.

Der nächste große Einschlag in unserem Jahrhundert erfolgte Mitte/Ende der 60er Jahre, also ziemlich genau 33 Jahre nach der Machtergreifung von 1933. Wenn auch der Abstand zu diesen 60er Jahren noch nicht in der eine wirkliche Überschau zulassenden Weise gegeben ist, so sind doch zumindest drei – wiederum in sich zusammenhängende – Entwicklungen festzustellen: Der *Aufbruch der studentischen Jugend*, der die Studentenrevolte von 1968 und die Entstehung terroristischer Organisationen im Gefolge hat; die Entwicklung von Phänomenen, die später unter der Bezeichnung *New Age* zusammengefaßt werden; und das *Auftreten vor allem östlicher, aber auch westlicher Gurus und Heilslehren*, die plötzlich einen enormen, massiven Einfluß auf große Menschenkreise ausüben.[100]

Wiederum gibt es meiner Ansicht nach für alle drei Phänomene einen zugrundeliegenden Tatbestand: der Fortschritt der Wiederkunftsereignisse. Er zeigt sich in der nun deutlich hervortretenden »Lockerung« der Lebenskräfte in weiten Menschenkreisen, von der wir schon im ersten Kapitel gesprochen haben, welche von der *menschlichen* Seite her die Erfahrung der Wiederkunft überhaupt erst ermöglicht. Diese Lockerung war – mit allen positiven und negativen Begleiterscheinungen, die wir beschrieben haben (s. S. 60f.) ab etwa Mitte der 60er Jahre ganz deutlich besonders an Jugendlichen in ihrer fortschreitenden Entwicklung zu erleben. Da ich seit Mitte der 50er Jahre viel, zeitweise ausschließlich mit Jugendlichen aller Altersgruppen zu tun hatte, konnte ich die damit verbundenen Prozesse ziemlich genau verfolgen.[101]
Die Veränderung der geistig-seelischen Verhältnisse waren in der Tat frappant; im Keim – und sich dann weiter entfaltend – zeigten sich alle die Kräfte, welche dann auch für die 70er und 80er Jahre weithin bestimmend waren: z.B. eine enorme Offenheit für Spirituelles aller Art; eine spontane Befähigung zu geistiger Wahrnehmung – gesunder und krankhafter Natur; eine große Sehnsucht nach Gemeinschaft; eine wachsende Sensibilität für Umweltfragen – sowohl im Blick auf menschliche Verhältnisse, als auch hinsichtlich Natur und Erde: letzteres hat ja dann zu vielerlei Aktionen, Demonstrationen, Organisationen (Greenpeace, Terre des Hommes), aber auch zur Bil-

dung revolutionärer und terroristischer Gruppen geführt.[102]
Diese Veränderungen waren um so eindrucksvoller, als vorher gerade ganz gegenteilige Tendenzen bemerkbar waren: Nach der schon angedeuteten geistigen »Hochzeit« als Nachwirkung des Zweiten Weltkrieges (1945–48), machte sich im Gefolge der »Währungsreform« eine zunehmende, Ende der 50er und Anfang der 60er Jahre immer stärker werdende Abstumpfung der Seelen und Vermaterialisierung der Lebensverhältnisse breit. Was als geistige Regsamkeit und Sehnsucht aus dem Zweiten Weltkrieg hervorgegangen war, wurde jetzt im beginnenden Wohlstand, im Aufbau der äußeren Lebensbequemlichkeiten, schließlich im Genuß erstickt.
Mitte der 60er Jahre war klar, daß dieser »Aufbau« eigentlich ein Zubauen und Abbauen von Möglichkeiten und Offenheiten für die Zukunft gewesen war. Die Lebenssituationen waren zementiert, die Entwicklungsmöglichkeiten reguliert und zugemauert (der Mauerbau im Osten 1961 war nur ein Zeichen für ganz andere Mauern, die aufgerichtet waren).
Der Aufbruch der Jugend richtete sich damals gegen diese Verhärtungen – teils als »Revolte«, teils als Neigung zum »Aussteigen«, im Drogenkonsum, im »Hippietum«, im aufbrechenden Okkultismus und Spiritualismus aller Spielarten. Aber dabei war das eigentlich Treibende nicht die Ablehnung der entstandenen Lebensverhältnisse, also eine *Negation*, allem lag viel-

mehr als *positive* Kraft das entschiedene Streben nach Neuem, Zukünftigem zugrunde, das gesucht, geahnt, ersehnt wurde.[103]

Man kann sagen: Was 1933 in ersten Anfängen fällig, was damals noch ganz keimhaft in einer idealistisch gesinnten und in ihrem Idealismus verführten Jugend veranlagt war, brach 1966–68 nach einer materialistischen und verbürgerlichten Phase umso deutlicher hervor. Dieser Tatsache liegt ein an vielen geschichtlichen Entwicklungen – besonders auf menschlich-sozialem Felde – beobachtbarer Rhythmus zugrunde; er läßt wirksam werden, was 33 Jahre zuvor einen ersten Anfang genommen hat.[104]

In diesem Sinne bezeichnet die zweite Hälfte der 60er Jahre einen Fortschritt der Wiederkunftsgeschehnisse. Die den geschilderten Tendenzen zugrundeliegende Lockerung der Lebenskräfte bei der heranwachsenden Generation führte in bezug auf die geistige Welt zu neuen Wahrnehmungsmöglichkeiten. Damit ist im letzten Drittel unseres Jahrhunderts ein weiteres Stadium in der Entwicklung der Wiederkunftsereignisse erreicht; es spiegelt sich zunächst in den Geschehnissen der späten 60er Jahre.

In den 30er Jahren wurden die aufkeimenden Seelenkräfte einer ganzen Generation durch die beginnende Naziherrschaft gleichsam abgefangen und in anderer Richtung engagiert. Zwar konnte nicht verhindert werden, daß bei einzelnen Menschen die entsprechenden Erlebnisse eintraten – das öffentliche Bewußtsein jedoch war in ganz andere Richtungen abgelenkt.

In den 60er Jahren trat etwas ganz *Ähnliches* – allerdings *ganz anders* auf. Am deutlichsten ist das »Abfangen« der aufkeimenden geistigen Erlebniskräfte neben der Drogenwelle im Auftauchen aller möglichen Gurus, Meditationsschulen, Heilslehren usw. zu erkennen, die plötzlich wie Pilze aus der Erde schossen und die Menschen in ihren Bann zogen.[105] Ich habe z.B. miterlebt, wie Maharishi Mahesh Yogi Mitte der 60er Jahre in Berlin vor Hunderten von Studenten seine »Transzendentale Meditation« (TM) als »Fahrstuhl in die geistige Welt« verkündete und sich über ernste Meditationsbemühungen, die nicht zu schnellen Ergebnissen führten, lustig machte. Und in der Tat: er hatte Erfolg. Nicht nur, daß ihm die Jugendlichen in Scharen nachliefen – seine Meditationsformeln führten oft in kürzester Zeit, manchmal auf Anhieb, zu beseligenden »geistigen Erlebnissen«.[106] Ähnliche »Erfolge« – wenn auch jeweils ganz anderer Art – hatten und haben auch andere Heilsrichtungen aufzuweisen: »Divine Light Mission«, die »Bhagwan-Rajneesh-Bewegung«, »Scientology« – um nur einige aus der Fülle des okkulten Angebots zu nennen.

Man kann sich des Eindrucks nicht erwehren, daß sich der »eine große Führer« der 30er Jahre in die vielen kleinen »Führer« und Gurus der 60/70er Jahre vervielfältigt hat, wenn auch auf ganz anderem Felde: jeder Guru mit einem *umfassenden*, höchsten Anspruch, jeder jedoch mit *speziellen* Fähigkeiten, die auf die besonderen Sehnsüchte bestimmter Zielgruppen abgestimmt waren und die entsprechenden geistigen Kräfte an sich zogen und umbogen. Denn daß schnelle Erfolge in Form von geistigen Erlebnissen eher ein Zeichen sehr bedenklicher okkulter Praktiken ist, braucht kaum begründet zu werden. Auch Drogen rufen »geistige« Erlebnisse hervor; die Frage ist, in *welche* Bereiche der geistigen Welten solche Erlebnisse führen und ob sie eine *gesunde* Entwicklung der menschlichen Seelenkräfte gewährleisten –: Dazu aber ist auch heute sehr viel Sorgfalt und geduldige Anspannung notwendig.[107]

Es soll dabei nicht übersehen werden, daß für viele Menschen durch die Bekanntschaft und Beschäftigung mit einzelnen dieser Heilslehren oft ein entscheidender Schritt über ihre bisherigen Lebensverhältnisse hinaus überhaupt erst möglich wurde: ein Aussteigen aus einseitig materialistisch, bürgerlich geprägten Schicksalssituationen, ein erster wichtiger Ansatz zur ernsten Beschäftigung mit geistigen Fragen und Lebensformen, so daß dadurch dann oft auch ein nächster Schritt gelang; in Kontakt zu kommen mit dem erneuerten religiösen Leben und mit anthroposophischen Bestrebungen. Es verbieten sich hier einseitige, nur abwertende Urteile.

Und doch muß gesagt werden: Aufs Ganze gesehen erscheint die okkulte Szene bis in die heutigen 90er Jahre hinein als gut geplanter und gekonnt durchgeführter

Angriff auf die aufkeimenden spirituellen Kräfte, die zum Erleben der Wiederkunft führen sollen. Auch diesmal – im letzten Drittel des Jahrhunderts – sind die Gegenmächte da, welche diesen Angriff impulsieren.
Neben den gekennzeichneten Versuchen stehen noch der zunehmende Drogenkonsum, die allgemeine Verflachung der Kultur (bis hin zur Sexualisierung und Horrorisierung, siehe die Entwicklung von Film- und Video-»Kultur«), das Auftreten von Elementen »schwarzer Magie« mit allen Begleiterscheinungen.
Aber auch auf vieles im allgemeinen Weltgeschehen wäre noch hinzuschauen: auf den grassierenden Totalitarismus der Staatssysteme – angefangen beim Stalinismus (die Phänomene 1933–1945 sind ja nicht nur ein deutsches Phänomen) bis hin zu manchem, was wir in der jüngsten Vergangenheit miterlebt haben; auf die wachsende Verelendung und die Hungerkatastrophen; auf die Zersplitterung der Menschheit durch Rassismus, Nationalismus, Ausländerhaß u. v. m. Es können hier nur Stichworte gegeben werden.[108]
So liegt viel echte Tragik im Gang des 20. Jahrhunderts. Wer aber aus dem hier Dargestellten Pessimismus herauslesen wollte, hätte mich gründlich mißverstanden. Am Anfang dieses Abschnittes ist von der Licht-Finsternis-Dynamik unserer Zeit gesprochen worden: Die Finsternis wächst – das ist gewiß, und nichts wäre falscher, als den Blick davor zu verschließen; aber sie wächst, weil das Licht im Wachsen ist. Aus diesem Grund ist es notwendig, den Blick für dieses Licht *frei*

zu kriegen, um zu erkennen, daß unerhörte Zukunftsmöglichkeiten in unserer Zeit darauf warten, vom Menschen ergriffen zu werden. Aus aller Vergangenheit, aus aller finsteren Tragik der Gegenwart müssen wir Menschen lernen, insbesondere aber lernen, den *Mut* zum Licht zu finden.

III. Rudolf Steiners Äußerungen: »Das Wiedererscheinen Christi im Ätherischen«

Im bisherigen bin ich von den Hinweisen ausgegangen, die wir dem Neuen Testament in bezug auf die Wiederkunft verdanken, und konnte zeigen, daß die Signatur *unserer* Zeit mit den Wiederkunftsgeschehnissen innig zusammenhängt. Auf Grund dessen war es möglich, Erlebnisberichte mit einzubeziehen, die heute von einer neuen Gegenwart Christi – das heißt von seinem »Wiedererscheinen«, aber auch von der Aktivität der Gegenmächte zeugen. Die positiven Zeugnisse sollen im 5. Kapitel noch wesentlich ergänzt werden.

Zunächst aber soll noch ein weiterer Schritt getan werden: wiederholt wurde schon darauf hingewiesen, daß die hier geschilderten Erfahrungen in Übereinstimmung stehen mit den Darstellungen, die Rudolf Steiner, im Jahre 1910 beginnend, in vielfältiger Weise über die Wiederkunft Christi gegeben hat. Einige wesentliche Motive aus seiner Darstellung zusammenzufassen, ist darum notwendig. Sind doch mit Rudolf Steiners Werk sehr viele Anregungen verbunden, die ihre Fruchtbarkeit bereits auf den verschiedensten Feldern der gegenwärtigen Kultur und Zivilisation bewiesen haben[109] – auch auf dem Feld der Religion und der Theologie, wie sich am Wirken der Christengemein-

schaft ablesen läßt. Wenn nun verschiedene Äußerungen Rudolf Steiners zitiert werden, so nicht, um aus ihnen eine neue theologische Dogmatik abzuleiten – ich habe das S. 96 schon einmal ausgesprochen –, sondern um zu unserem Thema seine Ausführungen hinzuzustellen – als Darstellungen eines Mannes, der auch sonst unserer Gegenwart Neues – zugleich Überraschendes – übermittelt hat und verdient, auch in dieser Frage mindestens gehört und ernst genommen zu werden. Als Erkenntnisanregung für unser Thema ist gemeint, was hier aus seinen Äußerungen über die Wiederkunftsgeschehnisse angeführt wird.
Für den, der sich aber mit der Anthroposophie Rudolf Steiners schon bekannt gemacht hat und ein gewisses Vertrauen zu ihr gewinnen konnte, mag in den folgenden Äußerungen eine weitere Bestätigung unserer Grundthese liegen: daß sich der Beginn der Wiederkunft in unserer Zeit vollzieht. Das nämlich ist es, was gerade auch aus den Darstellungen der Anthroposophie zu entnehmen ist.[110]
Aber noch ein Drittes ist als Beweggrund zu nennen: Rudolf Steiners Darstellungen hängen nämlich zentral mit der Mitte alles christlich-religiösen Lebens, mit der Christus-Erfahrung, zusammen – sie führen, wie wir zeigen werden, in allen wesentlichen Punkten an die Aufgaben heran, welche heute und in Zukunft auch die zentralen Anliegen eines christlichen Gemeindelebens sein müssen. Das ist der eigentliche Anlaß für die folgenden Abschnitte.

Im vorigen Kapitel haben wir auf verschiedene Bereiche der Wiederkunftserfahrungen hingeblickt. Es waren urbildliche Erfahrungen im Bereich des Gebets, der Meditation, des Kultus, vor allem aber der modernen Zeitschicksale, die einen apokalyptischen Charakter annehmen. Wir konnten sehen, daß diese Erfahrungen mit der Erkraftung des menschlichen Inneren, mit Frieden, Mut und Trost für die *Seelen,* mit Lebenserkraftung für die *Leiber* bis hin zu anfänglichen Erlebnissen der *Todüberwindung* einhergehen.

Liebe zum Schicksal

Daran können wir jetzt anknüpfen: daß es gerade die heutigen Schicksalserlebnisse der Menschen sind, die in ihrem apokalyptischen Charakter an die Christuserfahrungen heranführen. Hier sei nun gleich ein Vortrag zitiert, der in besonders eindringlicher Weise auf diese Seite der Wiederkunftsereignisse hinweist:
»Es werden nur wenige Jahrzehnte vergehen, und für die Menschen, besonders der jugendlichen Jahre, wird der Fall eintreten – jetzt schon überall bereitet es sich vor –: Irgendein Mensch kommt da oder dorthin, dieses oder jenes erlebt er. Wenn er nur wirklich das Auge durch Beschäftigung mit der Anthroposophie geschärft hätte, könnte er schon bemerken, daß plötzlich um ihn irgend jemand ist, kommt, um zu helfen, ihn auf dieses oder jenes aufmerksam zu machen: *daß ihm der Chri-*

stus gegenübertritt – er aber glaubt, irgendein physischer Mensch sei da. Aber daran wird er merken, daß es ein übersinnliches Wesen ist, daß es sogleich verschwindet. Gar mancher wird erleben, wenn er gedrückten Herzens, leidbelastet, still in seinem Zimmer sitzt und nicht aus noch ein weiß, daß die Tür geöffnet wird: Der ätherische Christus wird erscheinen und wird Trostworte zu ihm sprechen. Ein lebendiger Trostbringer wird der Christus für die Menschen werden! Mag es auch heute noch grotesk erscheinen, aber wahr ist es doch, daß manchmal, wenn die Menschen zusammensitzen, nicht ein noch aus wissen, und auch wenn größere Menschenmengen zusammensitzen und warten: daß sie dann den ätherischen Christus sehen werden! Da wird er selber sein, wird beratschlagen, wird sein Wort auch in Versammlungen hineinwerfen. Diesen Zeiten gehen wir durchaus entgegen. Das ist das Positive, dasjenige, was als positives aufbauendes Element in die Menschheitsentwickelung eingreifen wird.«[111]

Gerade schwere, ausweglos erscheinende Situationen sind also Schlüsselaugenblicke für das Erleben der Gegenwart Christi (siehe auch die Schilderung im 5. Kapitel). Eine wichtige Vertiefung erfährt diese Ausführung in einem anderen Vortrag: er bezieht sich auf die Anschauung, daß der Mensch nicht nur einmal auf der Erde lebt, sondern gerade durch aufeinanderfolgende Erdenschicksale, die jedes für sich auch einseitig sein können, einen Fortschritt in der Entwicklung erfährt.

Das Karma, das heißt: das von einem zum anderen Erdenleben wirkende Schicksal, bewirkt einen Ausgleich im Gesamten der menschlichen Daseinsstufen.
Rudolf Steiner sagt: »Die Menschen werden lernen zu begreifen die Vorstellung: Ich bin auf die Erde durch die Geburt hineingestellt; mein Schicksal ist auf der Erde, ich erlebe Freude und Leid, ich muß verstehen, daß das, was ich erlebe als Freude und Leid, nicht umsonst an mich herantritt...«
Der Mensch wird dadurch ein neues Verhältnis zu seinem Erdenschicksal und zu seinem Karma gewinnen können, so daß er verstehen lernt, dieses Schicksal hängt mit dem Wirken Christi zusammen: »Ich blicke auf das, was vor meiner Geburt war, was mich in diese Inkarnation hineingestellt hat, weil dieses mein Schicksal für meine Weiterentwickelung notwendig ist. Wer hat mich hergeschickt? Wer wird mich so lange hineinstellen in mein Schicksal auf dieser Erde, bis ich mein Karma abgetragen habe? Ich werde dies danken dem Christus, daß die Menschen immer wieder berufen werden können zum Erleiden der Schicksale, bis sie ihr Karma auf Erden ausgetragen haben ... Mir wird dies Schicksal nicht zuerteilt durch eine unpersönliche Macht, mir wird dies Schicksal zugeteilt durch dasjenige, mit dem ich mich verwandt fühle in meinem innersten Wesen. Im Karma selbst nehme ich wahr, was mit meinem Wesen verwandt ist... So lernt man Karma lieben, und dann ist dies der Impuls, *den Christus zu erkennen.*«

Diese Betrachtung führt dann zu einem wunderbaren Bild von der Wirkung der Christustat in der Seele: »Der Tod auf Golgatha wirkt wie ein Same in der menschlichen Seele, die da fühlt ihre Beziehung zu Christus. So war es mit dem Mysterium von Golgatha: Der Eine ist gestorben, so wie wir den einen Samen nehmen und ihn in die Erde legen können, daß er aufsprießt auf dem Acker und dasjenige sich vermehrt, was aus dem einen Samen aufgegangen ist. So wurde der Tod eines Gottes am Kreuze realisiert. Das Samenkorn wurde ausgestreut auf Golgatha, der Boden war die menschliche Seele; was aufsprießt, sind die Beziehungen des Menschen zum übersinnlichen Christus, der nie mehr verschwinden wird aus der Evolution der Erde, der immer auf die allerverschiedenste Weise den Menschen erscheinen wird. So wie die Menschen ihn physisch geschaut haben in der Zeit des Mysteriums von Golgatha, so werden sie in einer nahen Zukunft sich erheben zu einem ätherischen Christus-Bilde: sie werden den Christus schauen, wie Paulus ihn geschaut hat.«

Und so heißt es dann: »Daher ist dies Geheimnis von Golgatha ..., wovon ausgegangen ist die Saat dieses einzigartigen Todes, die nun aufgeht als die Liebe des Menschen zu seinem Schicksal, in einer besonderen Art der Menschheit überliefert worden.«[112]

Der Blick auf den das Schicksal der Menschen begleitenden Christus kann in uns die Liebe zu unserem Schicksal erwecken; diese Liebe zu unserem Schicksal aber ist es dann, die uns wiederum den Blick für den Wiederkommenden erweckt: »So lernt man Karma lieben, und dann ist das der Impuls, *den Christus zu erkennen«;* die Menschen, die sich so verhalten, *»werden den Christus schauen...«* Unsere Liebe zu unserem Schicksal gestaltet sich zum »Auge« für den, der in diesem Schicksal zu uns kommt.

Gewissen und Mitleid

Von daher können wir noch einen Schritt weitergehen; Rudolf Steiner vertieft das gerade angedeutete Motiv, indem er auf zwei weitere Seelenkräfte hinweist, welche die Christus-Erfahrung vorbereiten: Gewissen und Mitleid. Zunächst seine Ausführungen zum *Gewissen:* »Erst im zwanzigsten Jahrhundert – das ist ja immer wieder betont worden – wird in einer gewissen Weise eine Erneuerung des Christus-Ereignisses stattfinden, indem eine gewisse höhere Entwickelung der allgemeinen menschlichen Erkenntniskräfte beginnt und dadurch die Möglichkeit herbeigeführt wird, daß im Laufe der nächsten drei Jahrtausende, auch ohne eine besondere hellseherische Vorbereitung, immer mehr und mehr Menschen eine unmittelbare Anschauung von dem Christus Jesus werden erlangen können... Woher kommt es denn überhaupt, daß vom 20. Jahrhundert ab der Christus Jesus immer mehr hereintreten wird in das gewöhnliche Bewußtsein der Menschen?

Und die Antwort auf diese Frage heißt: Der Mensch wird fühlen, daß mit alledem, was er tut, er etwas schafft, gegenüber dem er dem Christus Rechenschaft schuldig sein wird. Und dieses Gefühl, das in einer ganz natürlichen Art im Verlaufe der Menschheitsentwicklung nunmehr auftritt, wird sich umgestalten, so daß es die Seele mit einem Lichte durchtränkt, das von dem Menschen selber ausgeht nach und nach und das beleuchten wird die Christus-Gestalt innerhalb der ätherischen Welt. Und je mehr dieses Gefühl, das eine erhöhtere Bedeutung noch haben wird als das abstrakte Gewissen, sich ausbilden wird, desto mehr wird die Äthergestalt des Christus in den nächsten Jahrhunderten sichtbar werden.«[113]

Wir sehen also: die Liebe des Menschen zu seinem Schicksal ist eine erweckende Kraft für das Schauen des Christus; diese Kraft vertieft sich, wenn der Mensch auch das Gewissen, die Verantwortung fühlt für alles, was er vollbringt, und zwar Verantwortung in einem tieferen Sinne: dem Christus gegenüber. Damit erreicht die Schicksalsgesinnung des Menschen ihre tiefste Dimension. Es entsteht das Bewußtsein, das im Matthäus-Evangelium ja seinen Ausdruck findet in den erschütternden Worten des Christus: »Was ihr getan habt einem der geringsten meiner Brüder, das habt ihr mir getan.«

Zu Liebe und Gewissen gesellt sich als dritte Kraft noch das Mitleid. Rudolf Steiner sagt: »Vieles, was man vom Mitleid hört, ist bloß Phrase. In Wahrheit ist es etwas, wobei der Mensch von sich loskommt, hinübertritt in ein anderes Wesen, das Leid des Anderen mit dem Gefühl des anderen Wesens fühlt. Im Mitgefühl vergißt der Mensch sein eigenes Ich, lebt in dem Anderen darinnen ... – Das Mitleid ist eines von den zwei Dingen, durch die der Mensch aus sich herauskommt, ohne daß er das Bewußtsein verliert; das Gewissen ist das andere. Es spricht in uns hinein, der Mensch unterwirft sich einer Stimme, die in sein Ich hineinspricht. Da unterwirft der Mensch sein Selbst etwas Weiterem, als sein Selbst ist. Mitleid und Gewissen sind die Kräfte, die der Mensch entwickelt. Und das Bewußtsein wird auf Grundlage der Formen, die Mitleid und Gewissen angenommen haben, etwas entwickeln, was sonst nur im abnormen Bewußtsein zu erreichen war,– das geistige Schauen.

Der Mensch wird im zwanzigsten Jahrhundert durch die Erkenntnis dessen, was Mitleid und Gewissen in den Menschenseelen bewirken, schon in seinem gewöhnlichen Bewußtsein zu einem unmittelbaren Erlebnis kommen... Der Mensch wird sich sagen: Wie mich etwas kettet an die äußere Materie, so geht mir auf der anderen Seite ein lichtvoller Helfer in der Seele auf, der mich über mich selbst erheben kann.«[114]

Seelsorge und die neue Nähe Christi

Mit den drei genannten Seelenkräften, welche das Erleben einer neuen Gegenwart Christi in unserer Zeit vorbereiten:

- Liebe zum Schicksal,
- Gewissen,
- Mitleid,

sind wir mitten in einem zentralen Bereich des *religiösen* Lebens angelangt, bei der *Seelsorge;* deren Anliegen ist ja in erster Linie die Bewältigung des Schicksals, die Liebe zum Schicksal, und die Ausrichtung des Verhaltens anderen Menschen gegenüber im Sinne von Mitleid und Gewissen. Hier ist – im Gespräch und in der Schicksalsberatung – die wesentliche Frage: Gelingt es, in der Seele die Bereitschaft zu wecken, das Schicksal – oft gerade auch schweres Schicksal – anzunehmen, zu tragen, ja – zu lieben? Wird das möglich im Blick auf den Herrn des Schicksals, und in der Ahnung oder wachsenden Gewißheit, daß alles aus »seiner Hand« empfangen werden kann? Das ist die Aufgabe, die sich hier stellt. Und weiter: nicht nur das Schicksal, das, was auf uns zukommt, lieben, sondern auch, was von uns ausgeht, in tiefer Verantwortung vor dem *Christus* fühlen zu lernen. Und schließlich: im Umgang mit anderen Menschen Mitgefühl, Mitleid zu entwickeln – das alles sind grundlegende seelsorgerliche Motive. Wenn es aber wahr ist, daß die Entwicklung von Liebe,

Gewissen, Mitleid zur Kraft wird, den Wiederkommenden zu schauen, dann steht die religiöse Arbeit mit Seelsorge und Beichtsakrament mitten in dem Bereich, in dem solche Kraft des Schauens für den Wiederkommenden erweckt wird.

Wir können sagen: die Erneuerung des religiösen Lebens dient unmittelbar der Erweckung derjenigen Seelenfähigkeiten, die dem Christus in seiner Wiederkunft zur Verfügung stehen sollen. Die Begründung der Christengemeinschaft, die eine Erneuerung der Seelsorge und des sakramentalen Lebens einschließlich des Beichtsakramentes anstrebt, ist in diesem Sinn aus der Wiederkunft Christi, aus den Ereignissen unserer Zeit und der Zukunft heraus zu verstehen – und nicht aus der bloßen Fortführung christlich-kirchlicher Traditionen.[115]

Was Rudolf Steiner aus seinen geisteswissenschaftlichen Erkenntnissen heraus über die seelischen Voraussetzungen für die Erfahrung der Wiederkunft Christi aussagt, erscheint so gleichzeitig als moderne geistige Grundlegung für alles seelsorgerliche Wirken der Gegenwart und der Zukunft. Die Arbeit auf religiösem Feld steht direkt im Dienste der Wiederkunft. Daß wir diese Blickrichtung auf das zentrale Anliegen des christlichen Gemeindelebens auch bei anderen Ausführungen Rudolf Steiners beibehalten können, soll weiter dargestellt werden.

Kultus – Festigung der Lebenskräfte

Es ist schon im 1. Kapitel deutlich geworden, daß die Wiederkunftsereignisse uns Menschen heute erlebbar werden, weil sich die Lebenskräfte langsam »lockern« und sich aus unserem physischen Leibe herauszulösen beginnen. Damit sind einerseits große Möglichkeiten für die Zukunft verbunden, aber es kommen damit auch große Gefahren herauf. Auch davon haben wir schon gesprochen (s. S. 60f. sowie die Ausführungen über die moderne Kunst), wollen jetzt aber einen speziellen Aspekt dieser Gefahren hervorheben.

Rudolf Steiner charakterisiert das im Blick auf die sich herauslösenden Lebenskräfte (ätherische Kräfte, Ätherleib) auch folgendermaßen: Die Lebenskräfte sind lange Zeit mit dem physisch-materiellen Leib des Menschen wie verschmolzen gewesen, haben diesen Leib durchdrungen und belebt; sie haben durch die Arbeit am und im physischen Leib ihre Kräfte gleichsam erschöpft. Indem der Ätherleib sich nun wieder aus dem physischen Leib lockert, ist er wie leer; das ist der eigentliche Grund für die heute durch die Lockerung der Lebenskräfte bei vielen Menschen auftretenden Schwierigkeiten, von denen wir gesprochen haben. Rudolf Steiner sagt darüber: »Der Ätherleib des Menschen würde, wenn nichts geschehen würde, als daß er herausrückt aus dem physischen Leibe, eben herausrücken. Er würde nichts von den Kräften in sich enthalten, die er einmal gehabt hat. Er wird ja in Zukunft herausgeboren aus dem menschlichen physischen Leibe. Gibt ihm der menschliche physische Leib nichts mit, dann ist er *leer,* dann ist er öde. Das wird die Zukunft der Menschheitsentwicklung sein, daß die Menschen sozusagen aus ihrer physischen Leiblichkeit ihren Ätherleib entlassen und ihn eventuell leer hinaussenden können. Was würde das bedeuten? Der Ätherleib ist der Kraftträger, der Erreger alles dessen, was im physischen Leibe vorgeht. Er muß nicht nur dann, wenn er ganz in dem physischen Leibe steckt, den physischen Leib mit Kräften versehen, er muß ihn jederzeit versehen; er wird ihn auch versehen müssen, wenn er wieder einmal teilweise außerhalb des physischen Leibes ist. Lassen Sie ihn leer, den Ätherleib, geben Sie ihm nichts mit, dann kann er nicht auf den physischen Leib zurückwirken, denn dann hat er nicht die Kraft, wodurch er zurückwirken kann. Der Ätherleib muß, nachdem er durch den physischen Leib durchgegangen ist, innerhalb des physischen Leibes seine Kräfte gewinnen. Von da aus müssen sie ihm mitgegeben werden, damit er, wenn er draußen ist, auf den physischen Leib zurückwirken kann. Es ist die Aufgabe der gegenwärtigen Menschheit, das aufzunehmen in sich, was nur aufgenommen werden kann innerhalb des Wirkens im physischen Leib. Was da erarbeitet wird innerhalb des physischen Leibes, das geht mit der Entwickelung mit ... Das, was der Mensch mitgeben kann, das ist, was er durch das Christus-Erlebnis innerhalb der physischen Welt gewinnen kann. Aller Zusammenhang mit dem Christus-Prinzip, mit den Erlebnissen, die man haben kann an der Christus-Erscheinung, das senkt sich so in die Erlebnisse der Seele innerhalb der physischen Welt, daß diese Seele und damit auch alles Leibliche so vorbereitet wird, daß es in den Ätherleib das hineingießen kann, was dieser in der Zukunft braucht. So mußte das Christus-Erlebnis kommen, so mußte es die Menschenseele durchdringen, damit die Menschen für die Zukunft verstehen können ihre Entwickelung. Was heute im physischen Leibe ist, das sendet die Kräfte hinaus in den Ätherleib; und dieser wird, wenn er gleichsam gespeist wird von dem, was der physische Leib an der Erscheinung des Christus erlebt, die Kräfte empfangen, um wiederum hellstrahlend zu werden und Lebenskraft zu haben, um den physischen Leib zu erhalten in der Zukunft.«[116]

Ähnlich heißt es an anderer Stelle: »Aber der Gang der Entwickelung der Menschheit bewegt sich so vorwärts, daß ein Wiederheraustreten des Ätherleibes ganz von selbst wieder eintritt. Seit dem Erscheinen des Christus beginnt der Ätherleib sich wieder mehr loszulösen, er wird wieder selbständiger, freier und wird in Zukunft wieder so außerhalb des physischen Leibes sein wie in früher Vorzeit. Die Lockerung des Ätherleibes muß wieder eintreten, und das hat schon jetzt angefangen. Nun muß aber der Mensch in seinem heraustretenden Ätherleib das mitnehmen, was er im physischen Leibe erlebt hat, besonders das physische Ereignis von Golgatha, das er physisch, das heißt in einem Erdendasein erleben muß. Sonst geht ihm etwas unwiederbringlich verloren. Der Ätherleib zöge sich heraus, ohne daß er etwas Wesentliches mitnimmt, und leer im Ätherleib würden solche Menschen bleiben. Aber diejenigen, welche das spirituelle Christentum durchlebt haben, werden im Ätherleibe in Fülle das haben, was sie im physischen Leibe durchgemacht haben... Aber der Anfang des Heraustretens des Ätherleibes ist schon gemacht. Die Nervosität unserer Zeit ist ein Zeichen dafür. Diese wird immer mehr zunehmen, wenn der Mensch das nicht mit hinausnimmt, was das größte Ereignis im physischen Leibe ist... Würde es aber einen Menschen geben, der niemals das durchgemacht hat im Physischen, was das größte Ereignis in der physischen Welt ist, der niemals die Tiefe des Christentums erlebt und seinem Ätherleib einverleibt hat, so würde ihm das bevorstehen, was man nennt den geistigen Tod. Denn die Leere des Ätherleibes wird den geistigen Tod zur Folge haben.«[117]

Auch diese Ausführungen ergeben eine wichtige Perspektive für das religiöse Leben. Denn wir können die hier gemachten Andeutungen direkt auf den Kultus beziehen; denn er vermittelt ja in besonderer Weise die Christus-Erfahrung »in der physischen Welt«, »was er durch das Christus-Erlebnis innerhalb der physischen Welt gewinnen kann«, »das physische Ereignis von Golgatha, das der Mensch physisch, das heißt in einem Erdendasein erleben muß«.

Wenn diese Worte gewiß auch noch eine allgemeinere, vom Kultus unabhängige Dimension haben, so ist doch kaum zu übersehen, daß sie vom Erleben des Kultus in direkter Weise erfüllt werden; denn hier spielt sich ja das Christuserleben in physisch-sinnlicher Ausgestaltung ab: der den Kultus Miterlebende erfährt das Geistige mit den Sinnen seines physischen Leibes, mit Auge und Ohr, mit Geschmack und Geruch.[118] Der physische Leib hat hier im buchstäblichen Sinn Anteil an der Christuserfahrung. Anders gesagt: im Kultus erhebt sich die physisch-sinnliche Welt in eine geistige Dimension und wird durchlässig für die Christusnähe. Wir werden also nicht fehlgehen, die zitierten Andeutungen auch auf den Kultus zu beziehen; wir dürfen in ihm ein besonderes Heilmittel sehen für die Schäden, die durch die Lockerung der Lebenskräfte im Menschen heute auftreten können, ein Heilmittel zur Festigung des menschlichen Ätherleibes.

Nun aber nimmt die Schilderung Rudolf Steiners in dem zitierten Vortrag noch eine andere Wendung. Es genügt danach keineswegs, etwa nur in der angedeuteten Art den Blick auf den Christus zu richten; denn dann wären die menschlichen Lebenskräfte bei ihrem Heraustreten aus dem physischen Leib zwar nicht mehr leer, aber sie blieben doch *richtungslos,* ohne wirkliche geistige Orientierung. Dazu muß neben das *Erleben* das *Verständnis* des Christuswesens, der Christustat treten. Es verleiht den ätherischen Kräften die gesunde Zielkraft, um den richtigen Anschluß an die geistigen Kräfte bei ihrem Herauslösen aus dem physischen Leib zu finden.

Hier liegt ein entscheidender Grund dafür, daß auch das Christentum in Zukunft nicht mehr nur den Glauben predigen darf: zum Glauben muß ein wirkliches Verstehen kommen; die Grundlagen des christlichen Lebens bis hin zur Auferstehung, zur Trinität, zu den vielen Einzelheiten des Alten und Neuen Testamentes müssen – und können – heute dem Verständnis zugänglich gemacht werden,[119] weil nur so im Menschen die Voraussetzungen geschaffen werden, die letztlich eine gesunde Beziehung zu den Erfahrungen der Wiederkunft ermöglichen.

In diesem Sinne ist die Christengemeinschaft für die Erneuerung des religiösen Lebens angetreten: durch die Sakramente und den Kultus vermittelt sie eine bis in das Physische hineinreichende *Christuserfahrung* – durch ihre Verkündigung in Wort und Schrift ermöglicht sie über das Erleben hinaus *Christuserkenntnis* im Dienste der Wiederkunft. Damit erfüllt sich ein Wort der Ölberg-Apokalypse: wenn dies geschieht, »erhebet eure Häupter«, d.h. wie wir gesehen haben: »erhebt den Sinn, das Verstehen zum Geiste« (s. S. 57); die Wiederkunft muß mit Christus-*Erkenntnis* einhergehen.

Das Evangelium – persönliche Erinnerung

Als nächstes sei ein Motiv herangezogen, das freilich dem Verständnis nicht geringe Schwierigkeiten bereitet, weil die damit verbundenen Erfahrungen wohl noch fast ganz in der Zukunft liegen. Da wird beschrieben, daß mit dem Einwirken der Wiederkunft eine Vertiefung der menschlichen Erinnerung stattfinden wird. Nicht nur an seine persönlichen Erlebnisse wird man sich dadurch zurückerinnern können, sondern es werden z. B. auch Ereignisse aus dem Christusleben wie persönliche Erinnerungen in der Seele auftauchen.

Zunächst führt Rudolf Steiner dazu folgendes aus: »Und eine Zeit wird herankommen für die Menschheit – die allerdings erst vollständig werden wird in der sechsten größeren Periode der Menschheit, aber jetzt sich vorbereitet –,[120] wo die Menschen hinsehen werden auf das, was sie erlebt und erfahren haben und was als Erinnerung in ihnen lebt, und werden sehen können, daß in der Kraft des Erinnerns der Christus mitlebt. Durch jede Vorstellung wird der Christus sprechen können. Und auch wenn wir unsere Vorstellungen beleben, so wird in der Erinnerung, in dem, was so eng, so intim mit uns verbunden ist wie unsere Erinnerung, der Christus mit verbunden sein. Zurückblicken wird der Mensch können auf sein Leben, und sagen wird er sich: So wie ich mich erinnere, so wie die Kraft des Gedächtnisses in mir lebt, so lebt in diesem Gedächtnis der hineingegossene Christus-Impuls.«

Diese Worte beziehen sich also zunächst ganz allgemein auf die Erinnerung. Dann aber fährt Rudolf Steiner fort: »... dann wird der Mensch zum Beispiel nicht nur angewiesen sein darauf, aus äußeren Dokumenten Geschichte zu lernen; denn dann wird sich seine Erinnerungskraft erweitern. *Der Christus wird in dieser Erinnerung leben.* Und der Mensch wird dadurch, daß der Christus in seiner Erinnerungskraft eingezogen ist, dadurch, daß der Christus in der Erinnerungskraft lebt, der Mensch wird dadurch wissen, wie bis zum Mysterium von Golgatha hin der Christus außerirdisch gewirkt hat, wie er es vorbereitet hat und durchgegangen ist durch dieses Mysterium von Golgatha, und wie er als Impuls weiterwirkt in der Geschichte. So wahr und wirklich wird der Mensch das überschauen, wie jetzt im gewöhnlichen Leben die Erinnerung da ist. Man wird die irdische Entwickelung der Menschheit nicht anders überschauen können innerlich als so, daß man dann den Christus-Impuls im Mittelpunkt erblickt. Alle Erinnerungskraft wird durchsetzt und zugleich verstärkt werden durch das Eindringen des Christus-Impulses in die Gedächtniskraft, in die Erinnerungskraft.«[121]
Die Erweiterung der Erinnerungsfähigkeit ist also ein weiterer wesentlicher Aspekt der Wiederkunft.[122] Auch damit berühren wir ein Zentrum unserer religiösen Arbeit in zweifacher Hinsicht: einmal in bezug auf Seelsorge und das Beicht-Sakrament, zum andern im Hinblick auf das Leben mit dem Evangelium.

In *Seelsorge* und Beichtsakrament handelt es sich ja vor allem um die Erinnerung an das, was ich getan, geleistet, erlebt habe (auch in ganz positivem Sinne) – und auch um das, was ich unterlassen, verschuldet, verfehlt habe, kurz –: um den ganzen Bereich meiner Erinnerung; im Durcharbeiten zurückliegender – positiver und negativer – Erlebnisse kann der Anfang einer Durchchristung der Erinnerung geschehen; denn immer wird es sich darum handeln, das eigene Schicksal in Beziehung zu Christus zu bringen, ihn als Herrn des Schicksals zu fühlen und lieben zu lernen; die Motive, die uns im vorletzten Abschnitt beschäftigt haben, gehören ebenfalls hierher.

Rudolf Steiner spricht auch an anderer Stelle davon, daß die Erinnerung im Zusammenhang mit dem neuen Christusereignis eine Veränderung erfahren wird: »... der Christus-Impuls wird es sein, der beleben wird den ganzen Blick nach rückwärts, die ganze Perspektive nach rückwärts. Man wird empfinden: da war diese Inkarnation, da jene. Dann wird eine Zeit kommen, über die wird man nicht hinüber können, ohne daß man sich klar wird: Da war der Christus-Impuls auf der Erde! Und weiter werden die Inkarnationen folgen, wo das Christus-Ereignis noch nicht da war. Diese Aufhellung des Blickes nach rückwärts durch den Christus-Impuls werden die Menschen brauchen zur Zuversicht in der Zukunft, als eine Notwendigkeit und eine Hilfe ... Diese Umänderung der menschlichen Seelenorganisation wird kommen ...«[123]

Wenige Monate später ist noch ein anderer Aspekt der Erweiterung der Erinnerung ausgesprochen: »Wie sich der Mensch jetzt an dieses (sein persönliches) Ich erinnert (bis etwa in das 3. Lebensjahr zurück), ... so wird er sich später ... wie in einer Imagination gegenüberstehend sehen einem anderen Ich. Er wird sich künftig erinnern ..., daß in einem anderen Zeitpunkt, an den er sich zurückerinnert ... das Christus-Ich sich hinstellt ... wie sich der Mensch gegenwärtig an sein Ich erinnert, so wird er sich später erinnern an die Imagination des zweiten Ich und damit den Weg finden zu dem, was wir als die Christus-Erscheinung charakterisiert haben.«[124]

Aber nicht nur für die Seelsorge ist der Hinweis auf die Erweiterung der Erinnerung bedeutsam, wir gewinnen durch diesen Hinweis zweitens noch einen anderen Ansatz für das Leben mit dem *Evangelium.* Das Evangelium enthält die Erinnerung des Christus an seine Erlebnisse, Taten und Leiden während der drei Jahre seines Erdenwandels. Indem ich mich mit dem Evangelium beschäftige, beginne ich, in den Erinnerungen Christi zu leben, an seinen Erinnerungen teilzunehmen.

Das jedoch ist nicht alles. Eine wirkliche Tiefe bekommt meine Beziehung zum Evangelium erst, wenn ich verstehen und vielleicht anfänglich erleben lerne, daß alle Worte und Ereignisse darin auch mich persönlich angehen; das Evangelium unterscheidet sich von allen anderen Schriften der Welt dadurch, daß es sozu-

sagen für mich persönlich geschrieben ist – so als wäre ich hörend, handelnd, leidend dabei gewesen, so als wäre ich der von Christus Geheilte, Getröstete, Angerufene und Ausgesandte.
Das Evangelium wird gleichsam ein Teil meiner persönlichen Erinnerung. Das ist es ja auch, was es gleichzeitig seit Beginn des Christentums zum ersten Teil der Messe – heute der Menschenweihehandlung – gemacht hat und macht: indem das Evangelium zur Einleitung des Gottesdienstes feierlich verlesen wird – die anwesende Gemeinde erhebt sich dazu –, soll es aus der Kraft des *gegenwärtigen* Christus wirksam werden. Und »er-innern« heißt eben dies: ein in der Zeit zurückliegendes Geschehen im Innern vergegenwärtigen; die Evangelienlesung ist für die Gemeinde nichts anderes als eine solche »Erinnerung« der Christus-Worte und -Taten.
Durch Rudolf Steiner werden wir nun darauf hingewiesen, daß diese Art der Erinnerung im Zusammenhang mit der Wiederkunft in Zukunft mehr und mehr auch objektive Realität bekommen wird: Menschen werden sich faktisch an das Erscheinen des Christus »erinnern« – so als wären sie »dabei gewesen«; er sagt ja geradezu: »... der Mensch wird dadurch wissen, ... [wie der Christus] durchgegangen ist durch dieses Mysterium von Golgatha...«.
So können wir auch hier sagen: indem wir in unseren Gemeinden das Evangelium lebendig werden lassen – im gemeinsamen Lesen und Arbeiten, in stiller Be-

schäftigung und Meditation, vor allem aber im Hören am Altar und im Predigtwort – leben wir auch hierin auf die Wiederkunft Christi zu; wir veranlagen etwas von dem, was als erweiterte Erinnerungskraft die neue Gegenwart Christi ermöglichen soll.

Leben mit dem Jahreslauf

An die beiden letzten Abschnitte schließt sich nun noch ein weiteres, letztes Motiv aus den Darstellungen Rudolf Steiners zur Wiederkunft an: es ist das Leben mit dem Jahreslauf. An einigen Stellen seiner Vorträge berührt Rudolf Steiner dieses Motiv, das andererseits auch ein grundlegendes Element des erneuerten Kultus und der Evangelienverkündigung innerhalb der Christengemeinschaft ist; denn das Leben mit dem Kultus stellt sich hier voll in das Erleben des Jahres hinein – bis dahin, daß in den besonderen Gebeten zu den einzelnen Festeszeiten, aber auch in der Auswahl der Evangelientexte, der Jahreshintergrund mitklingt und berücksichtigt ist.[125]

Dieser Zusammenhang mag um so bedeutsamer erscheinen, als er erstmals innerhalb des Christentums so deutlich und unmittelbar gegeben ist – in den herkömmlichen Gottesdiensten wird man ihn vergeblich suchen oder doch nur andeutungsweise finden; im erneuerten Kultus ist er ein bewußt mitgestaltendes Element, so daß die Gemeinde Schritt für Schritt mit dem

Erleben des Gottesdienstes auch durch das Erleben des Jahres hindurchgeführt wird. Damit hängt auch zusammen, daß zwei Feste – auf der »Höhe« des Jahres: Johanni, und zum Herbstbeginn: Michaeli – eine Erweiterung zu Feste*zeiten* von jeweils vier Wochen erfahren haben und auch dadurch dem Jahreserleben – des Hochsommers, des Herbstes – ein besonderes Gewicht verliehen wird.
Bei einigen wenigen Gelegenheiten spricht nun Rudolf Steiner von der Bedeutung des Jahreserlebens für die Vorbereitung auf das Erleben der Wiederkunft Christi. Da ist vor allem eine Antwort, die Friedrich Rittelmeyer auf die Frage, wie man sich auf das Wiederkunftserlebnis vorbereiten könne, von ihm erhalten hat; er sagte: »Das ist erst möglich, wenn man Christus im Jahreslauf erlebt!« Diese Antwort ist zunächst um so erstaunlicher, als Rittelmeyer schon vor seiner Begegnung mit Rudolf Steiner ein reiches inneres Leben ausgebildet hatte und auch zu übersinnlichen Erfahrungen gekommen war (siehe dazu auch das auf S. 102 Geschilderte); dieses innere Leben war vor allem am Johannes-Evangelium geschult – so hätte zunächst eine Antwort in diese Richtung nahegelegen. Der Hinweis auf den Jahreslauf war für Rittelmeyer eine Überraschung, im Zusammenhang aber mit der Begründung der Christengemeinschaft, die Rittelmeyer maßgeblich mitvollzog, eine Bekräftigung dafür, daß das Leben im Kultus mit dem Jahreslauf zugleich ein Leben mit dem wiederkommenden Christus werden könne.

Allgemeiner klingt eine Vortragsstelle, die schon viel früher (1911) in dieselbe Richtung deutet; da heißt es im Blick auf die Wiederkunft: »Es muß aber zuerst der Mensch wieder zu dem geistigen Anblick der Natur kommen«.[126] Und kurz davor etwas konkreter: die Wiederkunft wird erlebbar, »indem der Ätherleib sich ausbildet, auch durch Herbsteseindrücke, die der Mensch in sich hineinverwebt, wird wahrgenommen der ätherische Christus«.[127] Auch hier ist also der Jahreslauf (Herbst) im Zusammenhang mit dem Erleben der Wiederkunft bedeutsam.

Noch ein weiterer Vortrag Rudolf Steiners sei hier genannt, der zwar keinen direkten Hinweis auf die Wiederkunft Christi enthält, der aber im Ganzen der darin angeschlagenen Motive durchaus in diesen Zusammenhang hineinzustellen ist; auch in diesem Vortrag schildert Rudolf Steiner das Erwachen eines neuen Hellsehens gerade an Natureindrücken, das »hinaufführen [wird] bis … zu den Seraphim, Cherubim und Thronen«.[128]

Schließlich ist ein Werk Rudolf Steiners zu erwähnen, dessen Bedeutung wohl kaum zu überschätzen ist – gerade auf dem hier gemeinten Hintergrund: der »Anthroposophische Seelenkalender« vom Jahre 1912/13. Es handelt sich hier um einen »Kalender«, der mit 52 Sprüchen durch die Wochen des Jahres führt, und zwar so, daß der Mensch »an den Jahreszeiten-Stimmungen von Woche zu Woche das eigene Seelenweben im Bilde an den Eindrücken des Jahreslaufes *erfühlen*

kann ...« (aus dem Vorwort). Obwohl auch hier der Hinweis auf die Wiederkunftsereignisse fehlt, ist der Zusammenhang mit dem von mir Dargestellten unverkennbar; auch fällt ja die Niederschrift des »Seelenkalenders« gerade in die Zeit, in der Rudolf Steiner von der Wiederkunft zu sprechen beginnt (1910/11).
Wir sind damit durch alle wesentlichen Motive hindurchgegangen, die bei Rudolf Steiner als auf die Wiederkunft vorbereitend dargestellt werden. Es lag zunächst nicht in der Intention seiner Darstellung, eine Beziehung zum religiösen und kultischen Leben im engeren Sinn herzustellen – liegen doch in all diesen Motiven auch für das ganz allgemein-menschliche Verhalten wesentliche Hinweise, ganz unabhängig von allen religiösen Bestrebungen.
Gleichwohl konnten wir überall den direkten Bezug zur religiösen Praxis eines erneuerten Christentums aufzeigen; nicht zufällig ereignet sich die Gründung der Christengemeinschaft im Zeitraum des Beginns der Wiederkunft (1922),[129] nicht zufällig ist auch ihr Zusammenhang mit der anthroposophischen Bewegung – nicht als »Kirche der Anthroposophen«, wie fälschlich und leichtfertig immer wieder behauptet wird, sondern als freie christliche Kirche, aber in geistiger Aufgeschlossenheit für Erkenntnisse und Anregungen, die gerade auch für das religiöse Leben heute aus der Anthroposophie hervorgehen.

IV. Was sollen – was können wir tun?

Inmitten einer Menschheit,
die voller Angstträume ist und fragt,
was nun wohl alles kommen wird,
möchten wir eine stille Schar sein,
die *weiß,* was kommt.
Sie weiß nämlich, Wer kommt.
Und wenn Er kommt,
mag ruhig alles andere auch kommen.

Emil Bock

Wir sind bisher schon mehrfach an Antworten auf diese Frage herangekommen – besonders da, wo die mit den Wiederkunftsmotiven verbundenen religiösen Aufgaben besprochen wurden. Dennoch will ich auf diese Frage noch einmal besonders eingehen.

Zweierlei ist zu bedenken: einerseits wird ein egoistisches Streben nach geistigen Erlebnissen, auch nach Christuserlebnissen, keine gute Voraussetzung dafür sein, echte Erfahrungen zu machen; der hier gemeinte Erfahrungsbereich verschließt sich gerade allem Egoismus. Was über Liebe zum Schicksal, Gewissen, Mitleid, Erleben des Kultus usw. als Schlüssel zu den Wiederkunftsereignissen gesagt wurde, könnte zu subtilem

Egoismus geradezu herausfordern und alle Bemühungen auf falsche Bahnen leiten. Wer etwa am Kultus teilnimmt in dem Bestreben, sich dadurch für geistige Erlebnisse reif zu machen, wird nicht gut beraten sein; das gleiche gilt für Gebet, Meditation und alle geistigen Übungen.[130] Sie setzen Geduld, Selbstlosigkeit, ja Demut voraus; sie wollen geübt werden aus Liebe zu Gott, aus Hingabe an die göttliche Welt, nicht im Schielen auf irgendwelche Erfolge. Ob und wann sich Erlebnisse tieferer Art einstellen, können wir dann auch ganz ruhig der göttlichen Führung überlassen.
Andererseits gilt aber ebenso: zart und flüchtig sind zunächst oft die Erlebnisse, die uns von der Wiederkunft Kunde geben wollen. Sie können verschlafen, übersehen, verdrängt werden – davon hat Rudolf Steiner auch oft gesprochen; sie werden von den Gegenmächten bekämpft. Demgegenüber können, dürfen wir nicht untätig bleiben. Gerade der Blick auf die Zeitverhältnisse ruft uns auf, alles zu tun, was wir können, um uns nicht mit der Finsternis, sondern mit dem Licht zu verbinden.

Michael geht Christus voran

Hier ist nun etwas wenigstens kurz zu berühren, was uns in einen anderen Themenkreis führt, doch aber mit dem Christusgeheimnis unserer Zeit innig zusammengehört: das Wirken des Erzengels Michael.

Von ihm wird im 12. Kapitel der Offenbarung des Johannes geschildert, daß er den Drachen besiegt und aus der geistigen Welt auf die Erde stürzt. Wir können darin, einer Aussage Rudolf Steiners folgend, ein wirkliches, ein geschichtliches Ereignis sehen, das sich im Vorfeld unserer Zeit, im letzten Drittel des 19. Jahrhunderts abgespielt hat; auch hier sind die Bilder und Aussagen des Neuen Testaments – wie schon bei der Wiederkunft – geistig völlig exakt und real zu nehmen.[131]

Worauf es uns hier ankommt, ist der innere Zusammenhang mit den Ereignissen der Wiederkunft. Nicht umsonst gehen sie ihr etwa 30 Jahre voraus. Wir müssen sogar sagen: daß Michael den Drachen ausgerechnet auf die Erde, unter die Menschen, stürzt und dort seitdem »der Teufel los ist« – war das weise gehandelt? Oder geschah es schon im Hinblick darauf, daß der Christus kommen werde und dadurch den Menschen die Hilfe leisten könnte, welche dann allerdings notwendig sein würde? Und mehr noch: sollte in der Konfrontation mit den Drachenmächten der Menschheit eine Heraus-forderung ihrer tiefsten Möglichkeiten und Initiativen gegeben werden, die andererseits dann erst zum »aufrechten Stehen vor dem Menschensohne« – wir erinnern dieses Motiv vom Schluß der Ölberg-Apokalypse – führen könnte? Auch manche andere Motive dort legen nahe, daß ein innerer Zusammenhang besteht zwischen Krisen und Prüfungen, ja Untergängen auf Erden und dem Erscheinen des Wiederkommenden in den apokalyptischen Schilderungen. Beides ist wie Ursache und Wirkung innerlich miteinander verbunden – wobei hier die *Ursache* von allem, die Wiederkunft, dem anderen Ereignis *zeitlich* nachfolgt. Wenn wir *so* auf die Ereignisse unserer Zeit schauen und sie als notwendige Prüfungen erkennen lernen, die dem Schauen des Wiederkommenden vorausgehen müssen und uns von Michael »zuge-mutet« werden, gewinnen wir für die Frage: »Was können und sollen wir tun?« erst den richtigen Entscheidungsernst. Dann sehen wir uns selbst in einen von dem Erzengel herausgeforderten Entscheidungskampf hineingestellt, in dem wir nicht beliebig Stellung nehmen können, sondern wo das Für oder Wider gilt: entweder sich dem Licht zu verbünden, oder sich unversehens auf der Gegenseite eingebunden zu sehen; ein unverbindliches In-den-Tag-Leben ist – das fühlen wir wohl alle immer deutlicher – je länger um so weniger möglich. In diesem Sinne geht Michael Christus heute voran; Michael selbst ist es, der durch den Drachensturz den einzelnen Menschen vor solche Entscheidungen stellt und damit die tiefsten Kräfte in uns herausfordert.

Die Tiere aus dem Abgrund

Mit dem 12. Kapitel ist die Offenbarung des Johannes jedoch nicht zu Ende; im 13. Kapitel werden weitere Ereignisse geschildert: Das Meer und die Erde öffnen sich und Tiere aus dem Abgrund treten zu dem Drachen hinzu. Sind auch damit Ereignisse unserer Zeit gemeint?

Ohne hier auf Einzelheiten einzugehen – man kann sie in anderen Veröffentlichungen besprochen finden –,[132] sei nur folgendes gesagt. Wir haben schon auf den 33-Jahres-Rhythmus hingewiesen, der unserer Zeit in bezug auf das Wiederkunftsgeschehen zugrunde liegt, jedesmal eine Steigerung der geistigen Möglichkeiten, jedesmal aber auch eine Verstärkung der Gegenmächte mit sich bringend. In den 30er und in den 60er Jahren zeigte sich uns dies mit Deutlichkeit (s. S. 141 ff.). So ist nach weiteren 33 Jahren, das heißt: am *Jahrtausendende,* eine weitere Verstärkung und Steigerung *beider* Entwicklungstendenzen zu erwarten, ein Anwachsen des Bösen und eine um so stärkere Nähe Christi und der geistigen Welt,[133] im Sinne dessen, was die Ölberg-Apokalypse von den Krisen sagt: *Wehen* sind es zur Geburt einer höheren Menschheit (s. S. 4 ff.).

Es hat heute keinen Sinn, die Augen vor solchen Bildern der nächsten Zukunft zu verschließen; sie sind der Menschheit als Zukunftsoffenbarung gegeben – nicht um ihr Angst zu machen, das wäre gerade im Sinne der Gegenmächte, sondern um sie vorzubereiten und zu stärken für die damit verbundenen notwendigen Geisteskämpfe, in denen allerdings die Menschen ihren Teil beizutragen haben. Die Offenbarung des Johannes läßt in ihrem weiteren Verlauf bis hin zum 22. Kapitel keinen Zweifel daran, daß die Gegenmächte letztlich

besiegt werden sollen und können, aber nicht ohne Zutun des Menschen; und wir allein können entscheiden, auf welcher Seite wir in den kommenden Auseinandersetzungen stehen wollen.
Was also können wir tun? Wir können und sollen täglich darum ringen, auf die Seite des Lichtes zu treten, zum »Lichte uns wenden ...«; hier liegt der Nachdruck durchaus auf dem Wort »ringen« – täglich und immer wieder neu zu *versuchen*, was wir im Sinne des Guten, der Zukunft, ja im Sinne des Christus *tun* können; damit werden wir dem Entscheidungsernst, der heute von Michael ausgeht, zuerst gerecht.

Memento mori

Etwas davon ist in die Worte eingegangen, die wir heute bei der Bestattung eines Menschen sprechen; im Tod tritt der Mensch ja über die »Schwelle« in das Licht der geistigen Welt; er erlebt nun ganz deutlich den unerbittlichen *Ernst*, der von diesem Licht ausgeht; der Strahl dieses Lichtes fällt auf sein Leben und wird für ihn zum *Gericht*, zur »*Scheidung* des Guten und des Bösen«.
Deshalb hat man früher dem Menschen gesagt: Memento mori! – das heißt: »Gedenke, daß du sterben wirst!« Diese Worte sind in den erneuerten Bestattungskultus übergegangen, aber verändert; sie beginnen auch da mit dem »*Gedenke, o Mensch ...*« und

sprechen dann von der *Verpflichtung dem Geiste* gegenüber »*in Gedanken, Worten und im Tun*«.
Indem das Licht der Wiederkunft uns Menschen naherückt, kommt auch die Schwelle der geistigen Welt, die wir sonst nur im Tod (oder in der Einweihung)[134] überschreiten, ganz nahe an die Menschheit heran; damit ist für uns etwas von dem michaelischen Entscheidungsernst, ein »Gericht«, die Empfindung, nicht einfach in den Tag hineinleben zu dürfen, »wie's gerade kommt«, die Ahnung, einen Auftrag, eine Verantwortung zu haben, eine »Scheidung der Geister« als tieferes Lebensgefühl verbunden.[135] Das »Gedenke, o Mensch …« tönt gleichsam durch Michael in unsere Zeit hinein – nicht als Selbstzweck oder um den Menschen in Schrecken zu versetzen, sondern um ihn auf-zurufen, in das Licht des Wiederkommenden zu treten und damit in einen Erfahrungsbereich, der uns erst ganz zum Menschen macht: um »zu *stehen* vor dem Menschensohne« und uns mit ihm zu verbinden.
»Verantwortung in Gedanken, Worten und im Tun« – dieses Motiv hat uns schon einmal beschäftigt: Verantwortung unseres Tun und Lassens dem Christus gegenüber war ein Grundelement auf den Wegen der Wiederkunftserfahrungen (s. S. 159f.); wir lernen dieses Motiv hier noch von einer anderen Seite her kennen und vertiefen. Wir sehen: in dem Entscheidungsernst dieses Motives geht Michael Christus voran.

Stetes Ringen

Leicht ist das ja alles nicht, nicht einmal immer selbstverständlich. Bin ich denn in allen Situationen sicher, wo das Gute ist und wie ich zum Licht finde? Keineswegs. Die Lebensverhältnisse sind heute oft so verworren, die Menschenbeziehungen so kompliziert, Gut und Böse so verflochten, daß eindeutige Richtungen manchmal nicht zu finden sind. Unsicherheit, Irrtum, falsche Entscheidungen sind mitunter unvermeidlich, Unrecht kaum auszuschließen – auch bei gutem Wollen.

Ich meine, daß wir auch dies deutlich sehen müssen; das Böse hat viele Masken – oft wird es überhaupt erst im Tun erkennbar. Aber wir *müssen* handeln. Worauf kommt es an? Daß wir immer neu um das Gute *ringen* – wie wir schon oben sagten –, daß wir, nach besten Kräften *versuchen*, unserer Verantwortung nachzukommen, daß wir, so gut wir können, uns um das Rechte *bemühen*. Auch dann wird uns vieles mißlingen, werden wir irren, fehlgehen und – daraus *lernen* und es aus Erfahrung, nicht aus abstraktem Vorsatz, später besser zu machen vermögen.[136]

Es ist nicht ungefährlich zu sagen: Wenn du nur aus gutem Willen handelst, dann wird es schon recht werden, selbst wenn du das Falsche tust; damit läßt sich vieles bemänteln, und in dieser Art sollte man mich nicht mißverstehen. Trotzdem: in verworrenen Situationen ist es besser, überhaupt zu handeln – und ich

meine eben: aus innerer Verantwortung, aus gutem Willen –, als nichts zu tun; denn das ist auch eine Entscheidung, aber keine, die aus einem um das Gute ringenden, verantwortlichen Ich hervorgeht. Und darauf kommt es letztlich an. Denn mit dem verantwortlichen Ich kann ich Christus begegnen, »vor ihm stehen« und seiner Hilfe gegenwärtig sein auch da, wo ich irre, versage, schuldig werde, ja *gerade* da.[137] Denn er verbindet sich gerade mit unserer Schuld; er »hilft unserer Schwachheit auf« (Römer 8,26) und er sagt: »Die Gesunden bedürfen des Arztes nicht, sondern die Kranken« (Lukas 5,31).
In diesem Sinne müssen wir zu dem oben Gesagten hinzufügen: Michael, der uns den ganzen Entscheidungsernst unserer Zeit und die volle Verantwortlichkeit für unser Tun zumutet, wird von Christus gefolgt, der »auf-nimmt«, was wir trotz besten Wollens schließlich doch unvollkommen zurücklassen müssen. Beides gehört zusammen – eines ohne das andere wäre nicht zu ertragen oder menschenunwürdig. So aber können wir leben in seiner Wiederkunft.

Menschen-Nähe

Etwas Erschütterndes ist in vielen Erlebnissen der Wiederkunft das Erlebnis der Menschen-Nähe Christi; nicht als der fern gerückte Gott zeigt er sich, sondern als der »Nächste«, der Helfer, der Menschenbruder;

seine Herrlichkeit besteht dann nicht darin, daß er mit seiner Allmacht die Menschen blendet, sondern in seiner Nähe auch eine *all*umfassende, *welt*durchdringende Liebe fühlbar werden läßt. Er ist ja damals Mensch geworden, um den Menschen in *allem* ganz nah sein zu können. Diese Menschennähe zeigt sich heute neu; von ihr wird in Zukunft unendlich viel Kraft, Ermutigung, Trost, Todüberwindung ausgehen, aber auch Richtung-Weisendes, Einsicht und Inspiration und Vermittelndes bis hin zu den konkreten Einzelheiten des Lebens.[138]

Diese Menschen-Nähe und Menschen-Brüderlichkeit des Gottes hat für uns noch eine andere Seite: will sie uns selbst nicht auch in die Menschen-Brüderlichkeit hineinführen? Die menschlichen Beziehungen werden immer schwieriger – auch das ist ein Zeichen der Zeit, ein Tummelplatz der Widersacher. Aber Christus ist für jeden Menschen da, jedem der Menschenbruder. Und gerade in den Wiederkunftskapiteln des Evangeliums finden wir den Satz: »Was ihr getan habt einem der geringsten meiner Brüder, das habt ihr mir getan!« (Matthäus 25,40).

So ist das Feld der menschlichen Beziehungen auch *sein* Feld. Hier gilt es zu investieren: Geduld, Ausdauer, Treue, Interesse, Verzeihen, Aufmerksamkeit – Liebe. Auch das ist alles nicht leicht, auch hier werden wir mitunter irren, Fehler machen, schuldig werden; aber gerade auch hier können wir gewiß sein, daß er dabei ist im Sinne der Menschen-Nähe. Das heißt nicht, daß al-

les gleich einfach und überschaubar wird – gewiß nicht; vieles wird erst recht schwierig, wo man sich *gemeinsam* geistig bemüht.
Dennoch: die Gegenkräfte entfalten auf dem Feld der menschlichen Beziehungen deshalb eine so enorme Wirksamkeit, weil es das fruchtbarste ist für das Aufgehen des Samens seiner Liebe, seiner Nähe. So wurde es uns schon von anderer Seite her deutlich, als wir über Liebe-Mitleid-Gewissen sprachen (s. S. 155 ff. und 159 ff.).
Solche Gedanken und Empfindungen werden uns in menschliche Gemeinsamkeiten führen. Noch mehr: Goethe formuliert geradezu: »Ein Einzelner hilft nicht, sondern wer sich mit vielen zur rechten Stunde vereinigt.« Das ist der andere Aspekt der menschlichen Gemeinsamkeit, wo die Widersacherwirkungen weit über die menschliche Dimension hinausragen, bedarf es auch eines Übermenschlichen, um dem entgegenzuwirken. Das kann kein Einzelner. Diese Kraft muß aus der Gemeinsamkeit, aus Gemeinschaft heraus, aus Christen-gemeinschaft erwachsen. Was also sollen wir tun?

Heilsam ist nur, wenn
Im Spiegel der Menschenseele
Sich bildet die ganze Gemeinschaft;
Und in der Gemeinschaft
Lebet der Einzelseele Kraft.

Rudolf Steiner

V. Die neue Gegenwart Christi

Am Schluß des Buches sollen die Stimmen selbst in ihrer ganzen Vielfalt zu Wort kommen, die auf die tieferen Geschehnisse unserer Zeit hinweisen, wenn sie auch nicht *immer unmittelbar* Aussagen von Wiederkunft enthalten. Gleich die ersten beiden Zeugnisse sind indirekter Art, allerdings, wie ich meine, unübersehbar deutliche: Karl Thylmann und Franz Marc; sie sollen hier etwas ausführlicher zu Wort kommen.

Schicksale im Zeichen der Wiederkunft

Karl Thylmann

Karl Thylmann, geboren am 11. April 1888 in Darmstadt, gehört zu den Künstlern des Jahrhundert-Anfangs, an deren Schicksal und Werk der Durchbruch ablesbar wird, der in unserer Zeit begonnen hat. Auch in Thylmanns Schicksal bildet das Jahr 1909 eine Wendemarke; in diesem Jahr, als *Einundzwanzigjähriger,* wird er mit einem Schlag bekannt, indem er für seinen Freund Alexander von Bernus dessen Buch »Maria im Rosenhag« illustriert und den Text für diese Aufgabe handgeschrieben beiträgt. Dies zog nach sich, daß er nun in rascher Folge bis zu seinem Tode 1916, also in nur sieben Jahren, weitere elf Buchausgaben zu illustrieren hat, darunter Goethe »Urworte orphisch«, Jean Paul »Des Feldpredigers Schmelzle Reise nach Flätz«, E.T.A. Hoffmann »Der goldene Topf«, »Die Nachtwachen des Bonaventura«, Gogol »Der Zauberer«; an den letzten Darstellungen arbeitete er, während er schon den Strapazen des Soldatenlebens (ab 1915) unterworfen ist, oft mit Aufbietung aller Kräfte und mühsamem, letztem Einsatz.

Das Künstlerleben Karl Thylmanns drängt sich also in die Zeit von 1909 bis 1916 zusammen, etwa in ein Jahrsiebt, vom 21. bis zum 28. Lebensjahr. Er stirbt am 29. August 1916 an den Folgen einer schweren Verwundung in Frankreich. Er hinterläßt ein bedeutendes, erstaunlich umfangreiches Werk an Radierungen, Lithographien, Zeichnungen und Holzschnitten sowie eine nicht minder bedeutsame Sammlung von Gedichten.

Die »Begabung« Thylmanns zeigte sich nicht nur in seinem bildnerischen und dichterischen Talent. Das Schicksal begabte ihn auch mit Bildung sowie mit wichtigen Menschenbegegnungen (Alexander von Bernus, Stefan George u. a.). Die Lebensbegegnung mit Joanna Koops, seiner späteren Frau, und mit der Anthroposophie gehören ebenfalls zu den Schicksalsgaben (beide im Jahre 1912, wie auch die Entdeckung des Holzschnittes).

Aber hinzu treten die Prüfungen, die den Begabungen erst die Reife abringen, ohne die Karl Thylmann dann nicht mehr zu denken ist und durch die er ein Frühvollendeter wird. Nur kurz dauert das Lebensglück in der Verbindung mit seiner Frau: Heirat Juli 1914, Einberufung Februar 1915. Was nun kommt, muß für ihn ein einziges Leiden gewesen sein; er schreibt:

»Ich bin hier ›natürlich‹ wieder in die berüchtigte Kompagnie geraten. Du hast keine Ahnung, was für Seelenroheit sich hier auszutoben Macht hat. – Ich bin sehr unruhig, schweifend, verdunkelt. Ich weiß, daß es nur das Eine gibt: ›Dein Wille geschehe!‹ Aber ich bring es nicht fertig zu sagen. Ich erinnere mich nur, daß es Zeiten gab, wo ich es hätte sagen können. Aber ich bewege mich jetzt im Kreis, in der Ebene, ohne Aufstieg. Ich bin nicht mehr, wie die meisten: ein junger Mann, der allein ist und dem es miserabel geht. Aber Du bist ja da wie immer, mein unvergängliches Gestirn, das mich nie die Verbindung mit oben verlieren läßt.« *(Hannover, 20. Sept. 1915)*

Trotzdem hört er nicht auf zu arbeiten:
»Gelt Du weißt, daß ich rasend arbeite und infolgedessen nicht zum Schreiben komme. Ich schinde jetzt jede Sekunde heraus zu geistiger und künstlerischer Arbeit. Nur so kann ich das Leben noch ertragen.«

(4. Oktober 1915)

All das führt ihn an den Rand seiner Kräfte:

»Ich bin wieder mal am Ende meiner seelischen Widerstandskraft. Es wird täglich entsetzlicher. Man wird den ganzen Tag herum gehetzt, daß man Herzstechen kriegt und wird dabei angerufen: ›Ihr Hunde, ihr verfluchten Hunde‹ usw., stets wie ein Zuchthäusler getrieben. Ich kann bald nicht mehr. Es geht über alle Worte. Man wünscht sich manchmal, einfach hinzufallen und nie wieder aufzustehen. Ich bin ganz blöd geworden. Mein Gedächtnis läßt immer mehr nach. Jeden Morgen das Aufwachen ist ein wahnsinniger Schmerz und Ekel. Alles so bis ins Letzte sinnlos!«

(Goslar, 26. Januar 1916)

Über Monate hin bleibt er – immer innerlich am Rande des Abgrunds – dem ausgesetzt:

»Heute morgen bin ich um ein Haar wahnsinnig geworden. Ich dachte, in der nächsten Sekunde schreie ich vor Raserei. Ein tierisch dummer, immer halbbesoffener Mensch hat uns wieder gehetzt, daß die Zunge herausstand – und alles unter Worten, wie ›verfluchte Krüppel, Mistböcke, Saubauern, Schweine, Hunde usw.‹ Ich kann nicht mehr. So ein Vieh hat Macht über unsereinen. Es ist nicht zum aushalten. Und dabei sind wir heut zum Abendmahl!!! kommandiert. Kann man das mit einem Herzen voll Wut und Mordgedanken nehmen? Abendmahl! Gott verzeih mir meinen Zorn. Ich kann nicht mehr. Ich könnte stundenlang heulen wie ein Hund. – Bete für mich um irgend ein Wunder!«

(11. April 1916)

Gerade in dieser Lebenssituation entstehen nun aber die eindringlichsten Bilder, u.a. viele Holzschnitte zur

Bibel. Mit ihnen wollte Karl Thylmann Bilder schaffen, die anregen möchten, das dort schriftlich Niedergelegte innerlich zu schauen und zu meditieren. Er wollte damit »Gutes wirken«: »Zuletzt auf der Wache hatte ich ein ungreifbares und unausdrückbares Erlebnis. *Ich fühlte genau, eben ist der Anfang von etwas, wie eine Verpflichtung, ein Treuebündnis mit Gott, eine Kriegserklärung gegen Satan.*

Wenn ich das Johannesevangelium, sowie etwas, was mir gestern aufgegangen ist, gemacht habe (haben werde), mit Holzschnitten alles, dann hoffe ich, damit was ganz Gutes gewirkt zu haben. Ich habe den Trieb, nicht nur ästhetisch-künstlerisch, sondern auch irgendwie im Sinne der Evolution ein winziges Bißchen zu wirken, zur ›Erlösung der Gottesglorie‹, wie es in der jüdischen Mystik heißt.«

Wir sehen, wie Thylmann aus seinen Begabungen heraus durch die Schicksalsprüfungen an das entscheidende Erlebnis herangeführt wird; das Schicksal hat ihn nicht geschont – aber gerade dies gab wohl die Möglichkeit zum Durchbruch, zur »Apokalypse« in seinem Leben, zur Enthüllung der Christusnähe. Er erfährt etwas wie eine innere Verpflichtung, innerlich auf die Seite Gottes zu treten, gegen das Wirken der Widersacher anzutreten. Er tut es mit den Mitteln, die ihm gegeben sind: mit Bild und Wort. In einzigartiger Weise scheint uns dies aus manchen seiner Bilder zu sprechen: aus dem »Christus auf den Wellen« (1915), das geradezu ein Meditationsbild für den sein kann, der eine innere Anschauung von dem Christus sucht; aus der »Heilung des Aussätzigen« (1915), in der das Erbarmen Christi für die leidende Menschheit tief gestaltet ist; aber auch aus dem »Schmerzensmann« (1916) oder aus »Johannes dem Täufer« (1916), in denen Schmerz und Liebe gleichermaßen ausgedrückt sind; schließlich auch aus »Johannes auf Patmos« (1915), wo die Gewalt der geistigen Welt, den Seher inspirierend und zugleich überragend, machtvoll zur Erscheinung kommt.

In den Holzschnitten zur Bibel hat seine Künstlerschaft den ureigenen, wirksamen Ausdruck gefunden, der von der Erfahrung der Christusnähe zeugt. Aber auch seine Gedichte sprechen von dieser Erfahrung.

Ein Jahrsiebt hindurch entfaltet sich die Berufung, durch Leiden zu immer größerer Intensität, ja zur Reife führend. Dann bricht dieses Schicksal auf dem Höhepunkt, sich erfüllend, ab.

Karl Thylmann kann so für uns ein erster Zeuge der Wiederkunft Christi sein. Davon sprechen seine Bilder und seine Gedichte – auch heute noch.

Und damit ist er auch ein Zeuge für den wahren Geist unseres apokalyptischen Jahrhunderts, in dem Schicksalsleid zur Offenbarung Christi führen kann.[139]

Schrei

Was hast du mit mir vor?
Du drückst mich in die Jauche,
Ich winde mich und tauche
Ringend mit letztem Hauche
Zur trüben Luft empor.

»Erkenn sein Leid und lad es
Dir auf! Der arme Gang
Zur Schädelstatt ist lang.
Ich ging ihn und durchdrang
Das Graun des ganzen Hades.«

Ich bete: mach mich fest,
Wenn seine Boten riefen,
Wenn je in meine Tiefen
Die Siegelbrände triefen
Und du dich in mich press't!

Karl Thylmann

Franz Marc

Ganz anders, aber nicht weniger eindrucksvoll zeigt sich das Schicksal von Franz Marc (1880–1916). Auch er fiel im Ersten Weltkrieg, im gleichen Jahr wie Karl Thylmann, zeitlich und räumlich nur wenig von ihm entfernt. Von den ihn bewegenden Motiven spricht er in seinen »Briefen aus dem Feld«:

»Ich denke so viel über diesen Krieg nach und komme zu keinem Resultat; wahrscheinlich, weil die ›Ereignisse‹ mir den Horizont versperren. Man kommt nicht über die ›Aktion‹ hinweg, um den Geist der Dinge zu sehen. Jedenfalls aber macht der Krieg aus mir keinen Naturalisten, – im Gegenteil: ich fühle den Geist, der hinter den Schlachten, hinter jeder Kugel schwebt, so stark, daß das Realistische, Materielle ganz verschwindet. Schlachten, Verwundungen, Bewegungen wirken alle so mystisch, unwirklich, als ob sie etwas ganz anderes bedeuteten, als ihre Namen sagen; nur ist alles noch von einer grauenvollen Stummheit, chiffriert, – oder meine Ohren sind taub, übertäubt vom Lärm, um die wahre Sprache dieser Dinge heut schon heraus zu hören.« *(12.9.1914)*

»Die kleinste Zeitungsnotiz, die gewöhnlichsten Gespräche, denen ich zuhöre, bekommen für mich einen geheimen Sinn und Hintersinn; hinter allem ist immer noch etwas; wenn man dafür einmal das Ohr und Auge bekommen hat, läßt es einem keine Ruhe mehr. Auch das Auge! Ich beginne immer mehr hinter oder besser gesagt: durch die Dinge zu sehen, ein Dahinter, das die Dinge mit ihrem Schein eher verbergen, meist raffiniert verbergen, indem sie den Menschen etwas ganz anderes vortäuschen, als was sie thatsächlich bergen. Physikalisch ist es ja eine alte Geschichte; wir wissen heute, was Wärme ist, Schall und Schwere, – wenigstens haben wir eine zweite Deutung, die wissenschaftliche. Ich bin überzeugt, daß hinter dieser noch wieder eine und viele liegen. Aber diese zweite Deutung hat den menschlichen Geist mächtig verwandelt, die größte Typusveränderung, die wir bis jetzt erlebt haben.«

(Weihnachtsabend 1914)

»Alles treibt jetzt schon heraus; es ist ganz erregend, in einem solchen reichen alten Garten zu stehen, wo einen der Frühling mit Millionen kleinen Augen ansieht. Ich bin noch mehr als je in die Blumen und Blätter verliebt. Ich seh sie jetzt so anders an, irgend ein Gefühl von Mitleid ist immer dabei, eine Art Mitwissertum; man sieht sich einander an, stumm und mit der Geste: ›wir verstehen uns schon; die Wahrheit ist ganz wo anders; wir beide stammen alle von ihr und kehren einst zu ihr zurück.‹ Mit Menschen kann man fast nie so verkehren; da stoßen immer die Ichs aufeinander; am wenigsten vielleicht noch bei Klee; – – –« *(13.4.1915)*[140]

»Es wird alles für mich immer traumhafter; wir hatten zum Abzug aus E. die Wagen hochgeschmückt mit Blumen und trabten nun so durch die gaffenden Dörfer wie ein Zug aus Dante's Inferno; ich fühle dabei immer, daß eigentlich nur mein Körper reitet und ich ja ein ganz anderes Leben lebe, ich weiß nur nicht genau wo; ich bin jetzt so oft in solch einer Art Dämmerzustand, ähnlich wie im Traum, wenn man merkt, daß man nur träumt und trotzdem weiterträumt. Dieses Gefühl ist aber gänzlich unsentimental und unromantisch und noch weniger selbstquälerisch; vielmehr wie eine

Thatsache, daß man zeitweise das Leben in mehreren Falten nebeneinander durchleben kann und die Einheit von Lebensfunktionen nur sehr locker und fragwürdig ist. *Der Geist kann unbedingt auch ohne Körper leben.* ---« *(22.5.1915)*

»Du hast sehr recht, daher auch gegenwärtig die große Spaltung meines Wesens, die von dem ungewöhnlichen Leben und den ungewöhnlichen Ereignissen bestimmt wird. Ich lebe eigentlich drei Leben nebeneinander: das eine Leben des Soldaten, das für mich vollkommen Traumhandlung ist und bei dem ich beständig den sonderbarsten Ideenassoziationen und Erinnerungen unterworfen bin, z. B. als ob ich bei den Legionen Cäsars stünde, – das ist kein Witz; ich bin auch durchaus nicht krank, – ich ›sehe‹ uns plötzlich so, ganz genau, bis in alle Einzelheiten. So kommen mir auch die Bewohner der Gegend durchaus als Verstorbene vor, als Schatten (nach dem griechischen Hadesbild). Das sind gar keine *Erlebnisse* mehr für mich; ich *sehe* mich ganz objektiv wie einen Fremden herumreiten, sprechen usw.
Das zweite Leben ist schon eher ›Erlebnis‹, die Gedanken an Europa, Tolstoi, August, Ried, Bücher, die ich lese, Zeitungen und die Gedanken an die schon jetzt ganz sagenumsponnene Front der Riesenheere, die Fliegerkämpfe, (deren wir jetzt täglich Zeugen sind), meine Briefe, – in all dem steckt schon eine Wirklichkeit, in die ich wenigstens zuweilen meine Nase stecke und in der ich mich zuweilen wach, auf beiden Füßen

und *anwesend* fühle, obwohl ich nie das Bewußtsein dabei verliere, daß dies alles für mich nicht *Wesentlich* ist, nur Wege, Spaziergänge ohne Ziel, die man zur Erholung und ›um sich zu fühlen‹ und um nicht unthätig zu sein geht, um dann wieder zu sich nach Hause zurückzukehren, in sein eigenes gänzlich unsichtbares ›*Heim*‹. Und das ist das *dritte* Leben: das unbewußte Wachsen und Gehen nach einem Ziel; das Keimen der Kunst und des Schöpferischen, der Keim, den man nicht vorwitzig berühren darf. *Alles* andre wird für mich unwesentlich und gleichgültig, wenn ich über dieses eigentliche innere Leben brüte; wie der Vogel über seinem Ei, so sitze und brüte ich über diesem Leben, – und was ich sonst thue und denke, gehört gar nicht wesentlich zu mir. Der wahre Geist braucht gar keinen Körper zu seinem Leben, – vielleicht ist ein Körper seine äußerliche Bedingung (Incarnation), aber er ist nur wenig abhängig von ihm, kann sich von ihm zeitweise und besonders in seinen wichtigen, wesentlichen Stunden ganz von ihm trennen. Vielleicht wird Dir nicht ganz klar, was ich mit diesen Ideen ausdrücken will, sie sind ganz spontane Erkenntnis, – im übrigen eine Erkenntnis, die durch alle Religionen geht.«

(25.5.1915)

»Könnte ich Dir doch etwas von meinem Gleichmut, – nenne es meinetwegen in der alten (d.h. Deiner neuen) Sprache: Gottvertrauen geben; ob ich nun bei der Kolonne bin oder als Batterieoffizier verwendet werde, ist ja ganz gleich. Es *kann* mir ja nichts geschehen, was mir nicht notwendig geschehen *muß*. Es gibt keinen dummen Tod oder ein dummes Unglück oder Glück; ich las wieder viel im Evangelium, – *wie kannst Du eigentlich im Evangelium lesen und doch Angst haben?* Thatsächlich: mir ist das gänzlich unverständlich. Lies Deinen Nerven aus dem Evangelium vor, da *müssen* sie doch ruhig werden und Dein ganzes Wesen *muß* freudig werden.« *(2.11.1915)*

»Ich verstehe sehr, wenn Du so ruhig vom Tode sprichst wie von etwas, was Dich nicht schreckt. Ich fühle genauso. In diesem Kriege hat man's ja an sich erproben können, – eine Gelegenheit, die das Leben einem sonst selten bietet, da man im täglichen – – – Leben die Todesgefahren meist nicht sieht und zum mindesten an sie nicht glaubt. Es ist mir aber im Kriege nie eingefallen, die Gefahr und den Tod zu suchen wie ich es in früheren Jahren des öfteren gethan habe, – damals ist der Tod mir ausgewichen, nicht ich ihm; aber das ist lange vorbei! Heute würde ich ihn sehr wehmütig bitten und begrüßen, nicht aus Angst oder Unruhe vor ihm, – nichts ist beruhigender als die Aussicht auf *Todesruhe* – sondern weil ich ein halbfertiges Werk liegen habe, das fertig zu führen mein ganzes Sinnen ist. In meinen ungemalten Bildern steckt mein ganzer Lebenswille. Sonst aber hat der Tod nichts Schreckhaftes; er ist doch das *allen* Gemeinsame und führt uns zurück in das normale ›Sein‹. Die Strecke zwischen Geburt und Tod ist der Ausnahmezustand, in dem es viel zu fürchten und zu leiden gibt, – der einzige wirkliche, konstante, philosophische Trost ist das Bewußtsein, daß dieser Ausnahmezustand vorübergeht und daß das immer unruhige, immer pikierte, im Ernste ganz unzulängliche ›Ich-Bewußtsein‹ wieder in seine wundervolle Ruhe vor der Geburt zurücksinkt.« *(17.2.1916)*

Kurz vor seinem Tode schrieb Franz Marc: »Wie schön, wie einzig tröstlich zu wissen, daß der Geist nicht sterben kann, unter keinen Qualen, durch keine Verleugnungen, in keinen Wüsten. Dies zu wissen macht das Fortgehen leicht.«

Sammlung einiger Berichte – Beispiele aus moderner Dichtung

Die folgende Sammlung ist eine kleine Auswahl von Berichten, die mir auf eine neue Gegenwart Christi in unserer Zeit, aber auch auf eine neue Beziehung des heutigen Menschen zum Ätherischen einerseits, zu seinem eigenen Ich andererseits, hinzuweisen scheinen; einige von ihnen sind bisher nicht veröffentlicht.
Ich habe hier selbstverständlich keine Vollständigkeit angestrebt – unendlich vieles, das hierher gehören könnte, ist sicher nirgends niedergeschrieben, vielleicht nie ausgesprochen worden; auch wollte ich keine systematisch geordnete Zusammenstellung erreichen.

Mehr kam es mir auf die Vielfalt der Stimmen und Erlebnisse an. In dieser Hinsicht ist auch das im 2. Kapitel Wiedergegebene mit einzubeziehen. Die Wiederkunftserfahrungen entfalten sich in den verschiedenartigsten Richtungen; sie werden jeweils auch von der Schicksalsituation und der Wesensart des Menschen, der die Erfahrung macht, in ihrer besonderen Qualität mitbestimmt sein (s. dazu auch Anm. 61).
So können die folgenden Berichte hier stellvertretend stehen für viele andere; wir blicken mit ihnen auf vielleicht nicht alle, aber doch einige wesentliche Erfahrungsfelder, auf denen sich etwas von Wiederkunft ereignen kann. Es kann dabei deutlich werden, daß alle Schichten des Menschenwesens von den Wiederkunftsereignissen berührt werden können: die innerste Geistigkeit (etwa bei Havel), die Seelenkräfte in vielfältiger Art, die Lebenssituationen (Krankheit und existentielle Not) und sogar die Toderfahrung im physischen Leib (etwa bei Lusseyran). Über die Frage der Echtheit solcher Erfahrungen haben wir früher schon das Wichtigste gesagt (s. S. 94ff. einschließlich Anmerkungen). Diese Echtheit soll auch nicht für jeden Fall des hier Aufgenommenen behauptet werden, aber die verschiedenen »Felder der Erfahrung«, die wir im 2. Kapitel schon angedeutet haben, können durch solche Berichte noch anschaulicher und differenzierter vor Augen treten. Wo es nahe lag, haben wir auch Gedichte als lebendige Zeugnisse eingefügt.
Die Berichte folgen hier meist ohne weiteren Kommen-

tar; nur wo es notwendig war, sind Hinweise beigefügt; die Quellen werden – wenn nicht anders angegeben – in den Anmerkungen aufgeführt.

1. Aus der Zeit des Ersten und Zweiten Weltkriegs

Er

Es leuchten Seine Augen in den Sternen,
im Kelch der Rose sehe ich Sein Blut.
Sein Körper strahlt im ew'gen Schnee der Firne,
im Regen schau' ich Seiner Tränen Flut.

Ich seh' Sein Angesicht in jeder Blume,
der Donner und der Nachtigallen Ruf
sind Seine Stimme. – Unter der Felsen Mauern
Schriftzeichen sind es, die Sein Griffel schuf.

Sein Fuß hat alle Pfade ausgetreten.
Es pocht Sein Herz in wilder Wogen Schaum.
Ein jeder Strauch trägt Seine Dornenkrone
und Seines Kreuzes Holz ist jeder Baum.

Irischer Soldat (1918 vor dem Kriegsgericht erschossen)

Ein Christus-Erlebnis im Ersten Weltkrieg

Erst im April 1914 hatte der junge Berufsoffizier Georg Friedrich Freiherr von Rechenberg geheiratet. Dann brach der Erste Weltkrieg aus. Im August 1914 zog der dreiundzwanzigjährige Leutnant mit seinem dreiundneunziger Regiment Dessau-Anhalt nach Frankreich. Am 4. Oktober des ersten Kriegsjahres, am Geburtstag seiner Frau, stürmte er bei einem Angriff auf Arras den Leuten seiner Kompanie voran. Da traf ihn ein spitzes Geschoß. Es drang seitwärts ein und durchschlug beide Fußknöchel. Er fühlte nur den dumpfen Aufschlag, keinen Schmerz. Er fiel in ein Rübenfeld. Um ihn her schlugen allenthalben die Granaten ein. Da hörte er eine Stimme: »Rutsche nach vorn, weg von dort, wo Du jetzt liegst!« Trotz des hohen Blutverlustes und des nun eingetretenen Schmerzes folgte er dem Ruf. Kaum war es geschehen, schlug hinter ihm an der Stelle, wo er zuerst als Verwundeter gelegen hatte, eine Granate ein.

Allmählich wurde es still auf dem Schlachtfeld. Der Abend dämmerte auf. Unfähig zu gehen, lag er umgeben von Toten wach und bewußt auf der Erde. Da sieht er Christus über das Schlachtfeld gehen und sich zu jedem Gefallenen neigen. Dann wich sein Bewußtsein, ohnmächtig lag er drei Tage auf dem Schlachtfeld. Als der letzte Versuch von deutscher Seite aus gemacht wurde, nach Verwundeten und Schwerverletzten zu suchen, trat ein Sanitäter dem Ohnmächtigen versehentlich auf den Fuß. Vor Schmerz aufschreiend, kam er zu sich und hörte die Worte des Sanitäters: »Der ist wohl schon tot.« Doch der Tritt auf den Fuß hatte ihn gerettet. Wegen seiner Verwundung wurde er insgesamt 13mal operiert.

Als er nach einigen Monaten vom Feldlazarett in die Heimat zurückkehrte, begann er in Marburg Theologie zu studieren. Er wurde unierter Pfarrer und entfaltete eine charismatische Begabung als Prediger und Seelsorger. Die Erfahrung des Christus verwandelte den Offizier zum Diener seines Wirkens.[141]

Gewißheit in der Not

Dem seit 1913 als Professor für Religionswissenschaften an der Pädagogischen Akademie in Kiel tätigen Emil Fuchs wurde aufgrund eines Telefonanrufes aus dem nationalsozialistischen Berlin mitgeteilt, er solle sofort den Ort verlassen, wo er Studenten unterrichtete. So habe man bisher nur jemand behandelt, der gestohlen habe, sagte er zum Direktor. Wie so oft meinte dieser, er sei nur ausführende Hand. Das Ministerium fordere es.

Emil Fuchs wollte das genauer wissen und ging selbst nach Berlin zum Volksbildungsministerium. Als Grund für seine Entlassung stellte sich einzig heraus, daß er für die Sozialdemokraten gearbeitet habe. Im »Rechte« seien nun ganz andere.

Später besuchte er in Eisenach alte Freunde. Eine Frau war nicht nur den Nationalsozialisten beigetreten, sondern glaubte sogar, er habe früher doch gepredigt, was diese Leute wollten. Er versuchte ihr die Kluft deutlich zu machen und erwähnte schreckliche, von ihren Parteigängern vollzogene Mißhandlungen.

Als die Frau einen führenden Nationalsozialisten der Stadt fragte, ob es stimme, was Emil Fuchs berichtete, war die Folge, daß man ihn polizeilich suchte und in Berlin festnahm. In dem Buch »Mein Leben« (Berlin 1959) schreibt er zur Arrestierung:
»Nun saß ich in der Zelle – vor mir die festverschlossene, gesicherte Tür mit dem kleinen Guckloch, hinter mir das vergitterte Fenster, neben mir das Bett mit dem schmutzigen Strohsack, der Schemel, der Tisch, das große Gefäß für menschliche Bedürfnisse. Ich saß und saß auf meinem Schemel und konnte mich nicht aufraffen, nur durch die Zelle zu gehen. Wie eine Lähmung wirkte das Gefühl der Hilflosigkeit in diesem Eingeschlossensein und Abgeschlossensein. Hier liegt die eigentliche, unheimliche Macht des Gefängnisses, die man einmal erlebt haben muß, um zu wissen, was wir denen antun, die unter uns entgleist sind.
Ich saß und saß – bis ich über mir in der Zelle jemand auf und ab gehen hörte. Dieser kann es! sagte eine Stimme in mir. Warum du nicht? So begann ich mich zu zwingen zum Annehmen der Lage. Aber es wich nicht die furchtbare Lähmung einer unüberwindlichen Niedergeschlagenheit, ja Hoffnungslosigkeit. Nun in der Einsamkeit wurde die ganze Furchtbarkeit dessen in mir lebendig, was geschehen war: das deutsche Volk in einen hoffnunglosen politischen Irrtum verstrickt, grausame Vernichtung aller Möglichkeiten einer Änderung, aller Arbeiten und Versuche, die wir gemacht hatten, dem zu begegnen. Die Menschen, auf die man

Hoffnung setzen konnte, wurden entweder grausam getötet oder befanden sich im Konzentrationslager, im Gefängnis oder auf der Flucht. Eine ganz große Masse war umgefallen, auf die andere Seite gegangen, darunter auch solche, auf deren Urteil man Wert gelegt hatte. Bist du allein im Recht? Könnten nicht die anderen klarer sehen als du? Es waren doch auch fast alle Kirchenbehörden auf Seiten Hitlers!

Da trat Jesus Christus selbst in meine Einsamkeit. Da war er und fragte mich: ›Selig sind die Friedfertigen ... selig die Sanftmütigen ... selig, die da hungern und dürsten nach der Gerechtigkeit ... Ist das wahr oder nicht?‹ Mein ganzes Wesen antwortete: ›Es ist wahr!‹ Es war mir eine klare Sicherheit gegeben, die mich während der ganzen schweren Zeit nicht mehr verließ...«[142]

Von Erlebnissen finnischer Soldaten

In den nordischen Ländern gehen seltsame und vielleicht sehr bedeutungsvolle übersinnliche Erlebnisse finnischer Soldaten von Mund zu Munde. Mitten in den heftigsten Kämpfen sollen ganze Gruppen von Finnen plötzlich in aller Gemeinsamkeit und Übereinstimmung die Schau leuchtender Geistgestalten gehabt haben und dadurch wunderbar gestärkt und getröstet worden sein. An einem besonders wütend umkämpften Wegabschnitt soll einmal eine kleine Schar gegen eine gewaltige Übermacht standgehalten haben, weil den Verteidigern eine auf- und niederwogende Fülle

weißer Lichtgestalten als Mitkämpfende erschien. An einer Stelle soll eine ganze kämpfende Abteilung eine Art Damaskus-Erlebnis gehabt und die ätherische Christusgestalt geschaut haben. In einem Briefe aus Schweden heißt es: »Unter uns lebt die Überzeugung, daß sich im finnischen Volk durch die Leiden dieses Winters eine unerwartete religiöse Erneuerung angebahnt hat, von der man hier oft und sachlich spricht, nicht so ›kriegspsychologisierend‹ wie sonst gegenüber solchen Phänomenen.«
Wir halten es für unsere Pflicht, solche Berichte zu notieren, obwohl sie zunächst nur gerüchtweise zu uns dringen. Es ist durchaus denkbar, daß unter den Finnen, die noch vielfach Reste des alten nordischen Hellsehens bewahrt haben, unter der Einwirkung der Not reale übersinnliche Erlebnisse auftauchen, die zugleich Ausblicke bedeuten auf die in der Menschheit neu zu erringende Fähigkeit des ätherischen Hellsehens. Es mag sehr wohl sein, daß heute mancherorts als Wirkung der dramatischen Seelenerschütterungen die Spätlinge einer alten Kraft zu Erstlingen eines Neuen werden und zu Ahnungen des Mysteriums führen, das wir die Wiederkunft Christi nennen.[143]

Der Engel

Eine Erinnerung aus dem finnischen Kriege

Es ging gegen Mittag, und die Altweibersommer-Sonne brach eben mit goldener Wärme durch den silbrigen Dunst, zu dem sich der in der Morgenfrühe noch schwere, zinngraue Nebel schon gelichtet hatte, da langten wir auf dem Schlachtfeld von Taipale an. In diesem Krieg war es nicht noch einmal zum Kampfplatz geworden, wie einst während des Winterkrieges. Das Bild war unvergeßlich: der bis in Mannshöhe und darüber hinaus auf die nackten Stämme zerfetzte, gelichtete Wald, eine unabsehbare Versammlung von toten Pfählen ohne grünendes Leben; zu seinen Füßen das vom Granatfeuer um- und umgeackerte Erdreich mit Trichtern und Gräben; die finsteren Schlünde einstiger Unterstände, halb oder ganz eingesunken, von schon leicht gerötetem Preiselbeerkraut und Bärlapp umwuchert; der Boden, wo man ihn vom Gestrüpp entblößt sah, mit winzigen rostbraunen Eisenteilchen bedeckt, die ihn wie feuchte Torferde erscheinen ließen, doch jeder Handvoll Erde, die man aufhob, ihr schicksalsschweres Gewicht verliehen; und dazu eine völlige Stille, die nur noch sichtbar vor Augen geführt schien durch die lautlose Arbeit jener Räumtrupps, die man in der Ferne alte Stellungen erkundigen und daraus manches bergen sah, was der Feind, der dieses Schlachtfeld damals in Besitz genommen, nicht hatte anrühren wollen und was wie eine vergessene Saat zwischen dem Ende eines Krieges und dem Beginn eines neuen ein Jahr lang in der modrigen Tiefe geräumter oder unter dem Beschuß zusammengestürzter Stellungen gelegen hatte: die Vermißten. – Nun wurde so mancher von ihnen gefunden.

Und hatten wir uns auf der Herfahrt so manchesmal kopfschüttelnd darüber gewundert oder uns gar mit so etwas wie kreatürlichem Bangen darüber entsetzt, wie schnell die Erde des Menschen vergaß, so daß weite Strecken einer von der heißen Sonne dieses dürren Sommers versengten Steppe geglichen hatten, die mühelos schnell auch über die letzten Reste der alten karelischen Kulturlandschaft gewuchert war, so bewahrte die Erde doch hier, auf dem Schlachtfeld von Taipale, mit eisiger Schärfe und Unveränderlichkeit, was sich in den neunzig Tagen des Winterkrieges zugetragen hatte. Vor diesen neunzig Tagen war dieser Flecken Erde nur ein Teil jener weiten, geschichtslosen Wälder gewesen, deren es genug gab und gibt. Erst die Vernichtung hatte ihn aus dem Schlummer dumpfen Wachstums in eine höhere Zone der geistigen Geographie erhoben. Ja, dies war die – heute erkaltete – Esse der Materialschlacht, auf der im Dezember 1940 das Schicksal der ohnmächtigen, aller materiellen Mittel so erbarmungslos entblößten Front zwischen Ostsee und Ladogasee geglüht worden war. Hier, auf dem östlichen Flügel, wo die finnische Front längs dem steilen Ufer des Suvanto und des Vuoksen verlief, hatte der Gegner, vom anderen, hoch abfallenden Südufer her versucht, den siebenhundert bis achthundert Meter breiten Stromlauf zu überwinden, hangaufwärts zu stürmen und mit einem Durchbruch nicht nur diese Sperrstellung zu überwinden, sondern die Früchte des örtlichen Sieges mit der Umgehung der ganzen karelischen Front nach

Nordwesten und Nordosten hin zu ernten. Hier wurde im Feuersturm über ein Regiment das Schicksal des ganzen Volkes entschieden. Zwischen dem sechsten und dem einunddreißigsten Dezember rollten nach pausenlosem Artilleriefeuer sechzehn Angriffe gegen die hastig ausgehobenen Erdlöcher der Verteidiger und wurden immer wieder abgewiesen, obschon das Unaufhörliche des Ansturms für die nie abgelösten finnischen Truppen über jedes menschliche Vermögen ging. Indes wir von jenen, nicht bis ins Letzte vorstellbaren, Tagen und Nächten sprachen, bekam alles in der Runde ein geisterhaftes Zwiegesicht. Selbst der hohen Mittagsstille war nicht mehr zu trauen, und die verschleierte Sonne, die keine Schatten warf und alles in ein seltsames Zwielicht tauchte, so daß die ausgebrannte, zerstörte Landschaft uns wie ihr eigenes Spiegelbild aus einer perlmutternen Muschelwand ansah, wies keine Zeit mehr. Während wir von dem pausenlosen Rasen des Artilleriefeuers mit seinen Fontänen aus Eisensplittern, Erde und Schnee der nicht abreißenden Flutwoge der russischen Angriffsspitzen und den in eiskalten Frostnächten träge jede Bodensenke ableckenden Feuerzungen der Flammenwerfer sprachen, konnte die gespenstische Stille auch heute nichts als banges Entsetzen und stockender Herzschlag und die Zeitlosigkeit nichts als die aus allen Gesetzen herausgerissene, in ein Nichts zwischen Traum und Wirklichkeit geschleuderte Hilflosigkeit der Kreatur sein. Beim kaum Vorstellbaren verweilend, in das sich zurückzuversetzen

selbst denen, die es erlebt hatten, nicht richtig gelang, wurden wir, als wir da auf den Preiselbeer-Blüten und Trichterwällen saßen, einander selber kaum glaubhaft und blickten uns an wie Gespenster, die der Geist der Stätte wieder an ihr zu erscheinen gefordert hatte.
»Und dabei«, sagte Jänttinen, »säßen wir nicht hier, wenn nicht...«
Sanavuori unterbrach ihn lächelnd mit der Bemerkung, nun wolle er wahrscheinlich vom Engel erzählen.
»Vom Engel, ja«, sagte Jänttinen sehr ernst und nickte. Denn das müsse er, Sanavuori, ja wohl zugeben: wenn nicht zwischen den Angriffen vom dreiundzwanzigsten und fünfundzwanzigsten Dezember eine ruhige Nacht gewesen wäre, könnten sie nicht hier sitzen.
Nun ja ..., das wolle er nicht rundheraus abstreiten, gab Sanavuori zu. Das pausenlose Feuer, der Schlafmangel und alles andere dazu hätten sie damals dermaßen ausgehöhlt, und das Feuer an den vorangegangenen Tagen habe die Stellungen derart zerstört und neue Schanzarbeiten soweit unmöglich gemacht, daß man sich kaum vorstellen können, wie sie auch in der Nacht zwischen dem vierundzwanzigsten und fünfundzwanzigsten, in der Weihnachtsnacht, einen neuen Angriff erfolgreich hätten abwehren sollen. Man sei ganz einfach am Ende gewesen.
»Und dabei«, begann Jänttinen und heftete den Blick starr auf etwas, was einer der zerstörten Bäume, der dunkle Schlund eines verschütteten Unterstandes oder das flimmernde Gekräusel des Suvanto unterhalb des

Schlachtfeldes sein konnte, »dabei hatte ja auch in der Weihnachtsnacht das Feuer schon eingesetzt...«
Sanavuori lächelte, aber er schwieg still.
»Hast du ...?« fragte ihn einer, aber während Sanavuori lächelnd mit einer Handbewegung die Frage abschnitt, begann Jänttinen, dem der starre, ernste Blick aus seinen grauen Augen und die völlig reglose Haltung auf einen Baumstumpf in diesem Augenblick etwas von der Würde jener ostkarelischen Sänger und Seher verliehen, denen wir alle das geheimnisvolle geistige Reich verdanken, darin – wie zwischen Nebel und Sonnenglanz – der Kampf zwischen Mythe und Offenbarung ausgetragen wird, kurz zu schildern, was sich in jener Nacht zugetragen hatte:
Nach – sie wußten gar nicht mehr, wievielen – Feuervorbereitungen und Angriffen, die sie in den vergangenen Wochen und Tagen schon abgeschlagen, hatten sie in der Weihnachtsnacht gegen elf Uhr das feindliche Störungsfeuer zu der mächtigen, pausenlos niederhämmernden Vorbereitung eines Angriffs werden sehen, der – ihrer Erfahrung nach – in den ersten Morgenstunden einsetzen würde. Sie aber hatten vorher nicht einmal Zeit gehabt, die Schäden an den Stellungen auszubessern, da eine sehr eifrige Fliegerbeobachtung das Feuer auf alles, was sich nur regte, gelenkt hatte. Verstärkungen oder Ablösungen waren nicht möglich gewesen, so daß auch in dieser Nacht die Truppe in den Erdlöchern lag, die schon Wochen darin gelegen hatte: in fortwährendem Halbschlaf völliger Erschöpfung,

die sich mit der Zeit auch an Einschläge in nächster Nähe gewöhnt hatte, ohne aus der Lethargie zu erwachen... Nur wenn der Angriff der Infanterie begann, wurde man munter.

Die eiskalte Einsicht in die Unzulänglichkeit der eigenen Verfassung, deren man jedoch selbst bei dieser Lethargie – oder vielleicht nur in ihr – fähig gewesen war, weil keiner mehr die Kraft besessen hatte, sich Wunschträumen hinzugeben, und die jämmerliche Beschaffenheit der Stellungen zusammen mit dem Mangel an Munition, der die eigene spärliche Artillerie daran gehindert hatte, das Feuer richtig zu erwidern und der Truppe in den Gräben und Löchern Entlastung zu schaffen – diese Einsicht hatte die letzte Zuversicht, man werde auch diesen Sturm überleben können, schon ausgelöscht, bevor jener selbst begann. Als gegen elf Uhr das Störungsfeuer sich zu der Feuerwalze verdichtet hatte, die ununterbrochen über die Stellungen rollte, hatte man seine letzte Rechnung gemacht und die Verluste, die eintraten und die nach hinten zu schaffen neue Verluste gekostet, hatte man als den Beginn eines Aderlasses, der nur mit dem Verbluten enden konnte, hingenommen.

Es herrschte eisige Kälte und eine Dunkelheit, in der die feurige Saat der Granaten wie aus der Wurfhand des Säers beim Letzten Gericht niederging. Hören konnten sie alle schon längst nicht mehr... Und deshalb erlebten sie, was gegen Mitternacht geschah, in einer Welt völligen Schweigens – ohne unterscheiden zu können, ob ihre Ohren sie betrogen oder ob das Brausen in ihren Köpfen tatsächlich jene Stille bedeutete, mit der für sie alles wahrnehmbar wurde. Das Nachtdunkel ihnen zu Häupten teilte sich mit einemmal – anders habe man es zu Anfang nicht nennen können. Eine zitternde, in sich selbst flimmernde Helligkeit, die man nichts, nicht einmal einem Nordlicht habe vergleichen können, erschien, aber je länger sie verweilte, um so deutlicher wurde es, daß sie allmählich eine feste Gestalt annahm – bis, wenige Minuten, nachdem die Nacht sich zum ersten Male geteilt hatte, die ganze Erscheinung vollendet war. Und da erhob sich zwischen Erde und Himmel, so weit ein Menschenauge zu sehen vermochte, ein gewaltiger Engel...

Es war keiner von dem Geschlecht, wie er auf Postkarten und in Gips dargestellt wird. Er war furchtbar, von unaussprechlicher Majestät – wie Gott selbst, sei ihnen vorgekommen, ja, anders könne man es nicht sagen, und sie hätten, je länger er verweilte, desto weniger vermocht, ihn anzuschauen. Bevor er ihre Augen blendete, hätten sie aber noch deutlich gesehen, daß seine ausgestreckte Hand ein riesiges Kreuz hielt – nach der Heimat hinter ihnen weisend. Es sei falsch zu sagen, daß sie staunend zu ihm aufgeblickt hätten, wie sie da in ihren Gräbern und Löchern gekauert wären. Kein Wort reiche an das heran, was in diesen Augenblicken ihr Leben ausgemacht habe – so etwas wie ein Überwältigtsein, wie der Zustand, in dem die Menschheit sich am Jüngsten Tage aus ihren Gräbern erheben

müsse – unausdenkbar und unaussprechlich, weil wir noch nicht die Sprache jener übersinnlichen Gesichte redeten.
Wie lange die Erscheinung gewährt, habe keiner von ihnen, die zu Hunderten dasselbe erlebt hätten, zu sagen vermocht. Mitternacht war längst vorüber, als sie verschwand und der ganze Frontabschnitt der Stille inne wurde, die mittlerweile eingetreten war. Das Feuer habe allerseits geschwiegen, und ohne über das Geschehene nachzudenken, seien sie in Schlaf gesunken, bis die Essensträger von hinten gekommen seien, die einstimmig bekundet hätte, heute sei ein Spaziergang gewesen, was sonst einem Fegefeuer geglichen habe. An der ganzen Front sei, nachdem der Engel zwischen den Feinden erschienen sei, kein einziger Schuß mehr gefallen, und die Schanzarbeiten hätten eilends verstärkt werden können, um einen neuen, späteren Angriff abzufangen, der dann schon am fünfundzwanzigsten und sechsundzwanzigsten Dezember hier bei Taipale und am siebenundzwanzigsten, mit unvorstellbarer Wucht, ein wenig weiter westlich gegen Keljä gekommen sei. Der Engel jedoch habe ihnen den Aufschub geschenkt, ohne den keiner bei Taipale die Weihnachtsnacht überlebt hätte...
Sanavuori hatte die Erzählung Jänttinens stumm mitangehört, und als er gegen den Schluß zu mit einem versonnenen Lächeln dasaß, das nicht von seinem Gesicht wich, als Jänttinen schon fertig war, fragte ihn jemand von uns, ob er nicht...

»Doch, doch, ja«, versicherte er eifrig, ohne den anderen seinen Zweifel aussprechen zu lassen, er habe etwas ganz Ähnliches gesehen, vielleicht dasselbe. Seine Kompagnie habe etwas weiter westlich von hier gegen Keljä zu gelegen, und dort sei um die gleiche Zeit eben diese Erscheinung wahrgenommen worden. Freilich hätten sie in ihrer Gruppe, als wenig später der Mond im Nordosten aufgegangen sei, sich das Wunderbare so erklärt, daß das Licht des Mondes, noch bevor der selbst sichtbar geworden sei, eine ungewöhnlich seltene Luftspiegelung mit den Schneekristallen erzeugt habe, von denen die Luft – nicht zuletzt durch die Detonationen der Granaten – voll gewesen sei. An der Erscheinung selbst habe niemand zweifeln können, ganze Kompagnien hätten sie gesehen...
Sanavuori, meinte Jänttinen mit einem bedächtigen, freundlichen Lächeln, glaube eben lieber an den Mond als an Gott.
Der Zweifler nickte vor sich hin. Und als Jänttinen als erster von uns aufstand und sich in der Runde umblickte, halb alles wiedererkennend und halb verwundert, ob dieses nun wirklich der Ort sei, der für sein Leben schon längst in eine andere, unsichtbare Landschaft voller Kreuzwege erhoben worden war, neigten wir andern eher seiner Erfahrung als der Deutung Sanavuoris zu. Denn so wie in der Zone unbewußter Natur erst das menschliche Leid Geschichte wirkt und hier in den stummen, namenlosen Wäldern unsäglich gestritten und gelitten werden mußte, bis der Sinn und der

Ruhm dieser Schlachtfelder den Erdball umspannen konnten, so mußte wohl das Übernatürliche, das Himmlische gerade in dieser Zone menschlichen Handelns und Leidens Gestalt gewinnen, der Engel sichtbar werden in der Weihnachtsnacht und alles zum Schweigen bringen mit dem Kreuz, das uns so tief niederbeugt und zugleich so unendlich erhöht.

Edzard Schaper

F.V. wurde am 7.3.1906 in der Nähe von Heilbronn als ältester von vier Geschwistern geboren. Nach glücklichen Kinderjahren auf dem Lande wäre er am liebsten Bildhauer geworden, machte jedoch eine Lehre als Metallgraveur in einer Heilbronner Fabrik. Nach Beendigung der Lehrzeit zog es ihn in die Welt. Später bildete er sich in Abendkursen zum Goldschmiedemeister und wagte den Schritt in die Selbständigkeit, die zuerst viele Entbehrungen mit sich brachte. Im Krieg war er in Frankreich, Finnland und Rußland. Daß er nie auf Menschen schießen mußte, aber viel helfen konnte, empfand er als Gnade. Für russische Gefangene, die er zu bewachen hatte, wagte er sein Leben. Bei Kriegsende geriet er in der Tschechoslowakei in Gefangenschaft, die Lagertore wurden aber bald geöffnet, die Masse war verwirrt und kopflos. Da sah er eine Gestalt »in einem hären Gewand«, die sich nach ihm umsah und dann ruhig in eine Richtung ging. Er wußte, er müsse dieser Gestalt folgen. So kam die große Zahl der Ratlosen in Bewegung und fand den Weg in die Heimat.[144]

Otto Palmer, der 1981 verstorbene Priester der Christengemeinschaft, berichtete in der Zeitschrift »Die Christengemeinschaft« 1946 folgendes Erlebnis, bei dem Christus als geheimnisvoller Helfer in den Nöten des Zweiten Weltkriegs erlebt wurde. Jene ältere Dame, Witwe eines Offiziers, führte zusammen mit ihrem Hausmädchen ein sehr zurückgezogenes Leben. »Eines Abends entschließen sich die beiden ausnahmsweise zu einem Kinobesuch. Kaum aber haben sie ein Stück Weges zurückgelegt, als die Alarmsirene, die seit Wochen geschwiegen hat, zu ungewöhnlich früher Stunde ertönt. Sie suchen in dem nächstgelegenen Hause Schutz, das zu einer Gruppe von Villen gehört und etwas abseits in einem Garten steht. Bald ist der Keller teils mit Hausbewohnern, teils mit Passanten gefüllt. Kurz darauf eröffnet die Fliegerabwehr ein starkes, beinahe pausenloses Feuer. Eine Stunde lang hört man nichts als die schütternden, dumpfen und dazwischen die scharfen, helleren Schüsse. Auf einmal aber ist es denen im Keller, als hörten sie ein lautes Motorendröhnen, und ehe sie sich bewußt werden, daß ein Flugzeug sich in ungewöhnlicher Tiefe gerade über dem Hause befinden müsse, läßt ein eigentümlich ziehendes und danach donnerartiges Geräusch sie zusammenfahren.

In diesem Augenblick tritt ein Mann zu den beiden Frauen, die sich in einem Winkel des Kellers aufhalten. Er gehört weder zu der halblaut redenden Gruppe einander wohlvertrauter Hausbewohner, noch zu den zufällig hereingeschneiten Passanten. Es ist nicht einzusehen, woher er gekommen sein mag, denn es scheint unmöglich, daß er soeben von der lärmdurchtosten dunklen Straße in den Keller herabgestiegen ist; konnte doch seit Beginn des Abwehrfeuers niemand mehr durch die Tür hereinkommen. Die Frauen vermochten auch später nicht anzugeben, wie er ausgesehen hatte, obwohl sie sich erinnerten, er sei wohl etwa vierzig Jahre alt gewesen.

Der Mann nähert sich mit ruhiger Bestimmtheit den beiden und spricht: ›Hier sind Sie nicht mehr sicher; kommen Sie, ich bringe Sie fort.‹ Damit ergreift er die Hand der Frau, die sich ihm ohne zu denken fügt, zieht sie leicht von ihrem Sitz empor und entfernt sich mit ihr aus dem Raume, während das Hausmädchen vertrauensvoll folgt. Die drei beginnen eine seltsame Wanderung; es ist den Frauen, als schwebten sie mehr als daß sie gingen; ihr schweigsamer Führer geleitet sie bedachtsam, aber flink durch halbdunkle enge Gänge, deren Ausdehnung sie nicht abzuschätzen vermögen. Mehrmals biegen sie um Ecken, mehrmals erklimmen sie Stufen oder steigen solche hinab. Die Wanderung scheint kein Ende zu finden und die Frauen, soweit sie in dieser seltsamen Lage überhaupt einer Überlegung fähig sind, wundern sich halb unbewußt, durch wel-

ches unterirdische Labyrinth sie der fremde Mann wohl führt. Denn es scheint weniger eine Flucht von gewöhnlichen Kellergewölben zu sein, die sie durchschreiten, als vielmehr eine kaum noch wirklich zu nennende Folge dämmernder, fast körperloser, schattenhafter Räume, bald eng zusammenlaufend, bald endlos sich weitend und ins Ungewisse sich verlierend. Zuweilen scheint es ihnen, als schritten sie mitten durch Mauern, die sich vor ihnen plötzlich auftun. Jedoch sind sie beide so benommen, daß sie nicht imstande sind, sich unbefangen umzuschauen und so vielleicht das Unwahrscheinliche mit kühlem, genauem Blick bannend zu meistern. Ebensowenig aber kommt ihnen auch der Gedanke, das Vertrauen, das sie in den Fremden gesetzt haben, aufzugeben.
Endlich, nach Ersteigen einer steilen Treppe, finden sie sich unter freiem Himmel, und als sie wie Erwachende sich umsehen, gewahren sie, daß sie auf ihrer merkwürdigen Wanderung um einiges von dem Hause abgekommen sind, in dem sie eine Stunde zuvor Schutz gesucht. ›Sie gehen am besten sofort nach Hause‹, sagt der Fremde ernst und dringlich. Im gleichen Augenblick hören sie das Entwarnungszeichen, und nun erst wird ihnen bewußt, daß der Lärm der Geschütze inzwischen verstummt ist. Aufatmend wenden sie sich nach ihrem Beschützer um. Aber der Erdboden scheint ihn verschluckt zu haben. Halb betäubt von dem soeben Erlebten, gehorchen sie der Mahnung des Fremden und wenden sich heimwärts, nicht fähig, aus aller-

lei Anzeichen eiliger Geschäftigkeit, denen sie auf dem kurzen Wege begegnen – schnell fahrenden, Signale gebenden Wagen der Feuerschutzpolizei und einer im Sturmschritt anrückenden Abteilung Soldaten –, sowie aus einer eigentümlich glostenden Helligkeit ihre Schlüsse zu ziehen. Kaum daß sie daheim angelangt sind, legen sie sich schlafen.

Da sie unweit der Villa wohnen, in deren Keller sie Zuflucht gesucht, erfahren sie am nächsten Morgen durch Nachbarn, daß dort neben Brandbomben auch eine schwere Sprengbombe niedergegangen ist. Die im Keller Befindlichen sind durch die Trümmer der einstürzenden Villenwände verschüttet worden, und zwar muß die schreckliche Last nicht sogleich niedergebrochen sein, sondern erst eine oder zwei Minuten nach dem Fall der Bombe.

Einige Tag später, als die Verschütteten als Tote oder Schwerverletzte geborgen sind, versuchen die Frauen, in der Nachbarschaft Aufschluß über den Fremden zu erhalten, der sich in jener Nacht mehr wie ein Engel denn wie ein Sterblicher um sie bemüht hat. Aber niemand weiß etwas über ihn zu sagen, und als sie versuchen, ihren seltsamen Weg unter der Erde zu schildern, begegnen sie überall ungläubigem Kopfschütteln.«

Der dänische Schriftsteller Hans Heltoft schrieb in der Chronik der Kopenhagener Zeitung »Morgenbladet« über sein Erlebnis in einem deutschen

Gestapogefängnis. Wir folgen der Wiedergabe dieses Berichtes in der religiösen Flugblattreihe »Gib Acht« Nr. 5 vom 15. August 1946.
In einem modrigen Keller sind 500 Gefangene aller Nationalitäten mit Mattenflechten beschäftigt. Ein Aufseher tritt ein und prügelt einen Russen aus einem nichtigen Anlaß zu Tode, schlägt immer weiter auf den leblosen, blutigen Klumpen ein. »Jeden Schlag spürten wir Gefangenen an unserem eigenen Körper... ›Es ist genug‹, rief ein polnischer Gefangener außer sich. ›Es ist genug‹, wiederholten wir alle mit dumpfer Stimme... In demselben Augenblick trat Jesus in den Keller. Ich gehöre der Kirche nicht an und hatte Jesus nie zuvor gesehen. Und doch kannte ich ihn und merkte auch, daß auch die anderen ihn erkannten... Sein ganzer Eindruck ging einfach über unsere gewohnte Begriffswelt hinaus. Das einzige, was mir heute klar ist, ist das, daß dieser Jesus ein Etwas war, das ich nicht beschreiben kann, und doch zugleich ein gewöhnlicher Mensch. Und trotzdem ich außerhalb der Kirche stehe, muß ich sagen: ›Es war das Allergrößte, was wir je erlebt hatten und je erleben können.‹ Und nun geschah gleichzeitig mit dem Eintreten Jesu folgendes: Der modrige Kellerraum wurde ganz verwandelt ... über den Keller legte sich ein Farbenton von Hellrot und Blau, und dazu breitete sich eine Sphäre aus, die einem das Gefühl des Friedens gab ... Der Raum bis zur Decke schien mir so groß zu sein, daß man eine ganze Scheune hätte hineinbauen können...

Jesus sah uns nicht an ... er betrachtete nur den zerschlagenen Menschen zu seinen Füßen. Sein Gesicht strahlte eine Liebe aus, die nicht mit Worten ausgedrückt werden kann... Er beugte sich über den Russen und küßte ihm sanft die blutige, angeschwollene Wange.
Der Mann, den wir für tot gehalten hatten, öffnete das eine Auge. Das andere war vom Blute zugeklebt. Als er Jesus erblickte, leuchtete sein mißhandeltes Gesicht in kindlicher Freude auf. Mit großer Mühe streckte er die eine Hand Jesus entgegen. Jesus nahm sie in seine beiden Hände, indem er sich ein wenig vorbeugte. Es war so unbeschreiblich schön, daß wir anderen unwillkürlich mit einem stillen Lächeln dastanden – auch der Aufseher.
Da sank der Russe zusammen, und der unsagbare schöne Ausdruck, der über der ganzen schimpfierten Gestalt gelegen hatte, verschwand. Jesus legte sanft die Hand des Russen an den Körper zurück und ging aus dem Keller. – Sofort war alles wieder wie zuvor.«

FLORIS B. BAKELS, ein holländischer Rechtsanwalt, berichtet in seinem Buch »Nacht und Nebel« von seinen erschütternden Erlebnissen in acht deutschen Gefängnissen, Lagern und Konzentrationslagern in der Zeit vom April 1942 bis zum Mai 1945. Nach seiner Verhaftung hatte er beim Abtransport folgendes Erlebnis: »Ein Licht funkelt, dort über Pijnacker, über dem fernen Kirchturm, ein breiter silberner Lichtstrahl, der

Turm wird angestrahlt. Da ist auch eine Schale, eine breite, hell erleuchtete Schale; darin befinde ich mich. Eine Hand erscheint aus dem Nichts und hebt mich empor – heraus aus dem Leben, dorthin, wo nur Schweigen und Licht herrschen. Und ich vernehme: ›Fürchte dich nicht. Ich bin es.‹«

Die weiteren Geschehnisse führen immer wieder an den äußersten Rand seiner Existenz, an den Rand des Todes:

»Im Angesicht des Todes, von Dämonen umringt, von der Außenwelt hermetisch isoliert, von Frau, Kindern, Familie und Freunden getrennt, fühlt man sich anfangs ›von Gott verlassen‹ – ein Schrei, den selbst Jesus am Kreuz ausgestoßen hat –, bis das Wunder von Gottes großartiger Anwesenheit geschieht, so wie es mir geschah, als ich eine Vision hatte, bei Pijnacker auf dem Weg zu einer drei Jahre dauernden Qual. Gerade im Reich des Satans war die Möglichkeit einer göttlichen Offenbarung am größten. Alle Bedingungen waren in vollkommener Weise erfüllt. Ich schreibe dies nach einigem Zögern nieder, mit einem Fragezeichen: Wurden die Bedingungen in den deutschen Gefängnissen und Lagern vielleicht deshalb so vollkommen erfüllt, um der göttlichen Offenbarung erneut eine große Chance zu geben? War unsere Gefangenschaft dann vielleicht kein satanisches, sondern gerade ein göttliches Werk? Ich fühle mich nicht kompetent genug, darauf eine Antwort zu geben. Ich würde sagen: Es war beides gleichzeitig. Und der Leser sollte mich jetzt

nicht fragen, wie das vor sich gehen sollte. Und auch später nicht einen andern. Denn für die Menschen wird hier ein Begreifen unmöglich…
Zu Mittag verzog sich der Nebel, und wir rückten wieder aus. Ich hatte am ganzen Körper Wunden. Ich wurde zu einer Lore eingeteilt. ›Ihr sollt die Lore laden! Aber schnell!‹ hatte Ernst gebrüllt. Wie alle anderen, so war auch ich so schnell wie möglich zu dem Werkzeughaufen gestolpert, um eine kleine Schaufel auszusuchen, nur keine von den großen, neuen! Mit ein paar anderen belud ich die Lore mit kleineren Granitbrocken. Mein Rücken begann zu brennen, meine Arme wurden lahm, meine Knie zitterten, nur kurz ausruhen – da spürte ich, wie mir die Schaufel entrissen wurde, und ich roch Schweiß und Parfüm. Das Ungeheuer Jager stand neben mir, die Rosinen auf mich gerichtet. ›Du kommst mit.‹ Aus dem Werkzeughaufen holte er eine neue, schöne Schaufel, eine große. Wir gingen zurück. Dann ganz leise, fast höflich: ›Und jetzt lerne ich dir arbeiten.‹ Die volle Schaufel war mit den verfluchten Steinen fast nicht vom Boden zu heben. Fünf Mal ging es gut. Dann fiel vom Rand der Lore die Hälfte der Steine herunter. Und sofort danach wurde ich in meinen Lenden entzweigeschlagen. Und noch einmal. Und noch einmal.
Danach entfernte sich Jager, stark schwitzend, mit unheilvollem Versprechen für den kommenden Tag.
Am nächsten Tag hatte ich Todesangst. Als wir zum Steinbruch hinaufstiegen, hörte ich: ›Und fürchtet

euch nicht vor denen, die den Leib töten und die Seele nicht töten können.‹ Und ich hörte: ›Warum hast du Angst? Glaubst du denn nicht?‹ Ich aber glaubte, ›fertiggemacht‹ werden zu sollen. Gott wollte mich wohl darauf vorbereiten.

Ernst hielt mich für einen Staatsanwalt, seinen Erzfeind. Er konnte einen Staatsanwalt nicht von einem Rechtsanwalt unterscheiden. Ich machte mich an die Arbeit. Ich sah ihn aus der Ferne herüberspähen. Er hatte mich nicht vergessen. Er kam auf mich zu. Mit ihm näherte sich Jesus Christus. Ein Gedanke stieg in mir auf: ›Was kann mir dieser Mann antun? Was kann er gegen Gott, seinen Schöpfer ausrichten? Dies ist ein Menschenkind, wie ich, aber vom Teufel besessen. Dieser Mann vermag nichts, wenn Gott ihm keine Macht verleiht. Ich brauche mich nicht vor ihm zu fürchten. Ich muß für seine Befreiung beten.‹

Ich legte die Arbeit nieder und wartete ab. Viele Steinbrucharbeiter legten ebenfalls die Arbeit nieder und sahen herüber.

Jager stellte sich vor mich hin und brüllte etwas, wahrscheinlich: ›Du sollst die Lore laden, Mensch!‹ Ich weiß nicht mehr genau, was ich zu ihm gesagt habe. Ungefähr dies: ›Es ist nicht recht, daß du mich wie einen Feind behandelst. Wir sitzen alle in einem Boot und müssen einander helfen. Du siehst, daß ich diese Arbeit nicht mehr bewältigen kann. Du bist nicht auf der Welt, um mich zu schlagen, sondern um mir zu helfen.‹

Das war der Anfang einer Diskussion, die eine Stunde

dauerte. Jager legte eine fast tierische Stumpfsinnigkeit an den Tag. Unter anderem frage er mich, was das Wort Freund bedeutete; was verstand man darunter?
Nach Verlauf dieser Stunde – reichten wir uns die Hand. Ernst wischte sich Stirn und Nacken ab – es war glühend heiß – und ging weg. Von da an ließ er mich in Ruhe.
Wer dies als Beweis übermenschlicher Tapferkeit anführt, den muß ich aus diesem Traum reißen. Es ist keine falsche Bescheidenheit, wenn ich sage, wie es ist: Dies ist ein deutliches Beispiel der Macht, die Gott einem Menschen in Not, der an Ihn glaubt und Ihn um Hilfe bittet, verleiht. Die Engel hatten mich umstanden...
Während des Gottesdienstes behielten wir den Posten an der Tür im Auge, und dieser seinerseits beobachtete den Posten am Eingang. Es kamen auch besonders grobschlächtige Häftlinge zu den Versammlungen, auch bösartige. Auch Ungläubige schlossen sich nicht aus. Und Kommunisten waren ebenfalls unter uns.
Während der sonntäglichen Zusammenkünfte in Natzweiler wurde ein anhaltender Strom von Kraft spürbar. Die Kraft strömte von außen in uns ein, und die uns erfüllende Stärke verband uns, als ob wir einander an der Hand hielten; im Kreis übertrug sie sich von Mann zu Mann, von einem zum anderen. Denn Christus war in unserer Mitte.
Nach dem Gottesdienst gingen wir nicht sofort auseinander; einer nach dem anderen oder auch zwei verließen uns, um nicht aufzufallen. Die aufgestellten Posten

gingen ihres Weges. Draußen im Schnee sahen wir die Welt mit anderen Augen. Wir waren sehr glücklich und fühlten uns ganz geborgen...

›Der krepiert‹, sagt er. Es ist, sehe ich, der Lagerkapo. Er geht weiter. ›Faß ihn auch unter dem Arm‹, höre ich Con sagen, ›er ist zusammengebrochen. He, Mensch, Floris, wach bleiben, bist du verrückt, hier einfach einzuschlafen, Zähne zusammenbeißen, komm!‹ Sie heben mich auf, die ersten gehen schon in den Badesaal. Durch die Tür fällt Licht.

Ich hänge an zwei Freunden, meine Arme um ihren Hals, nackt, ausgestreckt.

Ein anderes nacktes Wesen, die Arme ausgestreckt, sehe ich mir gegenüber hängen. Es blickt mich an.

Wir gehen. Die Scheinwerfer sind wieder eingeschaltet. Ja, ja, wir gehen, wir kommen schon, nur ruhig, es gibt uns noch...

Erst Jahrzehnte später habe ich erfahren, wie meine Rettung sich zugetragen hat.

Nach der Desinfektion, als wir naß nach draußen in die Eiseskälte gejagt wurden, war Con bei mir und stützte mich. Infolge eines Hundebisses hatte sich sein Knöchel so entzündet, daß er ›eigentlich‹ nicht gehen konnte. Ich sackte auf einmal zusammen und glitt aus seinen Armen. Er nahm mich auf seine Schultern und trug mich alle spiegelglatten Granitstufen bis zu unserem Block hinauf, vorbei an Leichen von Mithäftlingen. Con meinte, daß er damit auch sein eigenes Leben gerettet habe: Die große Wärme, die er bei dieser Kletterpartie entwickelte, habe ihn wahrscheinlich vor dem Erfrieren bewahrt...

Die Waffe war das Gebet, das feurige Anflehen Gottes. Mit einer auch jetzt noch großen Traurigkeit muß ich gestehen: Es half nicht immer sofort. Gott war scheinbar verschwunden. Das Licht schien erloschen zu sein – eine Halluzination. Dann gab es ein System grober Hilfsmittel; man begann bei dem einfachen, primitiven Gedanken: Sie kriegen mich nicht klein. Bin ich deshalb sechsundzwanzig, siebenundzwanzig, achtundzwanzig Jahre alt geworden, von meiner Familie umsorgt, von aller Fürsorge umgeben worden, in allen Charaktereigenschaften geschult? Habe ich dafür die liebste Frau der ganzen Welt geheiratet? Habe ich mich dafür zu dem entwickelt, was ich jetzt bin? Nur noch eines blieb übrig: Zähne zusammenbeißen, das Gefühl der Selbstachtung wahren, die Reste der Zivilisation verteidigen, stehenbleiben und abwarten. Und wenn der Glaube nichts ist ohne die Werke, dann mit den Werken beginnen, jetzt, wo der Glaube verlorengegangen war. Versuche, etwas daraus zu machen. Schau die Tausenden von Unglücklichen an! Kümmere dich um deine Freunde! Laß dich nicht unterkriegen! Hilf dir selbst. Gott kehrt zurück. Er kommt deinem Unglauben zu Hilfe. Dann – es konnte kurz oder lang dauern – kam Gott zurück. Gott kehrte in einem solch blendenden Licht zurück, so großartig, daß ich nur noch wortlos, fassungslos anbeten konnte. Fast kein Mensch mehr, oder ein Mensch, zu Boden gefallen, hingestreckt, eben wie eine Wasserfläche und ganz dem Himmel zugekehrt, vom Licht beschienen. Dann fiel alles ab. Meine Leidensgeschichte und alle Zeit und alle Menschen, alles, was mich umgab und auch das mich umfangende Reich der Dämonen. Sogar die eigene Persönlichkeit schien – fortgefallen. Ich – wenn es überhaupt noch ein Ich gab – war durch eine Öffnung in eine andere Welt eingegangen, und dort war alles nur noch von einem Glücksgefühl erfüllt bis in die tiefste Tiefe, bis in die höchste Höhe – alles, überall, immer. Das war der absolute Frieden in Gott.«

2. Schwere Schicksale

Was nie mehr vergeht

Ein Erlebnis vor vielen Jahren war die ganze Nacht anwesend. Ich war damals zu Tode betrübt. Ich wußte nicht, wie ich leben sollte. Alles, was ich machte, schien falsch zu sein gegen andere Menschen. Ich bewirke nur Schaden, habe ich gedacht.
In diese totale Finsternis und Aufgegebenheit kam zu mir ein strahlendes Wesen. Es war wie von Goldlicht gemalt. Der Raum, wo ich war, war mit Licht und Klang erfüllt. Ich hörte eine Stimme und die Worte: »Ich bin«, immer wieder. Ich war mit Wärme und Licht erfüllt.
Seit diesem Tag habe ich keine Unschlüssigkeit.

Eine Schwedin, 1988 niedergeschrieben[145]

Er stand neben mir

Ostergottesdienst unter Tage, in einem Kohlenschacht von Workuta am russischen Eismeer, wohl 30 Jahre her, hinter dem Stacheldraht des Gulag. Ein Querschlag zwischen zwei Flözen war unsere Kirche. Wie kleine gelbe Punkte brannten die Grubenlichter an den Kumpelhelmen vor einer Ikone, die ein litauischer Häftling gemalt hatte. Düster und kalt war es in diesem Gebetssaal in gut 8 Meter Tiefe. Es roch nach Moder, Methangas, nassen Klamotten, Urin, ausgemergelt schweißtriefenden Häftlingsleibern, nach verwesenden Streckenbalken.
Doch es war Osternacht, und in mir war es hell. Um mich standen Kameraden und Genossen einer Leidensarmee, fast lauter Bauernköpfe. Plötzlich kam von hinten ein Mann und stellte sich neben mich. Ich wandte mich nicht um zu ihm, und doch hatte ich das Gefühl: Dieser Mann ist Christus, der Auferstandene. Schrekken und Neugierde bemächtigten sich meiner, Seele und Körper überflutende Freude. Ich blickte auf meinen Nachbarn. Er hatte ein Gesicht wie alle anderen, die Augen ein wenig nach oben gerichtet, aufmerksam und still, aufmunternd lächelnd. Auch mich streifte sein Lächeln. Die Lippen geschlossen, aber nicht zusammengepreßt. Die Hände gefaltet. Und gekleidet war er so wie alle anderen Grubenarbeiter.
Wie kann denn der Christus sein, überlegte ich. Ein so ganz und gar einfacher Mensch? Unmöglich. Ich

wandte mich ab. Aber kaum hatte ich seinem strahlenden Hungergesicht die Seite zugekehrt, als mich sofort wieder das Gefühl überkam, Christus und kein anderer stände neben mir. Abermals gab ich dem inneren Zwange nach, ihn anzusehen, und erneut erblickte ich sein Gesicht, das allen Gefangenen ähnelte, dieselben traurigen Züge. Züge eines Bekannten und doch Unbekannten. Als ich mich nach einem Vaterunser in 100 Sprachen erneut umwandte, war er verschwunden, der fremde stumme Kumpel. Ich suchte ihn noch lange, draußen in den Baracken, in der Kantine, im Umkleideraum, unter den Duschen, beim Zählappell und vor dem Lagertor. Doch ich habe ihn nie wiedergesehen. Er war verschwunden.

Seit jener Grubennacht weiß ich, daß der Glaube weltliche Gestalt annimmt. Am Ostertag begegnet uns Christus, nicht nur in anderen Menschen. Der Gekreuzigte und Auferstandene wandelt unter uns. Ich kann es bezeugen.

Wolfgang Strauss

Das geschilderte Ereignis fand Ende 1951 in Workuta statt, im Schacht Nummer eins, genannt »Kapitalnaja«. Der Verfasser war als politischer Häftling im nördlichsten Anthrazit-Revier der Sowjetunion, etwa 100 Kilometer südlich des Eismeeres und etwa 120 Kilometer westlich der Nordausläufer des Urals, also noch im europäischen Teil, in der Tundra-Zone. (Anthrazit bedeutet hochwertige Steinkohle.) [146]

Rat in größter Not

»Es lebte in Finnland ein Kaufmann, den sein Geschäft durch eine Kette von Mißerfolgen an den Rand des finanziellen Ruins gebracht hatte. Er war über seine Situation derart verzweifelt, daß er meinte, nicht weiterleben zu können. Er hatte beschlossen, von seinem Wohnsitz außerhalb der Stadt noch einmal nach Helsinki hineinzufahren, um alles vorzubereiten für die Anmeldung des Konkurses; dann wollte er seinem Leben ein Ende machen.

Im überfüllten Abteil des Vorortzuges bemerkte er bald den Blick des ihm gegenübersitzenden Reisenden, der aufmerksam eindringlich auf ihn gerichtet war. Und nach einiger Zeit sprach der Mitreisende ihn an: Sie haben, wie ich sehe, schwere Sorgen. Nun ja, so wie es mit Ihrem Geschäft steht, ist das auch berechtigt. Aber Sie dürfen nicht verzweifeln. Fassen Sie nur Mut! Bringen Sie jetzt Ihre Angelegenheiten in Ordnung; gehen Sie dann hin, und melden Sie die Liquidation an. Verkaufen Sie Ihren Bestand, befriedigen Sie die Gläubiger – und Sie werden sehen: es bleibt Ihnen eine Summe übrig; damit können Sie ein neues Geschäft beginnen. Fangen Sie es nur getrost an! Es wird alles gut auslaufen.

Der Kaufmann war so erstaunt über diesen Zuspruch, daß er nichts zu entgegnen wußte. Da hielt schon der Zug im Hauptbahnhof, alles brach auf. Er wollte noch dem freundlichen Mitreisenden danken; doch im Ge-

wühl der Menschen war dieser verschwunden und nicht mehr aufzufinden. – Er ging innerlich beschwingt den Weg zu seinem Büro. Er verkaufte, zahlte die Gläubiger aus … und tatsächlich, die gewisse Summe blieb übrig. Ans Sterben dachte er nicht mehr. Das neu angefangene Geschäft florierte bald.
Jahre später reiste der finnische Kaufmann in die Schweiz. Er kam dort nach Dornach bei Basel, lernte das von Rudolf Steiner erbaute Goetheanum kennen und sah darin die große Holzplastik, die Christus als ›Menschheitsrepräsentanten‹ darstellt.
In dem Moment, da sein Blick auf diese Statue fiel, wußte er blitzartig: Den kenne ich doch! Dies Antlitz ist mir vertraut. Woher? – Es ist der, der mir damals im Vorortzug gegenübersaß!
Solche und ähnliche Begegnungen sind in großer Zahl vorgekommen, in Schützengräben, in den Kellern der Städte während der Bombennächte, in Lazaretten und Krankenhäusern, überall, wo Menschen in lebensgefährlichen Situationen waren; aber auch in Kirchen, wo Betende vor den Altären verdichtete Lebensaugenblicke erfahren haben.« [147]

Karwoche 1978 E. S. stammt aus einem kleinen Dorf bei Weinsberg in Württemberg. Zeit seines Lebens blieb ihm die Möglichkeit zum schwäbischen Dialekt. So war er in seiner Gemeinde ein volkstümlicher Pfarrer. Nach der Schulzeit studierte er Jurisprudenz und promovierte in dem Fach. Gedankenklarheit und Wortkraft waren ihm nach dem Studium für sein ganzes Leben gegeben. Im November 1926 wurde er durch Friedrich Rittelmeyer in Nürnberg zum Priester geweiht. Über ein halbes Jahrhundert erfüllte er in selbstloser und vorbildlicher Weise seinen Auftrag. Als sich das Leben neigte, mußte er das Pflegeheim Haus Morgenstern aufsuchen. Als der letzte Palmsonntag seines Sterbejahres nahte, verabredete er zusammen mit seiner ebenfalls dort befindlichen Frau den Empfang der Krankenkommunion. Die betreuende Priesterin schuf für kurze Zeit die Atmosphäre des Altares in dem Krankenzimmer und spendete in der kleinen Feier Leib und Blut des Herrn. Als sie schon einen Tag später in der Heiligen Karwoche am Karmontag erneut zu Besuch kam, empfing er die Priesterin mit strahlenden Augen und erhobenen Händen und sagte: »Ich habe den Christus geschaut«.

Dem Leidenden und Gebrechlichen war der Herr des Lebens offenbar geworden. Sein ganzes Wesen veränderte sich noch, obwohl er in einem Alter war, in dem sonst kaum noch Wandlungen möglich sind. In der Nacht vor seinem Geburtstag, ebenfalls im Sterbejahr, hatte er noch ein Erlebnis seines Engels. Er sagte: »Der Engel hat mir meinen zukünftigen Leib gezeigt.« So waren die letzten Monate und Wochen seines Erdenlebens überglänzt von der Christuserfahrung, der das Erlebnis des Engels folgte. Er starb am 14. Oktober 1978.[148]

Auszug und Übersetzung aus dem erwähnten schwedischen Buch von Gunnar Hillerdal / Berndt Gustavsson: »De såg och hörde Jesus« (»Sie sahen und hörten Jesus«). Verbum förlag 1973, übersetzt von Felix Nieriker:

Dokument 60. Ein jetzt pensionierter Mann, geboren 1901, erzählt von einer Christusvision, die er mit 22 Jahren hatte, das Jahr, in dem er das Abitur abgelegt hatte. Er war damals krank »in rheumatischem Fieber, möglicherweise nur in rheumatischen Schmerzen ...« Die Krankheit beeinflußte die Zukunftspläne. »Ich war niedergeschlagen und unsicher...« »Ich will mich nicht in ein Ausmalen der Ereignisse verlieren, sondern ganz korrekt wiedergeben, was passierte.
In einer Nacht sah ich Christus aus dem Dunkel hervorkommen, er war stark – vielleicht doch eher mild leuchtend, er neigte sich über mich und über das Bett. Es war keines der üblichen Christusbilder. Was mich am meisten gefangennahm, war die Macht der Augen, Macht und Milde zugleich. So zog sich das Bild sachte zurück ins Dunkel gegen die Wand-Seite und verschwand. Aber gerade in dieser Gebärde des Zurück-Gehens war ein starkes Flehen, was ich damals schon übersetzte: ›Suche mich‹. Die Stärke (Kraft) der Vision und die Identität mit Christus hat sich, möchte ich sagen, gezeigt durch die ungeheure Durchschlagskraft, die diese Vision in meinem Leben gehabt hat, welches in hohem Maße, sowohl theoretisch als auch praktisch, Christus-ausgerichtet verlief.

Man ziehe nicht daraus den Schluß, daß ich ein ›Heiliger‹ wäre. Weit entfernt. Aber was ich sagen will ist: obwohl ich theoretisch das Entstehen der Vision und ihrer Voraussetzungen verstehen könnte, fällt das alles weg, oder es begleitet nur die Tatsache, daß es Christus war, die Christus-Identität.«

Dokument 5. Eine Frau hat Schweres erlebt, das ihren ganzen Sinn erfüllt. Sie ist kirchlich-christlich und pflegt jeden Morgen zu beten: »Ich danke dir, Gott, daß Du mich die Nacht bewahrt hast.« Nun zum Dokument, ein Gehörs-Erlebnis.
»Während dieser Zeit hatte all das Elend, was geschehenn war, das Geistige verdrängt. Eines Morgens, gerade im Augenblick des Erwachens, fuhren die Worte durch mein Bewußtsein: Warum betest du nicht? Ich erschrak. Etwa wie ein Blitz den Raum durchschneidet, so drangen die Worte durch das Bewußtsein. Aber ich antwortete: Nein, ich kann nicht beten, jetzt, wo all das meinen Sinn erfüllt. Da hörte ich deutlich die Worte: Könnte nicht Ich all das durchdringen? Ich, der ich von den Toten auferstanden bin. Jedes Mal wenn das Licht durch das Dunkel bricht, auferstehe ich von neuem oder geschieht die Auferstehung von neuem.«

Dokument 51. Aus Dänemark schreibt eine Frau und erzählt folgendes. Sie hatte ihr erstes Kind verloren, war nun wieder schwanger, aber erkrankte schwer an Malaria, die sie sich bei einem Aufenthalt in Malaysia und Thailand zugezogen hatte. »Am Weihnachtsabend überfiel mich das Fieber wieder. Ich wurde ins Krankenhaus in die Geburtenabteilung gebracht, bekam schmerzstillende Mittel und wurde dann in ein Zimmer geführt, wo ich ganz allein war. Das Krankenhauspersonal peitschte mich mit der Aufforderung, ich solle keine Angst haben. Eine Schwester kam mit einem Teller roter Grütze, und ich aß sie – erstaunlich, daß ich das über mich brachte.

Nach der Operation wurde ich wieder in dasselbe Zimmer geführt. Der junge Arzt kam herein und sprach davon, daß unser Kind nicht leben könne. Es wurde schwarz, total finster. Außerhalb von Zeit und Raum. ›Tod‹. Ich weiß es nicht.

Aber plötzlich war Er da. Ich sah ihn kommen, aber wußte nicht, wer Er war. Er nahm mit seiner Linken meine rechte Hand und ich wurde von einer Freude erfüllt, die nicht mit Worten geschildert werden kann, fühlte Seligkeit und Frieden und Freude, Dankbarkeit. Keine Worte vermögen dies zu beschreiben. Zusammen gingen wir einen grün bekleideten Hang hinan.«

Die Frau verlor ihren Sohn. »Es war ein lieber Junge, lebte 18 Tage und ging dann hin zu seinem älteren Bruder.« Aber die Frau erinnert sich immer an den Hang, ihren »Hügel«.

»Dort gehe ich noch immer und für Augenblicke tue ich es mit dem Nachklang des seligen Friedens, der damals mein Herz zum Überfluß erfüllte. Ich sehne mich nach dem, der ihn mir gab und ich freue mich auf den

Tod, wenn es an der Zeit ist und die Stunde gekommen.«

Dokument 100. Aus Norwegen schreibt eine 60jährige Frau und erzählt, wie sie eines Abends in Ullevåls Spital Jesus gesehen hat. Es ereignete sich am Abend vor einer Operation. Die Frau, welche während vielen Jahren kränklich war, hatte sich seit langem mit dem Phänomen der Heilungen durch Glauben beschäftigt. Unter anderem hatte sie interessiert von der wiedererwachenden Anteilnahme gelesen für diese Frage innerhalb der anglikanischen Kirche. Sie hatte während Jahren auch auf anderem Wege versucht, ihren Gesundheitszustand zu verbessern, indem sie sich von sog. Reform-Kost ernährte. An dem Abend, von dem sie erzählt, stürzte für sie gleichsam die ganze Welt ein. Sie war nach einem Oberschenkelbruch ins Krankenhaus aufgenommen worden.
Die Frau liegt im Bett und hat schwere Schmerzen. Sie sagt, daß sie sich von Gott völlig verlassen fühlt. Da hört sie jemanden kommen, eine Gestalt, die näher kommt. »Er war in lange weiße Kleider gekleidet, aufrecht und majestätisch.« Er trägt über den Rücken einen tiefblauen Mantel, der bis zum Boden reicht, auf dem Haupte eine leuchtende Krone aus Gold. »Trotz der königlichen Haltung und der unerschütterlichen Autorität, die ihn prägte, strahlte er eine unendliche Barmherzigkeit aus...« Die Frau hört Jesus sprechen:

›Du hast heute hier viele Ärzte gesehen, und du weißt, daß einer von ihnen der Oberarzt genannt wird. Aber du sollst wissen, daß ICH (kräftiger Nachdruck) der Oberarzt bin in diesem Hause, und dies ist meine Besuchszeit. Wenn der Abend kommt, die Lichter gedämpft werden und der Lärm verstummt, gehe ich meine Runde, denn dann habe ich die Gelegenheit, zu den Herzen zu sprechen. Und zu dir sage ich: Dich dürstet es, mich hat es auch gedürstet; du fühlst dich gänzlich von Gott verlassen, so fühlte ich mich auch. Du hast das harte, kalte Metall durch Fleisch und Bein, das hatte auch ich.‹
Die Frau hatte beschrieben, daß man sie ins Streckbett gelegt hatte und ihr dabei einen Stahldraht unterhalb des Knies durch das Bein gebohrt hatte. So schließt das Erlebnis.»Mehr sagte er nicht, er kehrte um und war verschwunden. Aber ich fühlte eine so große Freude, daß ich hätte aus dem Bett springen mögen ... denn ich war ja nicht verwöhnt. Und ich sollte in meinem eigenen Körper etwas von dem spüren, was Er für uns alle getan hat. Vielleicht hätte ich«, so überlegt die Frau mit sich selbst, »an jenem Abend meinen Glauben verloren, wenn Christus nicht gekommen wäre.«

C. Fr. Moerk berichtet in seinem Büchlein: »Brevier eines Heimkehrers aus russischer Gefangenschaft« (Oehlschlägersche Buchdruckerei, Calw):

»Während einer solchen Stunde der Nacht, da ich mit todnahen Blicken zusehen mußte, wie rohe Hände mit hartem Griff einige der Stubenkameraden in die Grube schleppten, und mich fragte, wann wohl die Reihe an mich kommen würde, trat Einer an mein Bett. Eine grenzenlose Güte ging von ihm aus. Seine Größe und Reinheit spendeten wunderbares Leuchten. Meine Sinne wurden klarer, und plötzlich sah ich mitten durch alles Leben eine helle Spur gehen – das Leiden! Der Fremde sprach kein Wort. Ich aber hatte das Gefühl, als ob er seine milden, gütigen Hände um meine schwachen, zitternden legen würde und die Worte mir zuspreche: Es wird alles gut. Doch er hatte sein Schweigen nicht gebrochen. Aber seine Gegenwart gab mir die Gewißheit, daß Christus noch unendlich mehr sein konnte und wollte. An mir war es, ihm zu vertrauen, ganz und gar und für immer! Noch schwere Tage folgten. Aber der bekannte Unbekannte stand wieder da. Gewisser als die Ärzte in den weißen Mänteln war mir seine Gegenwart. Auch sein Gewand war weiß – völlige Reinheit. Keine Stunde, ja keinen Augenblick in diesen fiebervollen Nächten wich er von meiner Seite. Die Ärzte spritzten ... Er aber schenkte mir Frieden und Kraft! ... Noch manche Nacht schüttelte mich das Fieber. Aber immer stand der Gütige und Reine bei mir. Nur einmal wich er während dieser Zeit von meiner Seite – als er den Kameraden rechts von mir ›heimwärts‹ trug... Als das Bett neben mir leer war, wollte ich von dem Gütigen wissen, was er nun mit mir vorhabe. Er gab keine Antwort. Nur fester noch spürte ich den Druck seiner Hände, und weiter und größer wurde das Leuchten um ihn. Und ganz herznahe kam er mir. Da regte sich in mir unter seiner segnenden Gegenwart das Leben wieder ...«

Frau B., die viel Schweres durchzumachen hatte, berichtet: »Eines Tages, wir kamen aus unserem Gärtchen, meinte mein Herz: nun ist's genug. Ich mußte mich hinlegen. Ein Polizist rief die Feuerwehr, die brachte mich ins Krankenhaus. Der Befund: Stenokardie. Zuhause angelangt wußte ich, daß ich auf dem Sterbebett lag... Auf einmal hatte ich keine Herzschmerzen mehr, konnte wieder atmen, ein befreiendes, beseligendes Gefühl erfüllte mich......
Dann nahm ich ein geistiges Gebilde wahr, mich wie eine Kraftquelle berührend... Ich durfte weiterleben. Ein ganzes Jahr mußte ich aber noch das Bett hüten.« (14.3.1978)[149]

Erfahrungen eines Amerikaners im kolumbianischen Urwald, der einen Indianerstamm letztlich zum Christentum bekehrte.

Darauf wurde ich auf Befehl des Mannes von zwei Kriegern aufgenommen und in der Hütte, in der ich die Nacht verbracht hatte, niedergeworfen. Niemand kam hinter mir her. Ich lag auf dem Boden keuchend und in

Todesangst. Striemen zeigten sich auf meinen Armen und Beinen.
Ein Pfeil bohrte sich durch die Graswand der Hütte und blieb in der Wand auf der anderen Seite stecken. Es folgten mehrere andere Pfeile. Die Männer hatten die Hütte umzingelt und beschossen mich durch die Wand hindurch. Die Pfeile hatten nicht genügend Kraft, meine Haut zu verwunden, nachdem sie durch die Wand gedrungen waren, aber sie hatten Gewicht und ich bekam häßliche blaue Flecken und Blutblasen davon. Nach einer Viertelstunde fiel ich auf den Boden, die Hände über meinen Augen.
Der Mann, der die Peitsche benutzt hatte, kam an die Tür der Hütte und schrie mir zu. Ich war zu der Ansicht gekommen, daß er der Stammeshäuptling sei. Er hatte einen langen Pfeil auf seinem Bogen und sah irrsinnig aus. Ich krümmte mich auf dem Boden und flehte: »Bitte, tun Sie es nicht. Nein bitte – nicht tun.«
Er verschwand aus der Türöffnung. Eine lange Pause entstand und ich schöpfte neue Hoffnung. Dann hörte ich ein Sausen, und ein Pfeil traf mich so, daß ich ohnmächtig vor Schmerz wurde. Als die Pfeile immer weiter um mich schwirrten, wurden die Ereignisse immer unwirklicher. Es war mir wie in einem Film. Im Augenblick meiner größten Todesangst kam bei mir der Gedanke auf zu beten. »Gott«, sagte ich, »wie lange geht dies noch weiter!« Ich konnte mir vorstellen: eine Zukunft voller Marter, die Unmöglichkeit jemandem zu begegnen und den Tod.

Dann geschah etwas Fremdes. Es war als ob ich niedergeschlagen wurde. Ich sah Jesus am Kreuz. Ich fing an zu weinen. »Oh, Jesus«, sagte ich, erstaunt und bang, »das hast Du durchmachen müssen. Du mußt uns wohl gemein und durch und durch schlecht gefunden haben; wie ich die Indianer. Oh, wie sinnlos war unser Haß!« Ich blieb still liegen. »Gott, ich werde Ihnen geben, was ich geben kann. Ich gebe Ihnen meine Kraft, mein Leben. Ich werde alles ertragen, alle Schwierigkeiten. Ich bin bereit zum Sterben, wenn ich dadurch, durch deinen Sohn, den Indianern nahekommen kann.«
Vielleicht hatte ich früher schon mit den gleichen Worten gebetet. Aber dieses Mal, da ich den Tod nahen fühlte, meinte ich es aus tiefstem Herzen.
Noch einige Pfeile trafen mich, aber ich hatte nicht länger so große Angst davor. Einige Zeit darauf wurde der Stammeshäuptling von einigen älteren Männern gebändigt. Später hörte ich, daß er schwer betrunken war – ein Zustand, in dem er und seine Stammesgenossen sich oft befanden.
Ich zog meine Flöte hervor und fing an zu spielen. Ich hatte sie während der Nacht in der Hütte gelassen. Die leisen Töne gaben Trost und es war, als ob sie den heftigen Schmerz in meinen Armen und Beinen linderten. Und bald fing draußen ein Mensch an mit mir zu spielen.[150]

Drei Menschen stehen sich gegenüber: der alte Häftling – Harry – und John, durch dessen Aussage jener ins Gefängnis gekommen ist. In Gegenwart des Dritten, der hier auch davon berichtet, kommt es zu folgendem Gespräch:

Ich fragte John, ob die Anklage wahr sei.
»Ja, es ist wahr«, bekannte John.
»Warum hast du das getan, John?« fragte ich. »Du weißt, unser Ehrgefühl erlaubt es nicht, selbst einen Feind zu verraten, geschweige denn einen Freund. Ist es nicht so?«
»Ja«, kam die Antwort.
»Warum hast du das getan?«
»Siehst du«, verteidigte er sich, »ich war jung und stand unter Eid, und ich spürte: ich muß die Wahrheit sagen.«
Ich stand vor einer schwierigen Situation. Ich sollte helfen. Ich erinnere mich nicht mehr an alles, was ich sagte, aber ich weiß: die Worte waren mir gegeben. Ich redete etwa zehn Minuten, die Argumentation langsam zu John's Gunsten wendend, und zeigte Harry, wie gefährlich es für ihn sei, solche Rachegefühle in sich zu hegen.
Als ich diesen Punkt erreicht hatte, wurde ich mir der Anwesenheit eines anderen im Raum bewußt: drei von uns waren in die Sakristei gekommen, nun aber waren wir vier – genauso wie im Evangelium. Die anderen beiden haben das auch gefühlt; Tränen rannen über Harrys Gesicht, als er John seine Hand reichte; John

weinte auch und ergriff die Hand. Da waren sie: der alte Häftling und der Mann, dessen Aussage ihn in die Haft gebracht hatte – sie waren versöhnt.
Wir sind wieder in den Club gegangen. Als ich das Resultat unseres Gesprächs verkündete, gab es großen Applaus. Und niemand hieß John herzlicher willkommen als Harry. Sie wurden enge Freunde.[151]

Begegnung in den Bergen

Ein Steinchen, das plötzlich in meinen Stiefel hereingekommen war, nötigte mich, meinen Weg auf den Berg zu unterbrechen. Ich setzte mich auf eine Bank zu einem älteren Mann. Es zeigte sich, daß er aus der entfernteren Umgebung stammte und an diesem Tage mit dem Auto zu diesem Aussichtspunkt gekommen war; vielleicht ein Bauer oder ein Handwerker. Er schien sehr wetterkundig, und während unseres Beisammenseins wurde deutlich, daß er mit den Verhältnissen im Hochgebirge ganz außerordentlich vertraut war. Er zeigte nach vorn, wo eine Wolkenbank die Kette der Schweizer Alpen verdeckte. »Kürzlich sind wieder sechs Menschen in den Bergen abgestürzt.« Meinte er, daß diese Menschen zu Tode gekommen waren, weil sie nicht genügend mit den Naturgewalten vertraut und zu leichtsinnig gewesen waren? Doch er beugte sich vor und sagte lebhaft: »Die Menschen heute vertrauen nicht mehr auf die Führung ihres Engels.« Und dann fuhr er fort: »Ich selber bin auch zweimal abgestürzt in den Bergen; 80 Meter tief hing ich am Seil; und plötzlich ging mein ganzes Leben wie ein Film an mir vorbei. Aber alles war die volle Wirklichkeit.« An der Art wie er sprach, klang die ganze Unmittelbarkeit dieses (seines) Erlebnisses auf. »Und auf einmal war Einer da, der sagte mir alles: Er lasse keinen einzigen der Menschen verderben.« Freudig und bedeutsam, als wolle er das Erfahrene weitergeben, sprach er diesen Satz. Der da bei ihm war, Gott war es. Er sagte ihm, es werde gar nicht mehr lange dauern, daß sein Reich zu den Menschen komme. Wir werden es erleben können. Dann werde das Böse gefesselt für 1000 Jahre. In dieser Zeit herrsche Frieden.« – Wieder konnte ich durch den Mann ein Stück von der Bedeutung seiner Worte erleben. – Es werde ganz anders geschehen, als wir uns das vorstellen, fast unbemerkt, im Menschen werde es geschehen. Die neue Welt entstehe durch die Entscheidung des Menschen: Diejenigen, die sich zum Guten wenden, werden dadurch immer mehr herausgehoben; diejenigen, die für das Böse offen sind und sich ihm immer mehr zuwenden, werden diesem immer mehr verfallen. Das Böse scheidet sich immer mehr ab und vernichtet sich schließlich dadurch selbst…

Das Leben dieses Mannes hatte sich seit dem Unfall verändert. Er hat seitdem neun Menschen das Leben gerettet. Die Art, wie es dazu jeweils gekommen war, hatte ihn aufmerksam werden und ihn erleben lassen, daß er geführt wurde, und daß er ein Werkzeug des Göttlichen war. »Es ist schön, ein Werkzeug Gottes zu sein; aber man braucht sich darauf nichts einzubilden.« Jedesmal hatte er einen ganz starken Drang in sich verspürt, loszugehen, sich beeilen zu müssen. Er selbst hatte nicht gewußt, wohin. So kam er gerade noch rechtzeitig in eine Wohnung, um dort eine Frau zu retten. So erreichte er in den Bergen eine Gruppe von Wanderern, die er, ohne sich bewußt zu sein, warum er dieses tat, vorwärts drängte. Eine Lawine kam im nächsten Augenblick dort herunter, wo sie sich ohne sein Einwirken noch befunden hätten. Einen Verletzten in einem Lazarett, der bereits aufgegeben worden war und deshalb nicht mehr betreut wurde, pflegte er gesund mit Milch und Honig. Wie neu geboren habe sich dieser Mensch nach seiner Genesung gefühlt; er ist dann gar nicht lange Zeit später in den Kriegsgeschehnissen gestorben. – Und auch wir empfanden unser Zusammentreffen nicht als Zufall. Es war mir ja bereits als ich meine Unternehmung auf diesen Zeitpunkt festlegte, aufgefallen, mit welcher Entschiedenheit ich dies tat; und unterwegs war mir die Frage aufgetaucht, was oben auf dem Berg wohl geschehe, was ich antreffen werde. – »Wir stehen mitten in diesen Veränderungen, die sich vollziehen werden«, sagte er, »und wenn wir aufmerksam sind, merken wir, wie wir geführt werden«. Der Christus komme wieder, aber nicht im Physischen, sondern im Geistigen. Der Mensch fühle sich durch ihn bis in seinen Leib hinein verändert: jung und leicht. Wenn das geistige Licht den Menschen durchdringt, wenn es mit seiner Leuchtkraft durch sein Blut wallt, macht es den Menschen im Physischen leicht, weil ihm die Sünden vergeben sind. Und während andere Menschen sich Reichtümer sammeln, findet er ungeahnte Schätze in der Welt (dadurch daß er so in ihr lebt). – Aber der Mensch habe selbst auch etwas zu tun: Sich Gott befehlen am Morgen und danken am Abend. Auf den Menschen komme es an: »Wir müssen uns mit aller Kraft konzentrieren; wir müssen uns umwenden.« *A.-K. R* [152]

Der 8jährige T., schon einige Tage sprachlos von Schmerz und Erschöpfung, ist am Morgen des Tages, an dem er sterben wird, ein anderes Kind geworden. Seine Augen leuchten, sein Antlitz strahlt, es scheint, als ob er fast vergnügt in seinem Bette liegt.
»Heute nacht war Er da, und es war so schön«, sagte er zu seinen Eltern.
»Er?« fragte der Vater. »Ja, Jesus«, antwortete T. Mehr wurde nicht gesagt. Aber seine Eltern durften erfahren, wie er getröstet starb und wie der freudige Glanz auf seinem Antlitz bewahrt blieb bis in den Tod. [153]

Die Familie Robertson hatte mitten im Pazifik ihre sinkende Yacht verlassen müssen und befand sich nun hilflos in einem kleinen Boot, zusammen mit ihren drei Kindern und einem Freund. Ein Gewitter zog auf. Lyn Robertson schilderte nach ihrer Rettung:

Schreckliche grüne Blitze erleuchteten das kleine Boot, als sie vorbeizischten, um in die See einzuschlagen. Die Himmel explodierten in Donner.
Ich versuchte eine der Hymnen meiner Mutter zu singen, und mitten zwischen Singen und Wasser schöpfen und Singen dachte ich: »Ich muß doch zählen ...« Sechs Menschen im Boot ... fünf ... sechs ... und noch einer ... sieben. Sieben? Nochmal, schöpfen, zählen, schöpfen ... fünf ... sechs ... *sieben.* Und ein drittes mal: Da *waren* sieben.
Ich blickte nicht hoch, drehte mich nicht um, blieb auf meinen Knien und schöpfte Wasser. Und dann sah ich die siebente Person, einen Mann. Wasser sprühte und strömte von seinem Bart, er trug eine braune Kutte, als er dort auf dem Wasser stand, zu Rechten Dougalls. Mein Herz sagte mir: es war der Christus. Da war für mich das schlimmste vorbei. Er blieb bis zum Tagesanbruch.[154]

3. Innere Wege. Kultus

GEWALTIGER, der Du aus Geisterhöhn
auf Deinen armen Sohn der Erde schaust: –
Ich sah!
Und kann nun fürder nimmer leben mehr,
wie ich bisher gelebt.

Erhabenster,
hilf mir auf meinem neuen Lebensweg,

von dem ich nur erst dieses Eine weiß:
Sein ganzer Sinn muß Hilf' und Opfer sein.

Ich sah,
die Augen wurden aufgetan,
die lange erst im Halbschlaf rings geirrt...

Christian Morgenstern

Aus den »Geistlichen Tagebüchern 1 und 2«
von GABRIELLE BOSSIS (1874–1950),
niedergeschrieben 1936–1950.

Inmitten eines betriebsamen Lebens gelingt es G.B., die Erfahrung der Gegenwart Gottes in sich lebendig zu halten. Als Kind unserer Zeit ist sie das Gegenteil von dem, was man sich gemeinhin unter einer »von Gott erwählten Seele« vorstellt... In ihrem geistlichen Tagebuch gibt uns G.B. Rechenschaft über ihre Zwiegespräche mit Christus.[155]

1.
19.12.36.
»Du zweifelst manchmal, daß ich es bin, der zu dir spricht. Denn was ich dir sage, erscheint dir so einfach, als käme es aus dir. Aber du und ich, sind wir nicht eins?«

29.12.1940 – Als ich Hortensien umgrub.
»Es kommt nicht darauf an, was du tust, sondern auf die liebevolle Art, mit der du es tust.«

11.3.1940. Nach der Kommunion.
»Daran werde ich erkennen, daß du mir treu bist: Zur Zeit der Arbeit widme dich richtig der Arbeit. Zur Zeit der Geschäfte widme dich richtig deinen Geschäften. Doch zur Zeit des Gebets soll nichts dich ablenken von mir und meiner Sache.«

24.3.1942.
»Freude bereiten, das heißt, das Gute tun. Laß es niemand entbehren, besonders nicht jene, die dir weh getan haben. Um dich mit mir zu vereinen, sage ich: Ich bete mit deinem Gebet.
Ich arbeite mir dir, der Arbeitenden.
Ich rede mit deinem Wort.«

17.10.1942.
»Nichts ist vergessen, nichts ist verloren.«

3.1.1948.
»Viele Seelen gehen mit mir um, als wäre ich allzeit tot. Aber, meine Tochter, ich lebe und ich bin nahe bei ihnen, in ihnen, und warte darauf, daß sie mit mir reden, daß sie mich anlachen, und daß ihr Herz ein wenig für mich schlägt.«

2.
28.12.1936.
»Ich verwandle deine Gebete in meine Gebete. Aber wenn du nicht betest – kann ich eine Pflanze zum Blühen bringen, wenn du sie nicht säest?«

3.3.1937.
»Meine Sonnenuntergänge, auch sie sind ein Zeichen meiner Liebe.«

9.4.1937.
»Strebe nach Vollkommenheit. Aber nach einer Vollkommenheit, die deinem Wesen gemäß ist.«
Er gab mir zu verstehen, daß die Vervollkommnung einer Seele nicht in gleicher Weise geschieht wie bei anderen.

Mai 1937.
»Urteile mehr im Guten als im Bösen, wenn du urteilen mußt.«

25.6.1937.
»Sieh nicht Fehler, wo es sich nur um Schwächen der menschlichen Natur handelt. Was mich leiden läßt, das ist die Gleichgültigkeit.«

30.6.1937.
Ich: »Herr, werde ich es einmal vorher wissen, wann ich sterben muß?« Er antwortete, und es war, als ob er dabei lächelte: »Mache nur recht oft Generalproben.«

2.5.1938.
»Ich widme mich jeder Seele, als wäre sie allein auf der Welt.«

9.3.1939.
»Wenn ich dir Kräfte schenke, die du für dich behältst, so bleiben sie in dir.

Wenn du sie aber an andere verschenkst, verhundertfachen sie sich. Habe nur den Mut dazu.«

8.6.1939.
»Heute ist Fronleichnam, dein Herrenfest. Was willst du, Herr, das ich dir geben soll?«
»Die Treue in den kleinen Dingen.«

29.9.1939.
Als ich seine Nähe suchte.
»Wenn ich auch nicht mit dir spreche, so bedeutet das nicht, daß ich fern von dir bin. Ich bin gleichzeitig überall gegenwärtig und widme mich jeder Sache, als wäre sie allein auf der Welt.«

20.2.1940.
»Hast du niemals darüber nachgedacht, wie sehr ich den Menschen und seinen freien Willen achte? Ich warte auf seine Liebe. Aber ich zwinge ihn nicht. Ich gebe ihm alles, dessen er bedarf, und erwarte daher seine Dankbarkeit. Ich bleibe ihm ganz nahe, unsichtbar, schweigend, wie ein Bettler, der ein Almosen begehrt. Ihr müßt zwar den ersten Schritt auf mich zu tun. Doch mit welcher Freude werde ich dann alle weiteren Schritte tun.«[156]

12.3.1940. Karfreitag.
»Satan weiß nicht, was Mitleid heißt.«

30.3.1940.
»Du liebst deine Einsamkeit. Aber wisse: Wenn du mich um einer menschlichen Pflicht willen verläßt, bist

du mir ebenso lieb. Und wenn du mich aus Liebe zum Nächsten allein läßt, findest du mich danach jederzeit wieder. Es wird ein Tag kommen, wo die Seele niemals mehr ihren Erlöser und ihren Gott verlassen wird.«

14.4.1940.
»Willst du dich nicht einem grenzenlosen Vertrauen überlassen? Beginnst du zu begreifen, daß die Worte eurer Gebete nicht dazu da sind, die Luft zu bewegen, sondern um mit ihren Pfeilen das Herz des Vaters zu treffen, der sie in Liebe empfängt.
Jedes Gebet ist ein solcher Pfeil. Seid gewiß, erhört zu sein. Ein Vater! Bedenkt dies.
Selbst wenn er euch nicht in eurem Sinne erhört, dann tut er es auf eine bessere Weise. Gehört aber werdet ihr von dem, der eures Herzens Mittelpunkt ist.«

30. August 1940.
»Ich bin es, der die menschliche Natur geschaffen hat. Ich weiß um ihre Schwachheit, ihre Niedrigkeit.
Wundere dich nicht, daß ich euch dennoch liebe...
Nein, verwundere dich nicht! Ich bin ja euer Schöpfer, und ich habe unter euch gelebt.«

19.8.1941.
Kreuzweg. Simon von Cyrene.
»Herr, kann ich dir helfen?«
»Wenn du deinem Nächsten beistehst, hilfst du auch mir.«

26. 2. 1942.
»Denke daran: ich bin dir näher, als du selbst dir nahe bist.«

21. 5. 1942.
»Glaube mir. Niemals bin ich fern von dir. Ich wohne im tiefsten Grund deiner Seele ...«

10. 7. 1942.
»Beginne jeden Tag ganz neu, als wäre es der erste Tag. Du stehst immer am Anfang. Erschrick darüber nicht. Ich bin da und weiß alles ...«

15. 7. 1943.
»Sieh mich als einen lebendigen Menschen an, der dich weit mehr liebt, als du dir in deinen kühnsten Wünschen vorzustellen vermagst. Und bedenke, daß dieser lebendige Mensch sein Leben für dich hingegeben hat und nun mit unendlicher Sehnsucht den Augenblick der Begegnung erwartet. Würdest du ihm dann nicht auch deine Vorfreude und deine Ungeduld bezeugen?
Betrachte mich oft so, als eine wirkliche Person, die dir jedoch nicht nur äußerlich nahe, sondern in dir ist. Welche Quelle von Freuden bedeutet solches Gegenwärtigsein. Eine solche Gegenwart ist so kostbar wie das Leben. Ich aber bin.«

30. September 1943. Ich dachte an die fremden Flüchtlinge bei mir.
»Glaube nur nicht, daß alles nur Zufall ist. Ich habe sie

für dich ausgewählt. Tue ihnen das Beste an, das in deiner Macht steht. Empfiehl sie mir. Bete für sie. Leide für sie. Habe ich nicht für alle gelitten? Ahme mich nach. Werde mir so ähnlich, daß in deinem Antlitz das meine sichtbar wird. Der Vater wird entzückt sein und es dir in Fülle vergelten. Was könntest du von ihm nicht erhalten?
Warum bittest du so wenig? Komme zu uns, meine Tochter, und befriedige unseren Wunsch, Mitleid zu üben. Sei davon überzeugt, daß jene, die zu deiner Umgebung gehören, dir zugewiesen wurden, um ihnen Gutes zu tun. Ich aber folge dir Schritt für Schritt. Wie könntest du jemals glauben, allein zu sein. Ich lenke dein ganzes Leben. Laß dich von meinem Herzen davontragen.«

In die schwarze, schlummerlose
Nacht der Schwermut schwebt die Rose,
in der Rose flammt das Herz,
und es dehnt sich allerwärts,
wird zur viergeteilten Kammer,
ach zuletzt zur Kreuzesklammer.
Aus dem Kreuz entspringt ein Licht:
Das ist Christi Angesicht.

Seele, hast du je gedacht:
Rote Rose, schwarze Nacht,
Herz und Kammer, Kreuz und Christ –
weißt du, was die Liebe ist?

Albert Steffen

Du bist so nahe, daß mich dünkt,
Ich könnte deinen lichten Mantel fassen,
Wenn ich die Hand nur leise zu dir höbe,
Und ganz bei Dir sein, groß und ruhevoll.
Ich stehe einsam wie ein Wanderer
Und schweigend vor vertrauter Tür'
Und weiß, daß jenseits einer lichten Wand
Dein unergründliches Geheimnis webt.
Du bist so nah. Du füllst den ganzen Raum
Und schwichtigst jeden Wunsch nach Erdendingen,
Und auch die Sehnsucht löschst du aus,
Dir näher noch wie einst im Tod zu sein.
Du bist auch so bei mir und nimmst
Die Seele tief in Deinen Frieden ein.

Hans Wegmann

Frau Dr. P. hat ihre Kindheit in Bietigheim verlebt. Elementargeister waren ihr vertraut. Schwellenerlebnisse des Schicksals führten auch dazu, daß sie ihr Leben aus der Sicht der Ewigkeit zu überblicken vermochte. Ein schwer zu tragendes Schicksal, verbunden mit einer Erkrankung, ließen sie schließlich den Tod herbeisehnen, mindestens die Bereitschaft zum Sterben in einem Alter, in dem die Jugendkräfte noch wirksam waren.

Mit 33⅓ Jahren besuchte sie eine Ostertagung im Goetheanum in Dornach. Es war Gründonnerstag, der 2. April 1953: Ein Nachmittagsvortrag war beendet.

Ernst Uehli hatte gesprochen. Sie wanderte vom Dornacher Hügel über den Schweinebach Richtung Arlesheim, Regenwolken waren verzogen. In der Abendsonne standen in unendlicher Fülle die Kirschbäume in Blüte, ein Bienensummen erfüllte die Luft, so daß die ganze Atmosphäre von Leben und Frühlingskraft durchdrungen war. Da hielt sie inne, wandte sich noch einmal zurück, um im Blick das Goetheanum aufzunehmen, aber zugleich in der Seele an die Stelle des heutigen Betonbaues den Doppelkuppelbau des ersten Goetheanums setzend, das Sylvester 1922 niederbrannte. Die innere Bewegung, das Bild dieser verehrten Stätte vor die Seele zu rücken, ging über in eine gewaltig große Lichtgestalt, die sich mit einem Weltenakkord gleichsam aus der Erde erhob. Die Doppelkuppel ging etwa nur bis zu den Knien dieser Gestalt, welche genau der Mittelgestalt der heute im Goetheanum aufgestellten Holzgruppe, von Rudolf Steiners Hand geschaffen, entsprach. Sie war ganz strahlendes Licht und erfülltes Leben, Kraft der Liebe und – wie sie beschreibt – ganz von Schaffenskraft durchzogen, was sich durch die bewegenden Lichtstrahlen der Stirne auswirkte. Die Lichtgestalt breitete den rechten Arm aus und nahm die zum Sterben Bereite in sich auf. Sie wurde selbst Teil des Lichtes dieses Lebens der Liebe und so ein gestärktes Eigenlicht. Die Linke war in Haupteshöhe erhoben. Je mehr sie sich als Eigen-Ich empfand – erst schmerzhaft durch die wieder einsetzende Trennung, desto mehr leuchtete dieses Ich

und desto heller leuchtete das Christus-Licht. Dann verschwand die Lichterscheinung, und sie stand dem jetzigen Goetheanum in der Abendsonne gegenüber zwischen den vielen eben aufgeblühten Kirschbäumen.
Dann wurde sie wieder gesondert, Tragekraft zum Leben und zum Bejahen des Schicksales haben sie von da an bis heute begleitet.[157]

Frau L. N. berichtete eines Tages, sie habe einmal mit selten offener Seele und hingebungsvoll wachem Geist die ganze Weihehandlung miterlebt. Als sie sich entschloß, nach vorne an den Altar zu treten, um sich in der Kommunion dem Auferstandenen zu verbinden, erschrak sie: Die Gestalt des kommunionspendenden Priesters verschwand, ihr Blick ging in die Höhe und Ferne, doch sie wurde von einer unerhörten Wärme überwältigt. Sie schaute eine Lichtgestalt, die ihr die Hand entgegenstreckte. Die Hand des Priesters wurde durch die Hand Christi ersetzt. Es war ein Erlebnis höherer Wachheit. Sie konnte zu Ende kommunizieren und auch – ohne daß die innere Erschütterung von anderen bemerkt wurde – ihren Platz wieder einnehmen und das Mitvollbringen der Weihehandlung beenden. Sie war sich von nun an sicher: sie hatte die Glorie des gegenwärtigen Auferstandenen geschaut. Die gab ihr die Kraft, ihre danach bald einsetzende Krankheit, das langandauernde und schwere Leiden in lichten Augenblicken als Schicksalsgnade zu bezeichnen. 1983 ging sie mit dem Wissen über die Schwelle, daß Christus, den sie ein Leben lang gesucht und in einer erfüllten Stunde geschaut hatte, der Seele eines Verstorbenen an der Schwelle neu nahe ist.[158]

Aus Eugène Ionesco *»heute und gestern, gestern und heute« Tagebuch.*

Früher kam es zuweilen vor, daß eine Art Gnade, eine Euphorie mich überkam. Als verlöre zunächst jeder Begriff, jede Realität ihren Inhalt. Nach dieser Leere, nach diesem Taumel war mir, als befände ich mich plötzlich im Mittelpunkt der reinen, unaussprechlichen Existenz. Als hätten die Dinge sich jeder willkürlichen Benennung als eines Rahmens, der ihnen nicht paßte, der sie begrenzte, entledigt. Der Zwang oder die soziale und logische Verpflichtung der Definition, der Organisation verflog. Ich war demnach keineswegs, scheint mir, Opfer einer nominalistischen Krise. Im Gegenteil: Ich meine, ich ging auf in der einzigen und wesentlichen Realität, als mich, begleitet von einem Freudenrausch, ein Gefühl ergriff, das ich die Verwunderung zu sein nennen könnte, die Gewißheit zu sein, die Gewißheit, daß die soziale Ordnung, die Politik, die Sprache, das organisierte Denken, die Systeme und Systematisierungen, die Beschränkungen und Umgrenzungen nur reinstes Nichts seien, und daß einzig und allein dieses Fühlen oder dieses Gefühl oder diese

Sicherheit, daß ich bin, und daß dieses »ich bin« sich vollkommen selbst genüge, von allem befreit, was außerhalb von ihm war. Ich wußte, daß nichts mich hindern könnte zu sein, daß das Nichts oder die Nacht oder der Zweifel keinerlei Macht mehr über mich haben könnten.

Ich sage das mit Worten, die nur entstellen können, die nichts von dem Leuchten dieser tiefen, totalen, organischen Intuition wiedergeben können. Es stieg aus meinem tiefsten Ich auf und überflutete, überdeckte alles, mein zweites Ich und alle andern.

Oft begann es ganz unerwartet, wenn ich irgendein Wort aussprach: Papier, zum Beispiel. Es war, als verschwände das Wort, das sich an die Stelle einer Realität gesetzt hatte, es gefangen gehalten und versteckt hatte. Oder wenn ich sagte: Aristoteles, A-ris-to-te-les. Das Wort »Heft« besagte nichts mehr und war nur eine Schale, und die Silben A-ris-to-te-les wurden wieder Laute ohne Bedeutung, wie eine offene, leere Schachtel. Das war nur die erste Etappe. War ich mir erst gründlich bewußt geworden, daß die Bedeutung, die Worte willkürlich, aufgesetzt sind, offenbarte sich der Mensch jenseits der Kategorien und unbenannt in seiner Realität, und das Papier hatte nichts mehr mit Schule oder Literatur oder mit dem Laden, in dem ich es gekauft hatte, zu tun. Alles wurde Realität als solche, unaussprechlich, unabhängig von jedem relationalen System.

All das, wie soll ich es bezeichnen, all diese Bewußtseinszustände, wurden in einer Umwelt des Lichtes geboren: mittags, zum Beispiel, im Juni oder an einem klaren Aprilmorgen. Oder aber einmal an einem Maimorgen gegen Mittag, an einem Tag, gleichsam strotzend vor Saft, in einem dichtbelaubten Park, durch den das Licht weiß, blau und grün rieselte. An jenem Tage hatte es mit einer unerklärlichen, unsinnigen Freude begonnen, wie ich sie nie wieder empfunden habe, nie wieder so konkret, so fleischlich, so augenscheinlich, eine Lebensfreude, die getragen war von dem unsagbaren Staunen zu existieren. In der Tat war das Bewußtsein zu *sein* und das Staunen darüber identisch. Ich erwachte – aus welchem Schlafe! –, und wurde wach durch ein Licht, das die frühere Bedeutung der Dinge aus der Zeit, da mein Bewußtsein schlummerte, auflöste. Das intensive Staunen, das mich erfaßte, war nichts anderes als das Zurkenntnisnehmen, daß ich *war!* Keine Angst mehr, keine Unruhe, sondern Ruhe, Sicherheit, Freude. Einem Schlaf hingegeben oder erwachend aus einem Schlaf, der von den Fantomen des Alltagslebens bevölkert war, trat ich plötzlich mitten in eine so offensichtliche, so totale, so einleuchtende, so lichtvolle Realität, daß ich mich fragte, warum ich bis dahin nicht gemerkt hatte, wie leicht diese Realität zu finden war und wie leicht es war sich hineinzufinden. Wie sollte man nicht voller Angst sein, wie sollte man sich nicht verloren fühlen im Elend, sagte ich mir, wenn man dies nicht weiß, wenn man nicht mitten in diesem Staunen steckt?

So hatte also die erste Etappe dieses Bewußtseinszustandes mit einer Inhaltsentleerung der Begriffe begonnen, die zweite, wesentliche aber war eine geballte Fülle jenseits der Definitionen und der Grenzen.

Barbara Nordmeyer knüpft in ihrem Buch »Profile des Jahrhunderts« an diese Erfahrungen IONESCOS *an:*

In seinen Tagebüchern sucht Ionesco ständig neu dieses Erlebnis in Worte zu fassen, das Unsagbare sagbar zu machen.

»Ich war ungefähr 18, als ich mich in einer kleinen Provinzstadt aufhielt. Es war ein herrlicher Tag, so gegen Mittag. Ein Junitag, Anfang Juni. Ich schlenderte an den niedrigen, ganz weißen Häusern der kleinen Stadt entlang. Was dann geschah, war gänzlich unerwartet. Eine urplötzliche Verwandlung der Stadt. Alles wurde gleichzeitig zutiefst wirklich und zutiefst unwirklich. Genau das war es: Unwirklichkeit mit der Wirklichkeit vermengt, beide eng, unauflöslich verquickt. Die Häuser wurden noch weißer und sehr sauber. Etwas ganz Neues, Jungfräuliches kam in dieses Licht, die Welt erschien mir wie unbekannt und doch seit Ewigkeiten bekannt. Eine Welt, die das Licht auflöste und wieder neu schuf. Überschäumende Freude stieg in mir auf, heiß leuchtend auch sie, es war da eine absolute Gegenwart. Ich sagte mir, dies sei die ›Wahrheit‹, ohne diese Wahrheit definieren zu können. Hätte ich versucht, sie zu definieren, hätte sie sich fraglos verflüchtigt. Ich sagte mir auch, da dieses Ereignis eingetreten war, da ich dies durchlebt hatte, da ich alles wußte und zugleich nicht wußte, was ich wußte, würde ich nie mehr unglücklich sein, denn ich erfuhr, daß man nicht stirbt. Ich brauchte nur noch an diese Augenblicke zu denken, um jede künftige Sorge und Angst zu besiegen. Ich hatte die Offenbarung des Wesentlichen erlebt, alles übrige war unwesentlich« (»Tagebücher« I). …

Ionesco nennt den Namen Christus nicht. Aber wenn er nicht müde wird, mit immer neuen Worten diese sich wiederholenden Erlebnisse zu beschreiben, die ihn aus der Gruft des ohnmächtigen Zweifels herausreißen in eine Welt der leuchtenden fraglosen Wirklichkeit, so sind wir gleichwohl in der Aura dieses Wesens, das im Erdenumkreis gegenwärtig lebt. »Dieses Licht ist unser Brot und unser Wein« (»Tagebücher« I).

Diese Erfahrungen weisen Ionesco als einen Bürger zweier Welten aus, und es zeigt sich, daß die neue Realität von so blendender, alles überstrahlender Gewißheit ist, daß vor ihr die Ansprüchlichkeiten des Tages wie Politik, Wirtschaft usw. in das Schattenreich der Banalität entfallen.

»Ich erwachte, oder ich wurde geboren, in einer neuen Welt, einer ganz anderen Welt, einer Welt, die nicht nur gewaschen, sondern auch aufgeräumt war. Die Verblüffung war so groß, daß sie jede Furcht vernichtete, und diese Verblüffung war nur ein Echo der Überfülle, und das Fremdartige verwandelte sich unverzüglich in

Vertrautes. Die Welt war neu und vertraut, überraschend, bekannt, wiedererkannt, wiedergefunden. Wie soll ich es sagen? Eine von dieser Bedeutung befreite Welt, wie soll ich es sagen? Eine Art lebendigen Atems, von dem ich ein Teil war.

Das dauert nur ein paar Sekunden, und als ›das‹ verschwand, war es, als verlöschte die Welt. Ich fiel wieder zurück in Nacht oder in Dämmerung, ich stieß mich an den Sachen, an den Wänden. Ich war da und versuchte mühsam, die Kerze täglichen Verstehens zu entzünden, deren Licht nur Zwielicht ist. Der Alpdruck dieser Welt begann immer neu« (»Tagebücher« II).

Die Geistberührungen lassen in dem Dichter ein grenzenloses Staunen zurück, so daß er meint, gar nicht genug Fassungskraft für soviel Staunen zu haben! Und das Gefühl, daß dem unbändigen Glück dieser Leuchtkraft im irdischen Leben nur eine allumfassende Liebefähigkeit entsprechen könnte.

In der Tat, die geistigen Erfahrungen der Mystiker bleiben sich gleich durch die Jahrhunderte! »Die Erde wird wieder leicht, wie sie es immer den Guten war«. Dieses Wort von Novalis zieht einem durch den Sinn, wenn man in den Tagebüchern Ionescos liest, wie das Lichterlebnis verbunden ist mit dem Gefühl der Leichte, daß alle Dinge ihre Schwere verlieren.

»Ich atmete die Luft, und es war, als schluckte ich Stücke blauen Himmels, die mit ihrer himmlischen Substanz, einem Stoff zwischen Wasser und Luft, meine Lunge, mein Herz, meine Leber und meine

Knochen ersetzten, und das machte mich leicht, immer leichter und leichter, so daß das Gehen keine Mühe mehr war. Als ginge ich nicht mehr, als hüpfte und tanzte ich. Ich hätte davonfliegen können, das hing von sehr wenig ab, von einer einfachen Willenskonzentration, von etwas Energie, und ich hätte mich vom Boden erheben können wie im Traum oder wie ehemals« (»Tagebücher« II).

Nicht aber, als ob ihn diese Erfahrung aus sich selbst entrückt hätte, viel mehr – und das ist das Erstaunliche – beschenkt sie ihn mit der so schmerzlich ersehnten Gewißheit der Unzerstörbarkeit des Ich. »Daß *ich bin*, ein für allemal, und daß dies eine nicht umkehrbare Sache ist, ein ewiges Wunder«, das ist die eigentliche Gnadengabe dieses Geschehens.

Aber wenn es diese geistige Schicht des Seins überhaupt gibt – dann müßte es doch gelingen, sie auch auf eine andere Weise bewußt zu erreichen? Dieser Zustand, »der die Welt in Flammen setzen, verklären, erleuchten kann«, ist er nur ein Geschenk der Gnade, oder ist der innere Hebel auffindbar, durch den der bewußt geleitete Wille ihn selbst herbeiführen kann?

Diese Frage steht im Hintergrund des Theaterstückes »Fußgänger der Luft«. Hat Ionesco sein Schauspiel »Der König stirbt« eine Einübung in das Sterben genannt, so darf man vielleicht »Fußgänger der Luft« eine Einübung in die Kunst des geistigen Aufschwungs nennen.

Merkwürdig, in dem gleichen Jahrhundert, da die einseitige Faszination durch Raumfahrt und Astronautik manche Menschen mit Sorge und Bedrückung erfüllt, sind bereits die andern da, die der Materialisierung des Kosmos die spirituelle Einholung des kosmischen Raumes in das Bewußtsein zur Seite stellen...

In dem Schauspiel »Fußgänger der Luft« stellt Ionesco das »geistige Fliegen« als eine jedem Menschen zugängliche Fähigkeit dar, bar jeder Euphorie, vielmehr als ein Können, das »Unterscheidungsvermögen, geistigen Mut und hellsichtige Intuition« erfordert...

Auf dem Tableau der Menschheitsgeschichte ist es weit mehr als nur ein interessantes oder gar absurdes Aperçu, daß just in dem Augenblick, da die materielle Weltraumfahrt beginnt, ein Mensch da ist, der daran erinnert, daß der Mensch auch geistig fliegen kann, ja, daß die Fähigkeit dazu uns angeboren ist. Wir haben nur das Verfahren vergessen! Aber man kann es wieder entdecken: Denn »Fliegen ist dem Menschen ebenso unerläßlich und ebenso natürlich wie Atmen!«

Die Umwelt kann diese Aussage nur mit der profanen Feststellung kommentieren, daß für sie zuerst das Essen und dann das Trinken kommt. Behringer, der Fußgänger der Luft, erkennt jedoch, daß in dieser Selbstbeschränkung gerade das Elend des Menschen wurzelt. »Sie sind unglücklich und wissen es nicht.« Man muß sich nur an diese dem Menschen angeborene Gabe wieder erinnern! Sonst bringen wir uns noch um alle unsere Fähigkeiten! – Die Voraussetzung dafür? Einzig der Wille! »Ein winziges Versagen der Willenskraft,

und das Hinabgleiten beginnt.« Es gibt auch Hilfsmittel für den Anfänger, um sich von dem Boden zu lösen: die Erinnerung an das Lebensgefühl, das jemand erfüllt, der auf einem Rade über die Erde fährt, das Imaginieren eines Baumes, an dem man hochsteigt – »aber schließlich genügt der bloße Gedanke. ... Wer will, der kann.«
Wie weit die einzelnen Angaben wörtlich zu nehmen sind, kann ruhig offen gelassen werden. Es ist Ermutigung genug, daß jemand lebt, dem die Zugehörigkeit zur geistigen Welt Gewißheit ist und die Entwicklung der übersinnlichen Fähigkeiten als lebensnotwendig erscheint.

Václav Havel *schreibt in »Briefe an Olga«:*

»Man muß sich hier [im Gefängnis] freilich – ob man will oder nicht – die Frage stellen, ob das alles Sinn hat und welchen. Je mehr ich darüber nachdenke, desto mehr wird mir klar, daß ich hier die letzte und entscheidende Antwort nicht in irgendwelchen Äußerlichkeiten finde, die von sogenannten Informationen abhängen; keine Information gibt mir darauf Antwort. Die Antwort – die positive Antwort – finden wir schließlich immer nur in uns, in unserem gesamten Glauben an den Sinn der Dinge, in unserer Hoffnung. Wem ist der Mensch eigentlich verantwortlich? Worauf bezieht er sich? Was ist der letzte Horizont seines Beginnens; der absolute Fluchtpunkt all dessen, was er tut, das nicht zu täuschende ›Seinsgedächtnis‹, das Gewissen der Welt und höchste ›Gerichtsinstanz‹; was ist dieser entscheidende Maßstab, Hintergrund oder Raum jeder seiner existentiellen Erfahrungen? Und was ist gleichzeitig Zeuge oder rätselhafter Partner seiner täglichen Selbstgespräche; das, was der Mensch – in welche Situation auch immer er geworfen sei – ununterbrochen fragt, worauf er sich verläßt und woran er sich in seinem Tun wendet; das, was ihn in seiner Allwissenheit und Unbestechlichkeit schreckt und rettet; das, worauf der Mensch eigentlich einzig etwas gibt und dessentwegen er sich bemüht? Seit der Kindheit fühle ich, daß ich nicht ich selbst wäre – ein menschliches Wesen –, wenn ich nicht in andauernder und vielfältiger Spannung zu diesem meinem ›Horizont‹ lebte, dem Quell des Sinnes und der Hoffnung – und seit der Jugend bin ich nicht sicher, ob es dabei um ›Gotteserfahrung‹ geht oder nicht... Und was für meinen Gott auch bezeichnend ist: er ist Meister im Warten, womit er mich hin und wieder ziemlich nervös macht. Als ob er verschiedene Möglichkeiten vor mir arrangiere und dann schweigend abwarte, was ich tun werde. Versage ich, dann straft er mich – durch mich selbst (zum Beispiel durch Vorwürfe), versage ich nicht, belohnt er mich (mit meiner Erleichterung und Freude) – und vielfach läßt er mich sogar im ungewissen. (Unter anderem: wenn ich mir Vorwürfe mache, warum tu ich das? Und wenn ich mich freue, warum freue ich mich? Ist das nicht wieder seinetwegen?) Sein Jüngstes Gericht spielt sich jetzt ab, ständig, immerzu – und dabei ist es aufs neue das jüngste: alles, was geschehen ist, kann nicht ungeschehen gemacht werden, alles bleibt im ›Seinsgedächtnis‹ – und auch ich bleibe dort – verurteilt, in Ewigkeit ich selbst zu bleiben –, so wie ich bin und mich selbst gestalte.«

(41. Brief, 7. August 1980)

»Wer aber ist das? Gott? Es gibt viele feine Gründe, warum ich zögere, dieses Wort zu verwenden. Eine Rolle spielt dabei eine gewisse Scham (ich weiß nicht genau, wofür, warum und wovor), hauptsächlich aber die Befürchtung, mit dieser zu bestimmten Bezeichnung (bzw. Behauptung, ›Gott ist‹) meine durch und durch persönliche, ganz innere und ziemlich (wie tief und dringlich sie auch sei) unklare Erfahrung zu eindeutig nach ›außen‹ zu projizieren, auf jene problematische Projektionswand der sogenannten ›objektiven Realität‹, und sie so zu sehr zu transzendentalisieren. Ob Gott ist oder nicht – so, wie ihn die christliche Menschheit begreift –, weiß ich nicht und kann ich nicht wissen; ich weiß sogar nicht einmal, ob es angebracht wäre, selbst jenes Rufen zur Verantwortung, das ich höre, mit diesem Wort zu bezeichnen. Ich weiß nur so viel: das Sein (das doch leichter anzunehmen ist als das Sein Gottes) in seiner Integrität, Fülle und Unendlichkeit, als Prinzip, Ziel und Sinn all dessen, was ist; und als das tiefste und zugleich weiteste ›Innen‹ alles

Seienden (ich werde darüber noch ausführlicher schreiben) gewinnt es in dieser Sphäre unserer inneren Erfahrung, über die ich hier schreibe, deutlich persönliche Züge. Seine Stimme, wie wir sie empfangen dank unseres ›Eingestelltseins auf seine Wellenlänge‹ (d.h. dank unseres Ursprungs in ihm und unserer Orientierung auf es hin), scheint aus irgendeiner seiner besonderen, ›nicht getrennten‹ Subjektivität mit eigenem, unendlichem Gedächtnis, allgegenwärtigem Geist und unendlich großem Herzen herzukommen. Mit anderen Worten: es ist, als ob das Sein des Universums in den Momenten, in denen wir uns auf dieser Ebene mit ihm treffen, auf einmal ein persönliches Gesicht gewönne und mit ihm sich an uns wende. Inwieweit ihm dieses Gesicht nur unsere insgesamt beschränkte und höchst anthropomorphe Vorstellungskraft gibt, genauer gesagt, was von dieser unserer Erfahrung auf das Konto dessen geht, der sie macht, und was auf das Konto dessen, mit dem sie gemacht wird, ist freilich unmöglich zu entscheiden und eigentlich unsinnig zu beurteilen. Das zu erfahren würde bedeuten, über diese seine Erfahrungen hinauszusteigen und über alle übrigen Erfahrungen, also sich selbst zu verlassen, seine Getrenntheit und sein Menschsein, und also zu Gott zu werden. Wie dem jedoch sei, eines scheint mir sicher: unser ›Ich‹ – soweit es ihm noch nicht gelungen ist, seine Orientierung auf das Sein völlig zu unterdrücken und vollständig im Dasein aufzugeben – ist ausschließlich deshalb verantwortlich, weil es sich wesenhaft auf das Sein als auf das bezieht, in dem es den einzigen Zusammenhang fühlt, den Sinn und eine Art unausweichlich existierender ›Erklärung‹ alles Seienden, weil es mit seinem ganzen Wesen sich darauf bezieht und sich zu ihm ausspannt, weil es in sich und um sich herum jene ›Stimme‹ hört, mit der ihn dieses Sein anspricht und es ruft, weil es in dieser Stimme das Rufen seines Ursprungs und seines Ziels erkennt, seiner echten Zugehörigkeit und echten Verantwortung, und weil es diese Stimme ernster nimmt als irgend etwas anderes...«

(137. Brief, 17. Juli 1982)

»Liebe Olga, vor fünf Jahren ist mir etwas geschehen, das für mein weiteres Leben in vielerlei Hinsicht eine Schlüsselstellung hatte. Es fing ganz unauffällig an: ich war zum erstenmal in Untersuchungshaft, und eines Abends nach dem Verhör schrieb ich dem Staatsanwalt ein Entlassungsgesuch. Solche Gesuche schreiben Untersuchungsgefangene immerzu, und auch ich faßte das eher als eine bedeutungslose und vor allem autohygienische Routineangelegenheit auf. Ich wußte natürlich, daß darüber, ob ich entlassen werde oder nicht, ganz andere Dinge entscheiden als die Tatsache, ob ich ein entsprechendes Gesuch schreibe oder nicht. Trotzdem, die Ermittlungen traten auf der Stelle, und mir schien es richtig, das auszunutzen und mich zu melden. Mein Gesuch schrieb ich auf eine Weise, die mir damals sehr taktisch und raffiniert vorkam. Zwar sagte ich in ihm nichts, was ich nicht auch dachte oder was nicht wahr gewesen wäre, bloß habe ich irgendwie ›übersehen‹, daß die Warheit nicht nur das ist, was gesagt wird, sondern auch, von wem, wem, warum, wie und unter welchen Umständen es gesagt wird. Dank dieses winzigen ›Übersehens‹ (genauer: kleinen Selbstbetrugs) kam das, was ich gesagt hatte – wie zufällig – in bedenkliche Nähe dessen, was der Adressat hören wollte. Besonders absurd war dabei, daß der Beweggrund – zumindest der bewußte und zugegebene – zu diesem Manöver nicht die Hoffnung war, es würde zu irgend etwas führen, sondern nur eine Art professionell intellektueller und ein wenig perverser Freude an der eigenen – wie ich glaubte – ›ehrenhaften Raffinesse‹. (Der Ordnung halber füge ich hinzu, daß mir, als ich das nach Jahren las, von der Ehrenhaftigkeit dieser Raffinesse die Haare vor Grauen zu Berge standen.) Dieses Gesuch schickte ich am Tag darauf ab, und weil niemand darauf reagierte und meine Haft weiterhin verlängert wurde, dachte ich, es sei dort gelandet, wo ähnliche Gesuche zu landen pflegen, und vergaß es mehr oder weniger. Und dann kam es eines Tages wie ein Blitz aus heiterem Himmel: mir wurde eröffnet, daß ich wohl entlassen würde, wobei mein Gesuch ›politisch verwendet‹ würde. Ich wußte selbstverständlich sofort, was das bedeutet [während seiner Untersuchungshaft nach der ersten Festnahme sah sich Václav Havel genötigt, das Amt des Charta-Sprechers niederzulegen]: 1. mit entsprechender ›Wiedergabe‹, ›Ergänzung‹ und breiter Publikation meines Gesuchs wird der Eindruck erweckt, ich hätte nicht ausgehalten, sei dem Druck erlegen und von meinen Haltungen, Meinungen und der ganzen bisherigen Arbeit abgewichen – kurz, ich hätte meine Sache verraten, und das bloß aus dem nichtigen Grund, um aus dem Gefängnis zu kommen; 2. daß ich mit Dementieren und Berichtigen jeglicher Art an diesem Eindruck nichts ändern werde, weil ich die grundlegende Tatsache, etwas ›Entgegenkommendes‹ geschrieben zu haben, nicht werde bestreiten können, und alles, was ich werde hinzufügen können, wird mit Recht wie Ausflüchte aussehen; 3. daß die nahende Katastrophe unabwendbar ist; 4. daß der Flecken, der auf mir und allem, an dem ich beteiligt war, so haftenbleibt, daß er mich noch Jahre verfolgen wird, mir maßlose innere Qualen verursachen wird, wahrscheinlich werde ich mich bemühen, sie durch mehrere Jahre im Gefängnis abzuwischen (ist geschehen) – aber selbst damit werde ich sie nicht völlig aus der Welt schaffen; 5. daß ich für das alles auschließlich mir selbst zu danken habe: niemand hat mich zu etwas gezwungen oder mir etwas angeboten; ich habe mich eigentlich in gar keinem Dilemma befunden, und nur, weil ich für einen Moment auf unverzeihliche Weise die moralische Wachsamkeit verloren habe, habe ich der anderen Seite – von mir aus und völlig überflüssig – eine Waffe in die Hand gegeben, die für sie im Grunde ein Geschenk des Himmels war. Es folgte eine kurze Zeit verzweifelter Versuche zur Abwendung des Unabwendlichen, und dann geschah es, und alle meine bösen Vorahnungen wurden mehr als erfüllt: ich verließ in Schande das Gefängnis und stand im Angesicht einer Welt, die mir als ein einziger, überaus berechtigter Vorwurf erschien. Niemand weiß, was alles ich in dieser dunkelsten Zeit meines Lebens durchgemacht habe (ein wenig ahnst das wohl nur Du). Es waren Wochen, Monate und eigentlich Jahre stiller Verzweiflung, in denen es an mir fraß, Jahre der Scham, innerer Schande, Vorwürfe und verständnisloser Fragen.«

(138. Brief, 25. Juli 1982)

»Die Quelle meiner Qual war und ist dasselbe, was mir nachts in der Straßenbahn – keineswegs mit Worten, sondern dringlicher: mit einem komplexen ›Druck‹ auf Herz und Seele, einem seltsamerweise unverhältnismäßig verständlicheren Druck, als es die deutlichsten Worte vermögen – sagt, daß ich doch wohl besser bezahlen sollte; was hier – ebenso wie dort – mit stiller Durchdringlichkeit alle meine Ausflüchte demaskiert; was mir hier zuletzt – ähnlich wie dort – keine Ruhe gibt, solange ich nicht bezahle: dort die entsprechende Krone und hier die ›Rechnung‹ für mein Versagen. Es ist also wiederum das, worauf ich mich in jeder meiner Beziehungen zuletzt einzig beziehe und dem ich in jeder meiner Verantwortungen zuletzt einzig verantwortlich bin: jene geheimnisvolle ›Stimme des Seins‹, die zu meinem ›Ich‹ deutlicher ›von außen‹ dringt (so deutlich, daß man dazu ›von oben‹ sagt) als alles andere. Die aber zugleich – paradoxerweise – tiefer zu ihm dringt als alles andere, durch mich selbst: nicht nur, weil ich sie in mir höre, sondern auch, weil es gleichzeitig die Stimme meines eigenen Seins als meiner Tiefendisposition ist (in dieser oder jener Weise entwickelt oder verraten), meiner Verankerung oder Orientierung, meiner Zielrichtung, Aufgabe und meines Sinnes, meiner echten und einzigen menschlichen Definition und Erfüllung. Die Reichweite dieses Rufens – oder quälend vorwurfsvollen Schweigens – ist freilich ein wenig anders als im Falle der nichtbezahlten Krone in der nächtlichen Straßenbahn und anders im Falle eines Versagens, mit dem eine Menge tapferer Menschen verraten wird, die mir geglaubt haben oder mir sogar gefolgt sind, keinerlei Opfer scheuend. Und doch ist es in seinem Wesen immer dieselbe Stimme. Wenn wir in unsere ursprüngliche ›Verantwortung für alles‹ unmittelbar geworfen sind, weil unser Geist noch nicht deutlicher aufgetaucht ist, um uns unsere Getrenntheit bewußtzumachen, sind wir also auf dieser Ebene noch nicht fähig, wirklich die ›Stimme des Seins‹ zu reflektieren. So befinden wir uns erst später – im Fegefeuer der Lebensprüfungen und zu uns selber reifend – in wirklich ›wacher‹ Konfrontation mit ihr, in jenem nie endenden ›Dialog‹, und erst dann haben wir die wirkliche Freiheit, uns ständig neu zu entscheiden, wem wir folgen und von wem wir uns abwenden. Mit anderen Worten: unsere wirkliche Verantwortung beginnen wir erst mit wacher ›existentieller Praxis‹ zu begreifen, in Prüfungen, in die wir geraten, und Aufgaben, die vor uns stehen – und natürlich auch im eigenen Versagen. Um aber auf meinen Vorfall zurückzukommen: meinem Versagen verdanke ich, daß ich zum erstenmal im Leben – wenn mir ein solches Beispiel erlaubt ist – unmittelbar im Arbeitszimmer des lieben Gottes selbst stand. Niemals bisher habe ich ihm so aus der Nähe in das Antlitz geschaut, niemals bisher hörte ich so aus der Nähe seine vorwurfsvolle Stimme, niemals vorher stand ich vor ihr in so tiefer Verlegenheit, so mit Schande bedeckt und verwirrt, niemals habe ich mich so tief geschämt und die Unangemessenheit all meiner Verteidigungen gefühlt. Und was an dieser Konfrontation, die mir völlig neu meine Verantwortung als Verantwortung ›zu‹ offenbarte, das Interessanteste ist: wäre mein Gesuch im Papierkorb des Staatsanwalts gelandet und hätte ich das Gefängnis als Held verlassen, ich hätte sie vielleicht gar nicht erlebt! Also: es war Scham – zuerst vorweggenommen und später tatsächlich erfahren – vor meinen Nächsten, Freunden, Bekannten, der Öffentlichkeit –, also Scham vor konkreten, irrenden, Fehler machenden und über den tatsächlichen äußeren und inneren Verlauf meines Vorfalls im Grunde nichts wissenden Leuten (ob sie mich nun zu Recht oder nicht verurteilten oder zu Recht oder nicht verteidigten), also Scham vor jenem ›relativen‹, zufälligen, flüchtigen und nicht allzu richtungsweisenden ›konkreten Horizont‹ meines Sich-Beziehens – was mich zu meinem Erstaunen in diese bisher schärfste Konfrontation mit dem ›absoluten Horizont‹

stellte, mit jenem ›persönlichen Antlitz‹, mit dem sich das Sein in solchen Momenten an mich wendet! Es ist also überhaupt nicht so, daß es zwei voneinander getrennte und entfernte Welten gäbe, die irdische Welt der irrenden Menschen, an der nicht viel liegt, und die himmlische Welt Gottes, um die einzig es geht. Ganz im Gegenteil: das Sein ist das einzige, es ist überall und hinter allem, es ist das Sein von allem, und es gibt keinen Weg zu ihm als den, der durch diese Welt und dieses mein ›Ich‹ führt. Die ›Stimme des Seins‹ kommt nicht von ›anderswoher‹ (d. h. aus irgendwelchen transzendentalen Himmeln), sondern ausschließlich ›von hier‹: es ist jenes ›Unausgesprochene in der Sprache der Welt‹, von dem Heidegger im *Feldweg* spricht.«

(139. Brief, 31.7.1982)

Persönliche Erlebnisse. J. D.[159]

Siebenmal habe ich eine Reise ins Heilige Land machen können. Die intensivsten Erlebnisse waren an Golgatha, der Kreuzigungsstätte, und am Heiligen Christus-Grab, das zugleich der Erdenort der Auferstehung ist. Dort konnte eine solche Vertiefung und Verinnerlichung ereicht werden, daß eine Wahrnehmung der Christus-Gestalt von damals und auch die von heute entstand. Das war im Jahr 1958.

Jahrzehnte hindurch war die Gestalt des Christus während der Kultushandlung am Altar im Hochzeitshaus in Marburg (Christengemeinschaft) immer wieder zu sehen, besonders als Rudolf Frieling dort lange Zeit zelebrierte. Es hing von der eigenen geistigen Kräftelage ab, ob sie sichtbar wurde. Es war spürbar, daß sie immer kam während des Zelebrierens. Schwächen und Unwachheit und Inaktivität der Menschen konnten es einschränken nach der Menschenseite, aber nicht im eigentlichen Kern. Und dann gingen die Kräfte mit, mit den tätig-offenen Seelen.

Schwere Gesundheitskrise. Herzanfälle. Es kam viele Tage und Wochen in der Nacht, oft auch am Tage, zu Schmerzen und Krämpfen. In Nächten, wenn es am schlimmsten, aussichtslosesten war, da –, die Angst war schon voll da des Vernichtetwerdens, da erschien die göttliche Menschengestalt und strömte Kraft zu und half zurück ins Leben. Sie zeigte auch Hilfe, helfende Bilder. Manchmal sprach sie etwas wie eine Losung.

Manchmal ringe ich um Probleme aus der Umwelt, um Zukunftsbilder dunkler Art oder Ähnliches. Dann auf einmal ist die menschliche Helfergestalt der Erscheinung da. Zuerst geht immer irgendwie ein Kraftstrom aus. Sie ist von einem so guten Licht umhüllt. Ein Zeigen von einem helfenden inneren Bild oder wie ein Wort kommt dann nahe.

Eine besondere Zeit ist der frühe Morgen während des Aufwachens, manchmal wie vor dem Aufwachen. Da kommen helfende Bilder herein, ich sehe auf einmal, was ich tun kann oder lassen soll. Und da ist jemand, der diese Bilder sendet oder manchmal darreicht. Dabei ist dann ein so gutes, warmes Licht da und manchmal die Gestalt deutlich in dem Lichtschein. So eine geistige Schönheit des Angesichts und so Liebeströmendes aus den Augen und aus den Händen ist da.

Wenn ich Gutes aus der Geisteswissenschaft lese, mich auch ohne zu lesen meditativ befasse, können starke Impressionen und Licht und Gestalt auftauchen.
Auch nach Zweigabenden, ob sie mit einigem positiver oder negativer sind. Da kommt manchmal die helfende Gestalt herein und zeigt und stärkt und klärt.
Aus hohem guten Lebensgefühl kann ein Durchbruch kommen.
Geistige Freude kann sie auslösen.
Oft kamen und kommen Bilder zu Gedichten mit intensiv christlichem oder christologischem Inhalt, dann bricht es auf einmal »weiter« auf und ich sehe den leuchtenden Helfer, Rater, Tröster aus dem Geist. Da ist es dann meist die Große Gestalt.

Auf Patmos, ein Aufenthalt von 14 Tagen, 1985.
Intensive Erlebnisse in und um das Apokalypse-Kloster.
Johannes und die Große Gestalt.

In Ephesus. Am Grab des Johannes blieb ich öfter viele Stunden. Dort starke Ausstrahlung. Es kommen Erlebnisse des inneren Sehens. Die Johannes-Gestalt zelebrierend am Altar und der Göttlich-Große darüber im Licht.

Gedichte werden ausgelöst. Die Brücke zur Gegenwart taucht bildartig auf. Dies geschieht 1986 und 1989. (Im ganzen viermal Aufenthalt in Ephesus.)

Sonnenaufgang auf Rhodos

Einmal wollte ich den Morgenstern sehen und ging einsam aufs hohe Dach. Dort war herrlicher Rundblick im langsam kommenden Licht und weites Meer. Ich sah auf einmal gleich *zwei* Morgensterne, es war Merkur *und* Venus, helleuchtend, so nahe. Dazu erschien im Südsüdost der Sirius, der großblitzende Zentral-Stern der Antike. In der Nähe von ihm der Orion, wie er erst gegen Winter zu uns kommt. Also drei große Licht-Sterne auf einmal.
Dann erhob sich die weite Vor-Erleuchtung im Farben-Bogen. Wenn die erste Farberleuchtung blasser wird, wird das Kommen des Lichtes heller. Und jetzt geschah das Wunder von Rhodos: Es erhob sich die kleinere, nach oben rundere rosenstrahlende, purpurne Morgenröte – wie eine Vor-Aura für die kommende Sonne. Größtes Entzücken erfüllte die Seele.
Dann erschien die Sonne, warmgoldstrahlend aus dieser Aura hervorgehend. Die Geburt der Sonne aus der griechischen Aurora, aus der »purpurfarbenen, rosenleuchtenden Eos«, der Schwester des Sonnengottes Helios.
Morgen-Sommer-Herrlichkeit auf Rhodos, dieser so schönen Insel. Dann überfiel mich die Müdigkeit des

Leibes, von der frühen Frühe und von der ungewohnten Wärme in der Nacht herrührend. Ich tauchte erschöpft in den Schlaf –
und war auf einmal *wach* jenseits der Schwelle wie in schwebender Kraft und schaute auf und sah aufleuchtend
die Gestalt des lebendigen Christus,
umgeben, umschienen von der geistigen rosenfarbenen Aurora in Purpur.
Die Farben aber waren von einem jenseitigen Leuchten, aus dem geistigen Innenraum der Welt kommend, noch viel, viel schöner als die vorher im Irdischen gesehene Erscheinung.
Geistige Purpur-Morgenröte lebte um die Christus-Gestalt, die selber intensiv zur leidenden Erde unseres Jahrhunderts niederstrahlte in einem unnennbaren, helfenwollenden Liebe-Glanz –:
»Ich bin da – und ich werde euch helfen ...«
Dann sank ich in den Tiefschlaf. Und beim Wiedererwachen tauchte dann die Erinnerung auf – an das wunderbare innere Bildgeschehen. Es war alles wie in einem großen Weltentempel – und wie über dem Altar der Erde leuchtete das lebendigste Altarbild –
die Gestalt des Weltenheilands selber.
Mit großem Erstaunen sah ich, was die Weisheit der Anthroposophie im neuen Altar-Sakrament ausdrückt: Daß der Christus in unserem Tageslicht der Sonne anwesend ist.

Der Paraklet

Du starke, helleuchtende Gestalt –
Du
mit dem hehrsten Angesicht –
Du
mit den heilvollsten Augen –
Du
mit den Händen voll sanftester Gebärde –
Du
mit dem Gang lauterster Kraft –
Du
mit der Sonnenkrone
und dem Sonnengewand –
Du
mit dem farbenumspannenden Wesen –
Du
mit den Sternenheerscharen um dich her –
Du
o Menschensohn –
wie leuchtet in dir
der Gottessohn –
Du
heilbringender Offenbarer
wie kommst du uns so nahe
in heildurchdringender Allgegenwart –

J.D.

4. Mitmenschlichkeit

In England ist das Erlebnisbuch der Krankenschwester Joy Snell: »Vom Dienste der Engel im Diesseits und Jenseits« in vielen Auflagen verbreitet (Verlag Bell and Sons, London). Vom 12. Lebensjahr ab hat sie erst sporadisch, dann – nach einer längeren Unterbrechung voll Verzweiflung und Lebensüberdruß – zusammenhängend die Gabe des natürlichen Hellsehens und Hellhörens. Durch übersinnliche Erscheinungen wird sie mehrmals auf den Tod nahestehender Menschen vorbereitet, später kann sie durch entsprechende Eindrücke den Tod oder die Genesung ihrer Patienten mit Sicherheit voraussagen. Nach dem Tode sieht sie regelmäßig die sich aus dem Leibe lösenden übersinnlichen Wesensglieder des Verstorbenen sich über dem Leichnam formieren und in die geistige Welt aufsteigen usw. Die mitgeteilten Wahrnehmungen können ohne Schwierigkeiten durch die Anthroposophie bestätigt, verstanden und exakter beschrieben werden, als es durch die Verfasserin geschieht. Sie berichtet auch von einer Reihe von Christuserscheinungen, von denen die eindrucksvollste hier in deutscher Übersetzung wiedergegeben sei.

»Es war drei Monate her, seit ich die Krankenpflege übernommen hatte, als ich zum ersten Mal mit der häßlichen Seite der Arbeit einer Krankenschwester in Berührung kam. Beim Anblick der scheußlichen Verheerungen, welche eine Krankheit erzeugte, die Verderbtheit und Laster hervorgerufen hatte, überkam mich Ekel und das Gefühl des Erbrechens. Mit Widerwillen wandte ich mich von dem Patienten ab. ›Ich will und kann mich nicht besudeln durch die Berührung dieses Mannes‹, sagte ich zu mir selbst. Darauf ergoß sich eine Flut von Licht über mich, und indem ich aufschaute, erblickte ich die Gestalt des Heilands, die sich über den Kranken neigte. Er wandte sein Haupt zu mir, blickte zu mir nieder, und indem er seine Hände über den von der Krankheit entstellten Sünder breitete, sagte er: ›Alles, was ihr getan habt einem unter diesen, das habt ihr mir getan. In jedem Geschöpf, das eurer Obhut anvertraut ist, erblicket mich, und eure Arbeit wird leicht sein.‹ Die Vision – wenn man es überhaupt so nennen konnte – verschwand wieder. Ich wandte mich wieder dem Kranken zu. Verschwunden war aller Ekel und Widerwille, den ich vor wenigen Augenblicken noch empfunden hatte.« …[160]

HEINRICH VOGEL schreibt in der Berliner Tageszeitung »Neue Zeit« vom 19. 11. 1947. Im Leitartikel einer modernen Zeitung erzählt er seine Christusbegegnung! Er tut es im Bewußtsein der Ungeheuerlichkeit seines Unternehmens: »Ich wollte … nur eine kurze Geschichte erzählen, deren Wirklichkeit der Leser am Schluß so leicht bezweifeln kann, daß ich sie vorsichtshalber nur eine Legende nenne.«
In einem Berliner Stadtbahnzug sitzen drei Männer

und eine Frau beisammen. Vogel sitzt als Fünfter etwas abseits in einer Ecke. Die Rede ist von der deutschen Schuld. Der erste Herr versichert, er habe sich immer nur um sein Geschäft gekümmert; er habe von nichts gewußt; er sei immer völlig unpolitisch gewesen. Die Frau ergeht sich in einer Sturzflut unflätiger Schimpfworte: ob es denn jetzt viel anders sei? … Wenn es einen Gott im Himmel gäbe, könnte er so was nicht zulassen … Man solle sich an die Anstifter halten … Der zweite Herr meint: Unsere einzige Schuld ist, daß wir nicht Selbstmord gemacht haben, daß wir zu den Überlebenden gehören. Nun überschreien sich auch die beiden ersten Sprecher zustimmend: »Ja, ja, das ist die Wahrheit, so ist es!«

»Und da geschah mitten in die Stille hinein, die diesem einmütigen Ausbruch folgte, etwas überaus Seltsames, so ungeheurlich und unbegreiflich, daß ich es fast nicht zu erzählen wage, weil es mir doch niemand glauben wird. Wenn ich berichte, was ich nun hörte, ja, und sehen mußte, dann wird man sagen: ›Du dichtest und phantasierst, und obendrein so, daß man die Absicht merkt und verstimmt wird!‹ Das darf mich aber nicht hindern, getreulich zu berichten, daß der Vierte, eine unscheinbare ärmliche Erscheinung, um die meine stille Frage die ganze Zeit über wie um ein Geheimnis kreiste, den Mund öffnete und auf eine unbeschreibliche, unwidersprechbare Weise nur fragte: ›Ist denn keiner schuld? – So muß ja Gott schuld sein‹ – und dann, nach einem Schweigen, fügte er hinzu: ›Ich bin schuld!‹

In demselben Augenblick sah ich seine Hände und erkannte mit unbeschreiblicher Bestürzung, daß sie durchbohrt waren und die im Bahnhofslicht sichtbar werdenden dunklen Nägelmale blutrot leuchteten. Er stieg aus. Jener hagere ›Überlebende‹ aus der Ecke und ich folgten. Der Mensch, der die Schuld auf sich genommen hatte, war unseren Blicken plötzlich entrückt. Ich mußte den Weggenossen anreden und sagte zu ihm nur: ›Haben Sie ihn auch erkannt?‹ Er antwortete: ›Ja, er ist der einzige Unschuldige‹.«

Aus »Franny und Zooey« von Jerome Salinger, *zitiert und mit Hinweisen versehen von Barbara Nordmeyer in »Profile des Jahrhunderts«:*

Im Verlauf des endlosen Telefongespräches kommt es dazu, daß der Bruder ihr [der kranken Franny] eine Szene aus dem eigenen Leben erzählt, einen eigentümlichen Rat, den der älteste Bruder in dieser sonderbaren Familie, der schon verstorbene Seymour, ihm einmal gegeben hat, als er keine Lust mehr hatte, weiterhin aufzutreten, da das Publikum ja doch nur aus lauter Schwachköpfen bestünde. »Spiel für die dicke Frau.« Kein Mensch wußte, wer das war. Aber in seiner Vorstellung entstand langsam ein schreckliches Bild von ihr: mit Krampfadern behaftet, von früh bis spät Radio hörend, mit der Klatsche nach Fliegen schlagend, und sie hatte Krebs. »Es kann im Sommertheater sein, es kann im Rundfunk sein, es kann im Fernsehen sein, es kann in einem verdammten Broadway-Theater sein, wo das Publikum aus den Elegantesten, Wohlgenährtesten, Sonnengebräuntesten besteht. Aber ich werde Dir ein schreckliches Geheimnis erzählen – hörst Du mir zu? Da unten sitzt keiner, der nicht Seymours dicke Frau wäre. Und das schließt Deinen Professor Tupper ein, Mädchen. Und Dutzende von seinen blöden Vettern. Es gibt nirgendwo irgendeinen, der nicht Seymours dicke Frau wäre. Weißt Du das nicht? Kennst Du dieses verdammte Geheimnis noch nicht? Und weißt Du noch nicht – jetzt paß gut auf –, weißt Du nicht, wer diese dicke Frau in Wirklichkeit ist? – Aber Mädchen, Mädchen. Es ist Christus selber, Christus selber, Mädchen.« Vor Freude konnte Franny offenbar nichts anderes tun, als den Hörer festhalten, mit beiden Händen festhalten. Länger als eine halbe Minute war nichts zu hören, kein Wort mehr. Dann: »Ich kann nichts mehr sagen, Mädchen.« Und es folgte das Geräusch, mit dem ein Hörer aufgelegt wird. Ist es nötig zu sagen, daß Franny von Stund an geheilt ist?

In einer geradezu bestürzenden Weise ist hier der Schritt bemerkt, den der Christus vom Himmel zur Erde hin getan hat. Und in dem Geringsten wird der Bruder gesehen – nicht in sentimentaler Selbstgefälligkeit, sondern in nüchterner Erkenntnis. Der Erdenstaub wird bejaht – nachdem man gründlich an ihm gelitten hat. Man kann nur an ihm ersticken oder – (nun sei das Wort ausgesprochen) ihn lieben. Weil er das Element ist, in dem der Christus lebt.

Diese jungen Menschen sind keine Rebellen, sie sind Liebende. Wobei Liebe nicht als bloßes Gefühl, sondern als geistige Kraft gemeint ist. Wohl hält Zooey lange Reden; aber sie wollen ja nur das eine: daß seine am Leben krank gewordene Schwester dieses Leben wieder annimmt, ihre mystische Ich-Bezogenheit durchbricht und den Christus dort sucht, wo er ist: bei den Menschen.

Kurz vor der hier von Barbara Nordmeyer zitierten Stelle stehen andere, ebenfalls bemerkenswerte Sätze:
»Warum bringst du mich soweit, dir Sachen zu sagen, die du schon weißt? Irgendwo unterwegs – in der einen Inkarnation oder der anderen, meinetwegen – hast du dieses Verlangen gehabt, nicht nur ein Schauspieler oder eine Schauspielerin zu sein, sondern eine *gute* Schauspielerin. Und das hängt dir nun einmal an. Du kannst nicht einfach herausspazieren aus dem, was dein eigenes Verlangen aus dir gemacht hat. Ursache und Wirkung, Mädchen, Ursache und Wirkung. Das einzige, was du jetzt noch tun kannst, die einzige religiöse Handlung, die du jetzt noch vollziehen kannst, ist *spielen*. Spiele für Gott, wenn es dich danach verlangt. – Sei Gottes Schauspielerin, wenn es dich danach verlangt. Was könnte schöner sein? Du kannst es wenigstens versuchen, wenn du Lust dazu hast – es ist nichts Schlimmes dabei, es zu *versuchen.*«

5. *Weitere Gedichte*

ACHTE DER PAUSEN, der kleinen,
die unversehens das Schicksal
oft dir gewähret,
es kommt
einst auch Der Kommende so.

Friedrich Doldinger

ICH BIN NICHT ICH.
Ich bin jener,
der an meiner Seite geht, ohne daß ich ihn erblicke,
den ich oft besuche,
und den ich oft vergesse.
Jener, der ruhig schweigt, wenn ich spreche,
der sanftmütig verzeiht, wenn ich hasse,
der umherschweift, wo ich nicht bin,
der aufrecht bleiben wird, wenn ich sterbe.

Juan Ramon Jimenez

DER ANDERE

einer lacht
kümmert sich
hält mein gesicht mit haut und haar unter den himmel
läßt wörter rollen aus meinem mund
einer der geld und angst und einen paß hat

einer der streitet und liebt
einer rührt sich
einer zappelt

aber nicht ich
ich bin der andere
der nicht lacht
der kein gesicht unter dem himmel hat
und keine wörter in seinem mund
der unbekannt ist mit sich und mit mir
nicht ich: der andere: immer der andere
der nicht siegt noch besiegt wird
der sich nicht kümmert
der sich nicht rührt

der andere
der sich gleichgültig ist
von dem ich nicht weiß
von dem niemand weiß wer er ist
der mich nicht rührt
das bin ich

Hans Magnus Enzensberger

In uns allen hat er vielleicht noch nichts

In uns allen hat er vielleicht noch nichts,
worauf er auch nur eine einzige Nacht
das Haupt seiner Leiden einschläfern könnte
und das brennende Herz sich bewahren.

In uns allen leidet das eigene Haupt,
in uns allen lauert das eigene Herz,
und wir schläfern diebisch mit seinem Namen
in bitteren Nächten uns ein.

Wir schleifen ihn mit bis zum Höllenrand,
wir geben ihn auf im Vorhof der Liebe,
und später – zu spät! – mit versteintem Herzen
bieten wir ihn uns als Obdach an.

Christine Lavant

Du bist so nahe, daß mich dünkt,
Ich könnte Deinen lichten Mantel fassen,
Wenn ich die Hand nur leise zu Dir höbe,
Und ganz bei Dir sein, groß und ruhevoll,
Ich stehe einsam wie ein Wanderer
Und schweigend vor vertrauter Tür'
Und weiß daß jenseits einer leichten Wand
Dein unergründliches Geheimnis webt.
Du bist so nah. Du füllst den ganzen Raum
Und schwichtigst jeden Wunsch nach Erdendingen,
Und auch die Sehnsucht löschst Du aus,
Dir näher noch wie einst im Tod zu sein
Du bist auch so bei mir und nimmst
Die Seele tief in Deinen Frieden ein.

Hans Wegmann (1943)

Tenebrae

Nah sind wir, Herr,
nahe und greifbar,

Gegriffen schon, Herr,
ineinander verkrallt, als wär
der Leib eines jeden von uns
dein Leib, Herr.

Bete, Herr,
bete zu uns,
wir sind nah.

Windschief gingen wir hin,
gingen wir hin, uns zu bücken
nach Mulde und Maar.

Zur Tränke gingen wir, Herr.

Es war Blut, es war,
was du vergossen, Herr.

Es glänzte.

Es warf uns dein Bild in die Augen, Herr.
Augen und Mund stehn so offen und leer, Herr.

Paul Celan

EINMAL,
da hörte ich ihn,
da wusch er die Welt,
ungesehn, nachtlang,
wirklich.

Eins und Unendlich,
vernichtet,
ichten.

Licht war. Rettung.

Paul Celan

STRANDGÄNGER

Noch immer
über dem Schilfland
die Mittagsflamme, über
der Düne
noch immer nicht
das Rauschen der Schwäne, noch immer
das Salzkraut
lautlos,
die Hände im Sand.

Wenn das Sternzeichen fliegt
über den Sund,
Eis an den Flügeln,
die Wälder aus Grillenstimmen
heraufgehn

über die Öde,
mit hohlen Mündern reden
hinab auf die See –

ich hör dich kommen, du trittst
aus deinem Schatten, wirfst
von der Schulter die Last
Schwemmholz, aus der Hand
huscht dir ein Feuer.

Dich werd ich fragen:
Wie heiß ich?
Wo bin ich?
Wie lang noch
bleibe ich hier?

Johannes Bobrowski

Manifest des Menschen

Wie haben uns daran gewöhnt,
in freien Stunden
auf den Straßen Gesichter zu sehen,
die vom Leben besudelt sind –
Gesichter wie eure.
Aber plötzlich –
wie das Grollen eines Gewitters
und wie das Antlitz Christi am Tage der Wiederkunft
aufersteht
die getretene und gekreuzigte
Schönheit des Menschen.
Ich bin es – ich,
der zur Wahrheit ruft und zum Aufstand,
der nicht mehr Diener sein will,
und der eure schwarzen
aus Lügen geflochtenen Fesseln zerbricht.
Ich bin es – ich,
der vom Gesetz in Fesseln Geschlagene,
der das Manifest des Menschen verkündet!
Mag mir der Rabe
in den Marmor des Leibes
eingraben
das Kreuz.

J. Galanskow

VI. Die wichtigsten Stellen aus dem Neuen Testament
(in der Übersetzung von Emil Bock)

Aus dem Matthäus-Evangelium

Apokalyptische Ölbergrede

24, 1–51 Als Jesus aus dem Tempel herauskam, scharten sich seine Jünger um ihn und deuteten auf das Bauwerk des Tempels hin. Da sprach er zu ihnen: Ihr seht dies alles jetzt in seiner äußeren Gestalt. Ich muß euch aber sagen: Hier wird kein Stein auf dem anderen bleiben. Alles wird der Zerstörung anheimfallen.

Als er dann auf dem Ölberg saß, traten im vertrauten Kreise seine Jünger zu ihm und sprachen: Sage uns, wann diese Ereignisse eintreten und an welchen Zeichen wir deine Geistesankunft und die Vollendung des Zeitenkreises erkennen können. Jesus antwortete:

Gebet acht, daß euch niemand auf falsche Wege bringt. Es werden viele kommen und sich auf meinen Namen berufen. Sie werden sprechen: Ich bin der Christus. Und sie werden viele irreführen. Ihr werdet Kriegsgetümmel und Kriegsgeschrei vernehmen; sehet zu, daß es euch dann nicht an innerem Mut gebricht. Es ist notwendig, daß dies alles geschieht. Aber damit ist das Ziel des Werdens noch nicht erreicht. Ein Teil der Menschheit wird sich gegen den anderen, ein Reich gegen das andere erheben. Überall werden Hungersnöte und

Erdbeben ausbrechen. Und doch sind das nur die ersten Geburtswehen der neuen Welt.
Man wird euch in große Qualen und Nöte stürzen; töten wird man euch; der Haß aller Völker wird sich auf euch richten, weil mein Wesen in euch ist. Viele Menschen werden dann in ihrem Ich den Halt verlieren, sie werden sich verräterisch bekämpfen und in Haß gegeneinander entbrennen. Viele Menschen werden auftreten, die sich zum Mund der Lügengeister machen; sie werden viele irreführen. Und wenn das Chaos immer unabsehbarer anwächst, wird in vielen Menschen die Liebefähigkeit erkalten. Nur wer bis zur Erreichung des Zieles durchhält, kann das Heil finden. Diese Botschaft vom göttlichen Reiche wird in der ganzen Menschheit verkündet werden, allen Völkern zum Erweis. Dann ist das Ziel nahe.
Und wenn ihr die Greuelgestalt der Ichverirrung seht, von der der Prophet Daniel sagt, daß sie sich am heiligen Orte erhebt – wer es liest, der gebe auf den Sinn acht –, dann sollen, die sich in Judäa befinden, auf die Bergeshöhen fliehen. Und wer auf dem Dach ist, der steige nicht erst hinab, um aufzuraffen, was im Hause ist. Und wer draußen auf freiem Feld ist, kehre nicht um, um sein Gewand zu holen.
Wehe den Schwangeren und Stillenden in jenen Tagen. Betet, daß euer Entrinnen nicht in die Stürme des Winters und nicht in die Strenge des Saturn-Tages fällt. Eine erdrückende Last wird auf den Seelen liegen, wie es nie der Fall war seit dem Urbeginn der Welt bis auf die Ge-

genwart, und wie es auch in der Zukunft nicht wieder der Fall sein wird. Und wenn jene Tage nicht verkürzt würden, so müßte, was auf Erden verkörpert ist, restlos dem Untergang verfallen. Aber wegen der Menschen, die das höhere Sein in sich aufnehmen, werden die Tage verkürzt.
Wenn dann jemand zu euch spricht: Siehe, hier ist der Christus, oder siehe dort! so höret nicht darauf. Denn es werden solche auftreten, die sich Christus nennen und es doch nicht sind, und Propheten, die es nicht wirklich sind. Große Visionen werden sie hervorrufen und Wundertaten tun, um die Menschen auf falsche Wege zu bringen, womöglich auch die, in denen das höhere Sein schon lebt. Siehe, ich habe es euch vorher gesagt.
Wenn man zu euch spricht: Siehe, in der Einsamkeit der Wüste ist er, so gehet nicht dorthin. Und wenn man sagt: Siehe, in seinem Gemach ist er, so glaubt den Worten nicht. Wie der Blitz im Osten aufflammt und bis zum Westen hinüberleuchtet, so wird die Geistesankunft des Menschensohnes sein. Wo etwas Totes liegt, da sammeln sich die Geier.
Sogleich nach den Bedrängnissen jener Tage wird sich die Sonne verfinstern, der Mond wird nicht mehr scheinen, die Sterne werden vom Himmel fallen und die Kraftwesen der Himmelssphären in Bewegung geraten. Dann wird das Zeichen des Menschensohnes im Geistgebiet aufleuchten; alle Stämme auf Erden werden mitten in ihrem Notgeschrei den Menschensohn

schauen, wie er kommt im Äther-Wolkensein, gewaltig umkraftet von den Geistern der Bewegung, strahlend umleuchtet von den Geistern der Offenbarung. Und er wird seine Engel aussenden unter dem Ertönen der großen Posaune, und sie werden versammeln alle, die als Träger des höheren Seins mit ihm verbunden sind, aus allen vier Richtungen des Alls, von den äußersten Grenzen der Himmel bis wiederum zu den äußersten Grenzen.

Lernet von dem Gleichnis, das euch der Feigenbaum gibt. Wenn der Saft durch seine Zweige strömt und seine Blätter sprießen, so erkennt ihr, daß der Sommer nahe ist. So auch müßt ihr, wenn ihr dies alles heraufziehen seht, erkennen, daß es nahe ist. Ja, ich sage euch: Ehe noch die Zeit dieser Generation zu Ende geht, werden sich die ersten Anzeichen zeigen. Der Himmel und die Erde werden vergehen, aber meine Worte werden nicht vergehen. Von jenem Tage und der Stunde weiß niemand etwas, weder die Engel in den Himmeln noch der Sohn, sondern nur mein Vater allein. Wie die Tage des Noah wird die Zeit sein, da der Menschensohn sich offenbart. Wie in den Tagen vor der Sintflut die Menschen aßen und tranken, Weiber nahmen und Männer nahmen, bis Noah in die Arche ging, und wie die Menschen die Lage nicht erkannten, bis die große Flut hereinbrach und alles hinwegraffte, so wird es sein, wenn sich der Menschensohn offenbart. Zwei werden draußen auf dem Felde sein; den einen ergreift es, der andere wird im Stich gelassen.

Zwei werden an der Mühle mahlen; die eine ergreift es, die andere wird im Stich gelassen.

Aufruf zur Wachsamkeit. Gleichnis vom treuen und vom schlechten Knecht

So seid denn wachsam, denn ihr wißt nicht, an welchem Tage euer Herr kommt. Euch ist wohl klar: Wenn der Herr des Hauses wüßte, in welcher Stunde der Nacht der Dieb kommt, so würde er wachen und nicht zulassen, daß man in sein Haus einbricht. So haltet euch denn bereit, denn zu unvorhergesehener Stunde kommt der Menschensohn.

Stellt euch einen treuen und klugen Knecht vor, den sein Herr für die Haushaltung eingesetzt hat und der allen zur rechten Zeit die Speise gibt. Selig ist der Knecht, wenn der Herr ihn bei seiner Wiederkunft sein Amt verrichten sieht. Ja, ich sage euch, er wird ihm alle seine Güter anvertrauen. Ist er jedoch ein schlechter Knecht, so spricht er in seinem Inneren: Mein Herr bleibt lange fort; und fängt er an, seine Mitknechte zu quälen und mit den Betrunkenen zu essen und zu trinken, dann wird der Herr des Knechtes kommen an einem Tage, da er ihn nicht erwartet, und zu einer Stunde, die er nicht kennt. Es wird ihm sein, als würde er mit dem Schwert zerhauen; er wird wie alles unwahre, lügnerische Wesen in eine Welt verwiesen, in der es nur Klagegeschrei und Zähneknirschen gibt.

Gleichnis von den zehn Jungfrauen

25,1–46 Dann wird das Reich der Himmel zehn Jungfrauen gleichen, die ihre Lampen nahmen und auszogen, dem Bräutigam entgegen. Fünf von ihnen waren dumpf in ihren Seelen, fünf wach und einsichtsvoll. Die törichten nahmen zwar die Lampen mit, aber sie vergaßen das Öl. Die verständigen nahmen in Gefäßen Öl für ihre Lampen mit. Da der Bräutigam lange Zeit nicht kam, wurden sie alle müde und schliefen ein. Mitten in der Nacht aber ertönte der Ruf: Siehe, der Bräutigam kommt, geht ihm entgegen! Da erhoben sich die Jungfrauen alle und schmückten ihre Lampen. Und die törichten sprachen zu den einsichtsvollen: Gebt uns von eurem Öl, denn unsere Lampen löschen aus. Die einsichtvollen aber sprachen: Nein, das Öl würde nicht reichen für uns und euch dazu. Geht lieber zu den Händlern und kauft euch selber Öl. Und als sie gegangen waren, um zu kaufen, kam der Bräutigam, und die zu seinem Empfang bereit waren, gingen mit ihm hinein in den Hochzeitssaal, und die Türe wurde verschlossen. Nachher kamen auch die anderen Jungfrauen und sprachen: Herr, Herr, öffne uns! Er aber antwortete: Ich sage es euch ein für allemal: Ich kenne euch nicht.

So seid denn wachen Sinnes, da ihr den Tag und die Stunde nicht kennt.

Es ist wie bei dem Menschen, der auf Reisen ging und seine Knechte zusammenrief, um ihnen seine Güter anzuvertrauen. Dem einen gab er fünf Talente, dem anderen zwei, dem dritten eines, jedem, wie es seiner Tüchtigkeit entsprach. Dann verließ er das Land. Und der, der die fünf Talente empfangen hatte, fing sogleich an damit zu arbeiten und gewann weitere fünf hinzu. Auch der, der die zwei empfangen hatte, gewann weitere zwei hinzu. Derjenige jedoch, der das eine empfangen hatte, ging hin und verbarg das Silber seines Herrn, indem er es in die Erde vergrub. Als eine lange Zeit verstrichen war, kam der Herr der Knechte zurück und hielt Abrechnung mit ihnen. Zuerst trat der auf, der fünf Talente empfangen hatte, und brachte weitere fünf hinzu. Er sprach: Herr, fünf Talente hast du mir gegeben, siehe, ich habe noch fünf Talente hinzuerworben. Da sprach der Herr zu ihm: Wohl dir, du guter und treuer Knecht, weniges hast du gut und treu verwaltet; vieles will ich dir nun zu verwalten geben. Nimm teil an der Freude deines Herrn. Dann trat derjenige hinzu, der zwei Talente empfangen hatte, und sprach: Herr, zwei Talente hast du mir übergeben, siehe, ich habe noch zwei Talente hinzuerworben. Da sprach der Herr zu ihm: Wohl dir, du guter und treuer Knecht; weniges hast du gut und treu verwaltet, vieles will ich dir nun zu verwalten geben. Nimm teil an der Freude deines Herrn. Da trat auch der hinzu, der ein

Talent empfangen hatte, und sprach: Herr, ich weiß, daß du ein harter und strenger Mensch bist; du erntest, wo du nicht gesät hast, und sammelst ein, wo du nicht ausgeteilt hast. In meiner Furcht habe ich dein Geld in die Erde vergraben. Sieh, hier hast du das Deine wieder. Da antwortete der Herr: Du schlechter und müßiger Knecht, meintest du zu wissen, daß ich ernte, wo ich nicht gesät, und daß ich sammle, wo ich nicht ausgeteilt habe? Hättest du da nicht erst recht mein Geld zu den Wechslern tragen müssen, damit ich bei meiner Heimkehr mein Eigentum mitsamt den Zinsen empfinge? Nehmt ihm das Talent ab und gebt es dem, der zehn Talente hat. Dem, der hat, wird gegeben, und er wird die Fülle haben; dem, der nicht hat, wird auch das genommen, was er hat. Den unbrauchbaren Knecht werft in die Finsternis des äußeren Daseins hinaus, wo es nur Klagegeschrei und Zähneknirschen gibt.

Das Weltgericht

Wenn dann der Menschensohn kommt, umleuchtet vom Licht der Offenbarung, von allen Engeln umgeben, dann wird er den Thron einnehmen über das Reich seiner Offenbarung. Er wird vor seinem Antlitz alle Völker der Welt versammeln und unter den Menschen eine Scheidung vollziehen, so wie ein Hirte die Lämmer von den Böcken scheidet, die Lämmer auf die rechte, die Böcke auf die linke Seite.
Dann wird er als ein König sprechen zu denen, die zu

seiner Rechten stehen: Kommt, die ihr von meinem Vater gesegnet seid, euch soll zu eigen gegeben sein das Reich, das euch von der Weltschöpfung zugedacht ist. Ich war hungrig, und ihr gabt mir zu essen; ich war durstig, und ihr gabt mir zu trinken; ich war fremd, und ihr habt mich gastlich aufgenommen; ich war nackt, und ihr habt mich bekleidet; ich war krank, und ihr habt mich besucht; ich war im Kerker, und ihr seid zu mir gekommen. Und antworten werden die Gottergebenen: Herr, wann haben wir dir den Hunger gestillt oder den Durst, wann haben wir dich, als du ein Fremdling warst, aufgenommen und, als du nackt warst, bekleidet; wann haben wir dich in der Krankheit und im Kerker besucht? Und der König wird zu ihnen sprechen: Ja, ich sage euch, was ihr getan habt an dem Geringsten meiner Brüder, das habt ihr an mir getan. Und dann wird er zu denen sprechen, die zu seiner Linken stehen: Ihr werdet nicht in meiner Nähe bleiben. Dem Feuerbrand verfallt ihr, in dem der Äon verbrennt und in dem der Widersacher wohnt mit seinen Engeln. Ich war hungrig, und ihr gabt mir nicht zu essen; ich war durstig, und ihr gabt mir nicht zu trinken; ich war fremd, und ihr nahmt mich nicht auf; ich war nackt, und ihr habt mich nicht bekleidet; ich war krank und im Kerker, und ihr habt mich nicht besucht. Und sie werden antworten: Herr, wann sahen wir dich hungrig und gaben dir nicht zu essen, oder durstig und gaben dir nicht zu trinken, oder fremd oder nackt oder krank oder im Kerker und sind dir nicht dienstreich gewesen?

Und er wird zu ihnen sprechen: Ja, ich sage euch, was ihr zu tun unterlassen habt an dem Geringsten meiner Brüder, das habt ihr auch an mir zu tun versäumt.
Und sie werden dem Äon der Qual verfallen, während die Gottergebenen den Äon des Lebens finden.

Entsprechende Parallelstellen: Markus 13, Lukas 17 und 21

Aus dem Lukas-Evangelium

21,25–36 Und es werden Zeichen erscheinen an der Sonne, am Mond und an den Sternen, und auf der Erde wird Bedrängnis herrschen unter den Völkern und Ratlosigkeit beim Heranbranden des Meeres und seines Wogenschwalles. Und die Menschen werden die Besinnung verlieren vor Furcht und Erwartung dessen, was über den Erdkreis hereinbricht. Und sogar die Kräfte des Erdenumkreises und des Himmels werden in Erschütterung geraten. Dann wird der Menschensohn den schauenden Seelen erscheinen in den Wolken des Ätherreiches, umkraftet von den bewegenden Weltenmächten, umleuchtet von den Geistern der Offenbarung. Wenn aber das alles zu geschehen anfängt, so richtet euch auf und erhebet eure Häupter, denn dann naht sich euch die Erlösung.
Und er sagte ihnen ein Gleichnis: Sehet den Feigenbaum an und alle anderen Bäume: Wenn sie anfangen zu sprießen, so könnt ihr daran erkennen, daß der Sommer nahe ist. So auch könnt ihr, wenn das alles zu

geschehen anfängt, erkennen, daß das Reich Gottes nahe ist. Ja, ich sage euch, dieses menschliche Geschlecht wird nicht vergehen, bevor das alles seinen Anfang nehmen wird. Der Himmel und die Erde werden vergehen, aber meine Worte werden nicht vergehen.

Hütet euch davor, daß eure Herzen abgestumpft werden durch Rausch und Taumel und die Sorgen des äußeren Lebens; sonst kommt der Tagesanbruch plötzlich über euch wie eine Schlinge. Denn einmal wird er kommen für alle, die auf Erden wohnen. Seid also allezeit wachen Geistes, übt eure Seelen im Gebet, damit ihr stark werdet, allem, was bevorsteht, ohne Schaden zu entgehen, und stehen könnt vor dem sich offenbarenden Menschensohn.

Aus dem Johannes-Evangelium

21,20–23 Da wendet sich Petrus um und sieht, wie der Jünger, den Jesus liebhatte, ihm nachfolgte. Das war der, der beim Mahle an seiner Brust gelegen und gesprochen hatte: Herr, wer ist es, der dich verrät? Als Petrus ihn sieht, sagt er zu Jesus: Herr, welches ist *sein* Auftrag? Jesus antwortet ihm: Wenn ich ihn dazu bestimme, zu bleiben bis zu meiner Wiederkunft, so stört das deine Wege nicht. Folge du mir nach! Von nun an verbreitete sich unter den Jüngern das Wort: Dieser Jünger wird nicht sterben. Aber Jesus sprach nicht zu

Petrus: Er wird nicht sterben, sondern: Wenn ich ihn dazu bestimme, zu bleiben bis zu meiner Wiederkunft, so stört das deine Wege nicht.

Aus der Apostelgeschichte

Die Himmelfahrt

1,4–12 Und als er so in ihrer Mitte war, wies er sie an, Jerusalem nicht zu verlassen: Erwartet hier die Erfüllung der väterlichen Verheißung, die ihr durch mich vernommen habt. Johannes hat euch mit Wasser getauft; ihr aber sollt mit dem heiligen Geiste getauft werden. Bis dahin werden nicht mehr viele Tage vergehen. Da drängten sich alle zusammen und fragten ihn: Herr, wirst du dann auch dem Volke Israel das Reich wieder aufrichten? Und er sprach zu ihnen: Es ist eure Aufgabe nicht, die Zeiten und Augenblicke zu erkennen, die der väterliche Weltengrund in der ihm zustehenden Allgewalt gesetzt hat. Aber ihr sollt die Kraft empfangen, die sich auf euch herniedersenkt: die Kraft des heiligen Geistes; und dann sollt ihr meine Zeugen sein in Jerusalem und in ganz Judäa und Samarien bis an die letzten Grenzen der Erde. Und als er das sagte, wurde er vor ihren Augen emporgehoben, eine Wolke nahm ihn auf, und sie sahen ihn nicht mehr. Und als sie ihren Blick noch zum Himmel emporgerichtet hielten und ihm nachschauten, siehe, da standen mit einem Male zwei Männer in weißen Gewändern bei ihnen, die sprachen: Ihr Männer aus Galiläa, warum steht ihr da und blickt zum Himmel empor? Dieser Jesus, der vor euch in den Himmel entrückt worden ist, wird einst wiederkommen in der gleichen Art der Offenbarung, wie ihr ihn jetzt in die Himmelssphäre habt übergehen sehen. Da verließen sie den Gipfel des Ölberges, der nahe bei Jerusalem liegt, einen Sabbatweg entfernt, und kehrten nach Jerusalem zurück.

Aus dem Brief des Paulus an die Römer

13,11–14 Das sagen wir, weil wir das drängende Geheimnis der Zeit kennen. Die Stunde ist da, vom Schlafe zu erwachen. Schon ist das Heil näher an uns herangekommen, als es uns in den Anfängen unseres Glaubens war. Die Nacht geht zu Ende, *der Tag bricht an!* So laßt uns denn die Werke der Finsternis abstreifen und die Waffen des Lichts anlegen. Wie es dem Tag entspricht, soll unser Leben seines Lichtes würdig sein: nicht in Unzucht und schwelgerischer Lust, nicht in streitsüchtiger Ichbezogenheit. Bekleidet euch mit dem Wesen Jesu Christi, des Herrn. Und wenn ihr euch um die Angelegenheiten des Leibes kümmert, so tut es so, daß eure Begierde euch nicht daran bindet.

Aus dem ersten Brief des Paulus an die Korinther

1,7–8 So könnt ihr getrost der neuen Offenbarung Jesu Christi, unseres Herrn, entgegensehen. Er ist es, der euch die innere Festigkeit verleiht und euch, ohne daß ihr zu Fall kommt, zum Ziele führt: zum Aufbruch des Tages Jesu Christi, unseres Herrn.

15,20–26 Nun ist es aber eine Tatsache, daß Christus vom Tode auferstanden ist. Er ist der Urbeginn des neuen Lebens unter den entschlafenen Seelen. Da nun durch einen Menschen der Tod, so ist auch durch einen Menschen die Auferstehung in die Welt gekommen. Wie in Adam alle Menschen dem Tod verfallen sind, so werden in Christus alle zum Leben erweckt. Dabei wird jeder der Ordnung folgen, die seinem Ich-Wesen entspricht. Christus bildet den Urbeginn. Ihm folgen bei seinem geistigen Kommen die, die sich mit ihm verbunden haben. Dann kommt das Ziel heran, wo er die mit ihm geeinte Welt dem göttlichen Vater übergibt und außer Kraft setzt die Urkräfte, die Schöpfergeister und die Weltkräfte.
Er muß der Herr des Schicksals sein, bis er alle Feinde unter seine Füße gezwungen hat. Als letzter Feind wird außer Kraft gesetzt der Tod.

Aus dem Brief des Paulus an die Philipper

4,4–7 Freuet euch allezeit in dem Herrn! Und ich sage es noch einmal: Freuet euch! Eure Seelengüte werde allen Menschen offenkundig. *Der Herr ist nahe!* Duldet keine Sorgen in euch, sondern lasset in allen Dingen eure Anliegen vor Gott kundwerden, indem ihr im Bitten und Beten eure dankerfüllten Opfergedanken emporsendet. Und der Friede Gottes, der höher ist als alles, was der Verstand erkennt, wird eure Herzen und Gedanken im Christuswesen bewahren.

Aus dem ersten Brief des Paulus an die Thessalonicher

Die Verstorbenen und die Wiederkunft Christi

4,13–18 Wir wollen euch, liebe Brüder, nicht in Unwissenheit lassen über die Entschlafenen. Euch soll nicht Traurigkeit umdüstern wie die, denen keine Hoffnung das Zukünftige erhellt. So sicher unser Herz durch den Glauben weiß, daß Jesus durch den Tod zur Auferstehung hindurchgedrungen ist, so gewiß dürfen wir auch sein, daß der göttliche Weltengrund die Entschlafenen, die mit Christus verbunden sind, durch ihn dem gleichen Ziel entgegenführen wird. Dies sagen wir euch mit einem Worte des Herrn selbst: Wir Lebenden, die wir aufgespart werden für das neue offenbarende Kommen Christi, werden vor den Entschlafenen keinen Vorsprung haben. Denn er selbst, der Herr, wird, wenn die Losung ertönt, im dröhnenden Ruf des Erzengels, im Schall der Posaune Gottes, aus der Sphäre des Himmels herniedersteigen. Dann werden als erste die mit Christus verbundenen Verstorbenen die Auferstehung erleben; danach wir, die aufgesparten Lebenden. Unsere Seelen werden, mit denen der Verstorbenen vereint, wie auf Wolken erhoben, um dem Christus zu begegnen im Seelen-Lüfte-Reich; und so werden wir untrennbar mit ihm, dem Auferstandenen, verbunden sein. Sprechet einander Mut und Kraft zu in solchen Worten und Gedanken.

5,1–11 Über die Zeiträume und die rechten Augenblicke habt ihr, liebe Brüder, nicht nötig, daß ich euch schreibe. Ihr wißt selber sehr gut, daß der *Christus-Tag* kommt wie ein Dieb in der Nacht. Wenn die Leute sagen: Jetzt herrscht Friede, und alles steht in Sicherheit, dann bricht plötzlich die Katastrophe über sie herein wie die Wehen über das schwangere Weib, und es wird kein Entrinnen für sie geben.
Ihr aber, liebe Brüder, sollt nicht in der Finsternis verharren, damit euch der Anbruch des Tages nicht wie ein Dieb überfällt. Denn ihr alle seid Söhne des Lichtes und Söhne des Tages. Unser Wesen ist nicht von Nacht und Finsternis durchdrungen. So laßt uns denn nicht schlafen wie die anderen, sondern ein waches und nüchternes Bewußtsein pflegen. Die da schlafen, schlafen bei Nacht, und die Trunkenen sind gleichfalls bei Nacht

trunken. Wir aber, die wir der Helligkeit des Tages angehören, wollen nüchtern sein, angetan mit dem Brustpanzer des Glaubens und der Liebe, das Haupt gerüstet mit dem Helm der Hoffung auf das Heil. Denn Gott hat uns nicht zu Opfern des großen Zornes vorbestimmt: Er will, daß wir uns der Heilung teilhaftig machen, die durch Jesus Christus, unseren Herrn, errungen ist. Er ist für uns gestorben, damit wir, ob wir nun wachen oder schlafen, in der Vereinigung mit ihm das wahre Leben finden. Darum sprecht euch gegenseitig Trost und Kraft zu; spendet einander aufbauende Kräfte von Ich zu Ich, wie es ja bei euch schon geschieht.

5,23–24 Gott selbst aber, der Urquell alles Friedens,
heilige euer ganzes Wesen. Euer ungeteiltes Sein,
euer Geist, eure Seele und euer Leib
möge ungetrübt bei der Geistesankunft Jesu Christi,
unseres Herrn, bewahrt bleiben. Ihr könnt vertrauen
auf den, der euch ruft; er wird es auch ausführen.

Aus dem zweiten Brief des Paulus an die Thessalonicher

Das neue Kommen Christi

1,8–12 Das alles erfüllt sich in dem offenbarenden *Hervortreten Jesu des Herrn* aus den Sphären des Him-

mels, wo er sich zeigt inmitten seiner Engelmacht, in Feuerflammen ein strenges Gericht bewirkend über die, die vom Göttlichen nichts wissen wollen und die dem Evangelium Jesu, unseres Herrn, das Ohr der Seele verschließen. Wenn das wesenhafte Antlitz des Herrn erscheint und die Lichtoffenbarung seiner Sonnenmacht aufgeht, dann werden jene darin als Strafe den Untergang erleben. In denen jedoch, die sich ihm geheiligt haben, wird sein Kommen das Licht des Schauens entzünden, und die sich gläubig mit ihm verbinden, werden voll Staunen sein Wesen erkennen. Dieses unser Zeugnis sei euch anvertraut; es wird sich bei jenem großen Tagesanbruch an euch bewähren.
Das ist das Ziel unserer unablässigen Gebete für euch: daß die über uns waltende Gottheit euch ihrer dauernden Berufung erwürdige und daß sie an euch ihren ganzen lichtvollen Gütewillen erfülle sowie das kraftgesegnete Wirksamwerden des Glaubens: damit der Name und das Wesen Jesu, unseres Herrn, in eurem Wesen leuchte und auch euer Wesen leuchtend werde in ihm. So will es die Gnade unseres göttlichen Vaters und Jesu Christi, des Herrn.

Standhaftigkeit im Hinblick auf die Wiederkunft Christi und das Auftreten des Widersachers

2,1–12 Im Gedanken an das geistige Kommen unseres Herrn Jesus Christus und an die innere Sammlung, deren wir dafür bedürfen, bitten wir euch, liebe Brüder: Laßt euch nicht so schnell in eurer Überzeugung

wankend machen und in euren Seelen verwirren, weder durch eine Geisteserscheinung noch durch ein Wort oder einen Brief, den man als eine Botschaft von uns ausgibt: als stände der Anbruch des Christus-Tages bereits unmittelbar bevor. Es soll euch niemand irreführen, wie er es auch anfangen mag.
Denn zuvor muß der große Treubruch, die Abtrennung von der Geisteswelt, erfolgen; der Mensch des Chaos muß offenbar werden, der Sohn des Unterganges, der Geist des Widerspruchs, der sich erhaben dünkt über alles, was göttlich heißt und Verehrung verdient, und der sich schließlich im Tempel Gottes selber an Gottes Stelle setzt und sich für einen Gott ausgibt. Erinnert ihr euch nicht, daß ich euch das schon wiederholt gesagt habe, als ich noch bei euch war? So wißt ihr auch, daß ihn jetzt noch eine Kraft zurückhält, bis er, wenn seine Zeit gekommen ist, offen hervortritt. Schon sind die Mysterien des Chaos am Werke. Wäre nicht eine Kraft da, die sie noch zurückhält, so brächen sie bereits aus ihrer Mitte hervor. Einmal wird der magische Zerstörer unverhüllt offenbart werden. Aber Jesus der Herr wird ihn mit dem Atem seines Mundes hinwegfegen und ihn zunichte machen durch die Erscheinung seiner Geistesankunft, ihn, dessen Hervortreten durch die satanische Macht bewirkt wird, unter Aufbietung jeglicher Gewalt, unter trügerischen Zeichen und Wundern. Jeder Art der Versuchung zum Bösen werden diejenigen ausgesetzt sein, die sich dem Abgrund verschrieben haben, weil sie die Liebe zur Wahr-

heit, durch die sie das Heil hätten finden können, nicht in ihr Wesen aufgenommen haben. Gott selbst schickt ihnen die wirksame Kraft des Irrtums, so daß sie schließlich selbst an die Lüge glauben. So müssen alle, die ihr Herz nicht an die Wahrheit hingeben, sondern sich durch die Offenbarung des Bösen bezaubern lassen, dem Gericht verfallen.

Aus dem zweiten Brief des Paulus an Timotheus

Die Abirrungen der Menschen in kommenden Zeiten

3, 1–7 Erkenne dieses: Für die Endzeit des gegenwärtigen Zeitenkreises stehen schlimme Zeiten bevor. Da werden die Menschen in sich selbst vernarrt sein, gierig auf Besitz, überheblich im Wort, überheblich in der Gesinnung, hemmungslos im Verneinen, den Eltern ungehorsam, ohne Dankbarkeit, alles entheiligend, lieblos, unversöhnlich, von Dämonen besessen, ohne Selbstbeherrschung, zügellos, ohne Liebe zum Guten, verräterisch, frevelhaft, umnebelt, den niederen Lüsten mehr als dem Göttlichen ergeben; sie verstehen es, Frömmigkeit vorzutäuschen, die innere Kraft derselben jedoch verneinen sie. Sei vor diesen Gefahren auf der Hut. Unter diesen Menschen wird es dann auch solche geben, die darauf aus sind, mit ihrem Willen in fremde Menschen einzudringen und deren seelische Instinkte unter ihren Bann zu zwingen. Ihre Opfer, erfüllt von unreinen Trieben, fangen an, haltlos umherzuschweifen, süchtig in den verschiedenartigsten Begierden. Sie machen so zwar allerhand Erfahrungen, werden aber zugleich immer unfähiger zu einer wirklichen Erkenntnis der Wahrheit.

Persönlicher Bericht und Bitte um baldiges Kommen

4,6–8 Ich habe meinen Opfergang schon angetreten. Für mich naht sich die Zeit, da das Irdische seiner Auflösung entgegengeht. Ich habe den guten Kampf zu Ende gekämpft, ich habe meinen Lauf vollendet, die Kraft des Glaubens habe ich durchgetragen. Es bleibt mir noch, den Kranz der Gerechtigkeit zu erringen. Beim Anbruch des neuen Tages wird der Herr ihn mir geben, der *gerechte Richter des Schicksals.* Und nicht nur mir, sondern allen, die mit liebendem Herzen seine Epiphanie, seine Gnaden-Erscheinung, ersehnt haben.

Aus dem Brief des Jakobus

Mahnung zur Geduld

5,7–12 So harret nun, ihr Brüder, *geduldig* aus im Blick auf das geistige Kommen des Herrn. Seht den Landmann an: Er wartet auf die kostbare Frucht der Erde; mit geduldiger Erwartung sieht er ihr entgegen, bis sie Früh- und Spätregen empfangen hat. So geduldet auch ihr euch, erkraftet eure Herzen: Die *Geistesankunft des Herrn ist nahe!* Beklagt euch nicht gegenein-

ander, liebe Brüder, damit ihr nicht gerichtet werdet. Seht, der Richter steht bereits vor der Tür! Für das Ertragen des Leidens und für die Geduld nehmt euch, liebe Brüder, zum Vorbild die Propheten, die im Namen des Herrn gesprochen haben. Siehe, wir preisen selig, die ihr Schicksal mit Geduld getragen haben. Von der Geduld Hiobs habt ihr gehört; ihr wißt, wie der Herr ihn sein Ziel erreichen ließ. Von großer Güte und Barmherzigkeit ist der Herr.
Hütet euch, meine Brüder, besonders davor, euch der Magie des Schwurwortes zu bedienen. Beschwört weder die Wesen des Himmels noch die der Erde. Vermeidet überhaupt jede Art des Schwörens. Euer Ja sei ein Ja und euer Nein ein Nein, wenn ihr nicht in schwere Krisen kommen wollt.

Aus dem zweiten Brief des Petrus

Das Grunderlebnis der Verklärung auf dem Berge

1,16–19 Wir sind nicht erdachten Vorstellungen gefolgt, als wir euch die Erkenntnis brachten von der Wesensmacht und dem geistigen Kommen Jesu Christi, unseres Herrn. Wir haben zu euch gesprochen als solche, *die seine majestätische Wesensoffenbarung selber haben schauen dürfen.* Von dem Vatergotte empfing er Seelenwürde und Geisteslicht, als aus der erhabenen Offenbarung die Stimme zu ihm sprach: »Dies ist mein geliebter Sohn, in ihm habe ich mich geoffenbart.«

Diese Stimme haben wir aus Himmelshöhen ertönen hören, als wir mit ihm auf dem heiligen Berge waren. So hat für uns das zukunftsweisende Geistwort einen um so festeren Grund, und ihr tut gut daran, euch an es zu halten wie an ein Licht, das einen finsteren Raum erhellt, bis dann der Tag leuchtend emporsteigt und der Lichtträger, der Morgenstern, aufgeht in euren Herzen.

Die scheinbare Verzögerung der Wiederkunft Christi

3,1–15 Dieses, meine Lieben, ist nun schon der zweite Brief, den ich euch schreibe. Und wieder möchte mein Wort für euch ein Weckruf sein zu einem sonnenklaren Bewußtsein. Pfleget die Erinnerung an die einst gesprochenen Worte der heiligen Propheten und an die Weisung der Apostel des Herrn und Heilbringers, die unter euch gewirkt haben. Erkennt vor allem dieses: In den letzten Tagen werden Menschen kommen mit durch und durch spöttischem Sinn, die sich ausschließlich von ihren persönlichen Wünschen und Begierden leiten lassen. Sie werden sagen: *Wie steht es nun mit der Verheißung seiner Wiederkunft?* Längst sind die Väter gestorben, und doch ist alles noch genau so, wie es von Beginn der Schöpfung an immer schon war. Die so sprechen, wollen nicht wahrhaben, daß ursprünglich die Himmelssphären samt der Erde aus Wasser bestanden und daß sich durch das göttliche Schöpferwort aus dem Wasser alles Dasein zusammengezogen hat. Deshalb ist auch der alte Erdenzustand vom Wasser verschlungen worden und untergegangen. In ihrer jetzigen Gestalt aber werden Himmel und Erde durch das gleiche Schöpferwort gesammelt und aufgespart für das Feuerelement; sie werden bewahrt bis zum Tage der letzten Entscheidung und des Unterganges, der über die von Gott abgetrennte Menschheit kommt. Dieses eine, meine Lieben, darf euch nicht verborgen bleiben: Für den Herrn des Lebens ist *ein Tag wie tausend Jahre,* und *tausend Jahre sind wie ein Tag.* Der Herr zögert die Verheißung nicht hinaus, wie einige denken, die ihn für einen Zögerer halten. Er ist vielmehr langmütig gegen uns und will nicht, daß jemand zugrunde geht; er will, daß alle den Weg der Sinneswandlung finden. Der Tag des Herrn wird kommen wie ein Dieb. Mit gewaltigem Getöse werden die Sphären des Himmels in neue Daseinsformen übergehen. Das Reich der Elemente wird sich im Feuer auflösen. Dann liegt der Erde Antlitz offen da, und alle Werke, die auf ihr geschehen sind, sind in ihr Antlitz eingeschrieben. Da sich so die Auflösung alles Seins vollzieht: wie kraftvoll muß da euer Streben sein, durch all euer Leben und all eure Frömmigkeit dem Heiligen eine Stätte zu bereiten! Mit nie ruhender Sehnsucht müßt ihr den Anbruch des Gottestages erwarten, da die Sphären des Himmels sich im Feuer auflösen und das Reich der Elemente in der Glut zerschmelzen wird. Wir tragen in uns die Erwartung der neuen Himmel und einer neuen Erde, gemäß der göttlichen Verheißung, in denen die Gerechtigkeit wohnt.

Darum, liebe Brüder, trachtet dieser Zukunftserwartung zuliebe mit Hingabe danach, befreit von Flecken und Trübungen, als Träger des Friedens vor Ihm zu stehen. Betrachtet die Langmut unseres Herrn als ein Heil.

Aus dem ersten Brief des Johannes

Die Zeichen des Antichrist

2,18–19 *Ihr Kinder, es ist die letzte Stunde.* Ihr habt ja gehört, daß der Antichrist kommt. Er ist bereits in vielfacher Gestalt am Werk. Daran erkennen wir, daß die letzte Stunde angebrochen ist. Diejenigen, durch die der Antichrist wirkt, sind aus unserer Mitte hervorgegangen, aber sie haben nicht zu uns gehört. Hätten sie zu uns gehört, so wären sie bei uns geblieben. Aber es mußte einmal an den Tag kommen, daß sie nicht alle zu uns gehören.

Aus dem Hebräerbrief

10,37–39 Denn: »Nur noch *eine kleine, ganz kurze Zeit,* und Er wird kommen, der da kommen soll, und wird nicht zögern. Wer meinem Wesen gerecht werden will, muß lernen, aus dem Vertrauen zu leben. Wer sich aber feige zurückzieht, in dem kann meine Seelenkraft nicht zur Offenbarung gelangen.« Wir wollen nicht zu denen gehören, die zurückweichen und dem Untergang verfallen. Wir schreiten vorwärts auf dem Wege des Glaubens, um uns so die gottgewollte Seelenkraft ganz zu eigen zu machen.

Aus der Offenbarung des Johannes

1,7–8 Siehe, er kommt im Wolkensein. Alle Augen sollen ihn schauen, auch die Augen derer, die ihn durchstochen haben. Alle Geschlechterfolgen auf der Erde werden wehklagen um ihn. Ja, Amen.

Ich bin das Alpha und das Omega,
so spricht der Herr, unser Gott,
der ist und der war und der kommt,
der Gebieter des Alls.

3,3; 10–11 Belebe in dir die Erinnerung an alles, was du aus den geistigen Welten empfangen und gehört hast. Pflege es in dir und wandle deinen Sinn. Wenn du nicht zu einem höheren Bewußtsein erwachst, so werde ich wie ein Dieb kommen. Du wirst nicht wissen, zu welcher Stunde ich über dich komme.
Du hast das Wort meiner Geduld in deinem Herzen bewahrt, und so will ich dich bewahren in der Stunde der großen Versuchung, die über die ganze Menschheit hereinbricht. Alle Bewohner der Erde müssen diese Prüfung bestehen. Ich komme überraschend schnell. Halte fest, was du innerlich erreicht hast, damit dir niemand deine Krone raube.

14,14–16 Und ich sah, siehe eine weiße Wolke. Und auf der Wolke die Gestalt des Menschensohnes. Auf seinem Haupte trug er eine goldene Krone, und in der Hand hielt er eine scharfe Sichel. Und ein anderer Engel trat aus dem Tempel hervor und rief mit lauter Stimme dem auf der Wolke Kommenden zu: Schlag zu mit deiner Sichel und ernte, denn die Zeit der Ernte ist gekommen. Das Erntefeld der Erde steht reif. Und der auf der Wolke fuhr mit seiner Sichel über die Erde, und die Erde wurde geerntet.

16,15 Siehe, ich komme wie ein Dieb. Selig der Mensch, der zu wachen versteht und seine Gewänder bewahrt, so daß er dann nicht nackt einhergehen muß und man seine Ungestalt sieht.

19,11–16 Und ich sah, wie der Himmel sich auftat. Siehe, ein weißes Pferd. Und der Reiter, der auf ihm saß, er ist es, der Glauben und Erkenntnis wahrmacht. Durch seine Entscheidungen und seinen Kampf entsteht das Sein des Moralischen. Seine Augen sind wie Feuerflammen, auf seinem Haupte leuchten viele Kronen. Ihm ist ein Name eingeschrieben, den niemand versteht außer ihm selber. Er ist mit einem blutbesprengten Gewand bekleidet, dessen Name heißt: der Logos Gottes. Und die Heere des Himmels folgen ihm auf weißen Pferden, mit reiner weißer Leinwand bekleidet. Aus seinem Munde geht ein scharfes Schwert hervor, mit dem er die Völker trifft. Er ist der Hirte der

Völker und trägt den ehernen Stab. Er tritt die Kelter, aus der der Wein des göttlichen Willens als Zorn des Weltgebieters hervorquillt. Auf seinem Gewande und auf seiner Hüfte steht der Name geschrieben: König aller Könige, Herr aller Herren.

22,6–7; 10–12; 20 Und er sprach zu mir: Dies sind Worte des Glaubens und der Erkenntnis. Der Herr, aus dessen göttlichem Wesensquell allen prophetischen Geistern die Offenbarung zuteil wird, hat seinen Engel ausgesandt, um seinen Getreuen zu zeigen, was mit schnellen Schritten herannaht.
Siehe, ich komme in einem Augenblick. Selig ist, wer die zukunftweisenden Worte dieses Buches in sein Herz aufnimmt.
Und er sprach zu mir: Versiegele die zukunftweisenden Worte dieses Buches nicht; denn die Zeit drängt! Wer jetzt dem Guten ferne ist, wird auch künftig dem Guten ferne sein. Wer jetzt voller Trübung ist, wird es auch künftig sein. Wer jetzt aber Anteil hat am höheren Sein, wird auch in Zukunft sein Leben aus dem höheren Sein gestalten können. Und wer dem Geist ergeben ist, wird auch fernerhin Durchgeistigung erfahren.
Siehe, ich komme schnell. Und ich werde der Herr des Schicksals sein; einem jeden werde ich den Schicksalsausgleich geben, der seinem Verhalten entspricht.
Der diesen Worten Kraft verleiht, er spricht: Ja, ich komme schnell. Amen, komm, Jesus, unser Herr.

Nachwort

Bei der Arbeit an diesem Buche habe ich von vielen Seiten Hilfe erfahren, für die ich hier danken möchte. Wesentliche Anregungen verdanke ich vor allem Ekbert Lasch (Stuttgart), aber auch Maarten de Gans (Buenos Aires), Ellen Huidekoper (Amsterdam), Esther Lenz (München), Johannes Lenz (Stuttgart), Barbara Nordmeyer (Murrhardt), Dr. Rainer Patzlaff (Stuttgart), Veronika Peter (Stuttgart), Dr. Johannes Tautz (Witten-Annen).
Dem Verlag danke ich für das Entgegenkommen bei der Gestaltung und Herstellung des Buches.

Stuttgart, Advent 1990 *Hans-Werner Schroeder*

VII. Anmerkungen

1 Die »Wiederkunft« Christi wird oft mit der »Wiederverkörperung« (Reinkarnation) verwechselt. Es sei deshalb gleich ausdrücklich darauf hingewiesen, daß hier mit dem Wiedererscheinen des Christus nicht – wie bei der Reinkarnation eines Menschen – eine neue Verkörperung in einem irdischen Leib gemeint ist. Die weiteren Ausführungen werden das deutlich machen.

2 Eine ausführliche Besprechung findet sich bei Emil Bock, Das Evangelium. Betrachtungen zum Neuen Testament, Stuttgart 1984, in dem Kapitel: Die Wiederkunft Christi und die Eschatologie des Evangeliums: Gnosis und Montanismus, S. 353f.

3 Zitiert nach Norman Cohn, Das Ringen um das tausendjährige Reich. Revolutionärer Messianismus im Mittelalter und sein Fortleben in den modernen totalitären Bewegungen, Bern 1961, S. 17

4 siehe E. Bock, a. a. O.

5 Zitiert nach Hans Lietzmann, Geschichte der Alten Kirche II. Ecclesia catholica, Berlin [2]1953, S. 198.

6 N. Cohn, a. a. O., S. 28

7 Zitiert nach Ernst Harnischfeger, Die Bamberger Apokalypse, Stuttgart 1981, S. 10f.

8 »... Und ebenso zutreffend – obschon noch paradoxer – ist die Tatsache, daß das Schlagwort vom ›Dritten Reich‹, das von dem nationalistischen Publizisten Moeller van den Bruck 1923 erstmals geprägt und später von Hitler zur offiziellen Bezeichnung der angeblich tausend Jahre währenden ›Neuen

Ordnung‹ gemacht wurde, nur geringen Gefühlswert besessen hätte, wenn nicht das Phantasiebild von der dritten und glorreichsten Ordnung über die Jahrhunderte hinweg zum feststehenden Bestand der Sozialmythologie Europas gehört hätte.« N. Cohn, a. a. O., S. 95

9 In eben diesem radikalen Sinne waren auch andere wirksam, wie N. Cohn in dem schon zitierten Werk auf S. 98 und 116 darlegt: »Ein eben zu dieser Zeit in Schwaben von einem dissidenten Dominikanerpater namens Arnold im joachimitischen Geist verfaßtes Manifest machte diese Haltung hinlänglich klar. Die Schrift bezeichnete ebenso wie die in Italien zirkulierenden joachimitischen Prophetien das Jahr 1260 als das apokalyptische Jahr, das den Anbruch des dritten Zeitalters bringen werde. Pater Arnold werde noch vorher Christus im Namen der Armen bitten, den Papst und seine Hierarchie zu richten; und Christus werde ihn erhören, zur Erde niederfahren und sein Gericht halten, vor dem der Papst als Antichrist und die Priester als seine Gehilfen dastehen würden. Christus werde sie nicht nur wegen ihrer Sündhaftigkeit und Weltlichkeit und wegen des Mißbrauchs des Interdikts, sondern auch – und hauptsächlich – wegen der Unterdrückung und Ausbeutung der Armen auf ewig verdammen. Dann werde sich Gottes Wille durch Arnold und seine Gefährten offenbaren, und ihre Aufgabe werde sein, diesen Willen durchzuführen, indem sie die römische Kirche ihrer Autorität entkleiden, diese Autorität auf sich nehmen und als heilige Männer in absoluter Armut leben würden. Was den Reichtum der Kirche anbelange, so werde er ihr weggenommen und unter die Armen verteilt werden – die in den Augen Arnolds, der sich selbst zum ›Anwalt der Armen‹ ernannt hatte, die einzigen wahren Christen waren. Und Kaiser Friedrich, der laut Arnold den Plan gesehen und seine Mitwirkung versprochen habe, werde diese gewaltige soziale Revolution durchführen.

Der soziale Radikalismus dieser Phantasien – der sich von dem vergeistigten Charakter von Joachims eigenen Prophetien wesentlich unterschied – übte auf die Massen eine starke Anziehungskraft aus. Er hätte vielleicht sogar eine weitverbreitete revolutionäre Bewegung inspiriert, wäre Friedrich nicht 1250 plötzlich gestorben, ein Jahrzehnt vor dem geweissagten Beginn seiner eschatologischen Rolle. Sein Tod traf sowohl die deutschen Joachimiten, denen er den Erlöser nahm, als auch die italienischen Joachimiten, die sich ihres Antichrist beraubt sahen...

Doch war es nicht nur die Erlösung von ihren augenblicklichen Nöten, was diese Geißler Gott abzuringen strebten. Jenes Jahr 1260 galt ja auf Grund der joachimitischen Prophezeiungen als das apokalyptische Jahr, das den Anbruch des dritten Zeitalters bringen sollte. Eine gewaltige Zahl von Italienern wartete inmitten von Hungersnot, Pestilenz und Krieg ungeduldig auf die Morgendämmerung dieses Zeitalters des Heiligen Geistes, darin die Menschen in Frieden, freiwilliger Armut und ekstatischer Anbetung leben würden. Von Monat zu Monat steigerten sich diese chiliastischen Hoffnungen, bis sie, je weiter das Jahr fortschritt, eine verzweifelt-hysterische Färbung annahmen und sich die Menschen an Strohhalme klammerten. Sogar der im September geschlagenen Schlacht bei Montaperto vermochte man eschatologische Bedeutung unterzulegen. Dann, als noch weitere sechs Wochen vergangen waren und es November geworden war, begannen die Flagellanten aufzutreten, und der Chronist Salimbene von Parma – selbst ein Jünger Joachims – schildert, mit welchem Eifer man bemüht war, in diesen schaurigen Prozessionen den Anfang der großen Erfüllung zu sehen.«

10 »Die größte und berühmteste dieser Gemeinschaften befand sich unweit des alten radikalen Zentrums Usti auf einer von

der Luznitz umspülten Felskanzel, die eine natürliche Festung bildete.
Sich der katholischen Verfolgung entziehend, hatte sich dort schon 1419 eine Anzahl radikaler Priester niedergelassen, die jetzt die Örtlichkeit befestigten und eine heute noch bestehende Stadt bauten. Wie sehr diese Menschen in und von eschatologischen Phantasien lebten, geht deutlich aus den Namen hervor, die sie Stadt und Fluß gaben. Tauften sie diesen ›Jordan‹, so jene ›Tabor‹ – nach dem Olivenhain, wo Christus seine Wiederkehr geweissagt hatte (Mark. 13) und zum Himmel aufgefahren war, und wo er, wie man herkömmlicherweise glaubte, in Macht und Herrlichkeit wieder erscheinen würde.« N. Cohn, a. a. O., S. 204
»Die Taboriten sind aber nicht wie die Prager nur eine religiös-kirchliche Partei. Durch die sogenannten Vorläufer Hussens waren zunächst die eschatologisch-chiliastischen Erwartungen erregt worden; in den Anfängen des Aufstands hatten sie sich gewaltig verbreitet: der Anbruch des Gottesreichs und das göttliche Gericht über die Gottlosen sollte in unmittelbarster Nähe sein. Dann waren sie bald in die Enge kleinerer Kreise zurückgetreten. Aber was man bisher von Gottes Eingreifen erwartet hatte, wollten nun die Taboriten, zuerst von den Pragern unterstützt, selbst ausführen als Gottes Werkzeuge und Engel seines Gerichts. Die blutigen Vorschriften des Alten Testaments gegen die Kanaaniter und andere Gottlosen wurden aufgenommen. Der furchtbare Kirchen- und Klostersturm, der namentlich in den ersten Jahren in immer neuen Stößen durch das Land raste, galt nicht bloß den Heiligenkirchen und den widergöttlichen Heiligtümern überhaupt, sondern auch den gottlosen Priestern und Mönchen; sie sind zahlreich erschlagen und verbrannt worden. Der Angriff auf die Nachbarlande sollte zugleich eben dieses Gesetz ausbreiten und damit dem Reiche Gottes den Weg eb-

nen: das Gegenstück zu den kirchlichen Kreuzzügen gegen Ketzer und Ungläubige, eine kleine Parallele zu den Anfängen des Islam. Demselben Zweck dient die blutige Strafrechtspflege, die nicht nur auf Mord, Diebstahl und alle Formen von Unzucht den Tod setzen will, sondern auch jede Völlerei, Lüge, Meineid, Wucher, abergläubisches und überflüssiges Gewerbe, Luxus und Tanz, alle Formen von Simonie, Forderung und Annahme von Geld für geistliche und kirchenregimentliche Handlungen aller Art, ungerechtes Gericht, Stolz, Geiz, Zorn und Neid mit derselben Strafe bedroht.« Karl Müller, Kirchengeschichte II/1, Tübingen 1911, S. 84

11 N. Cohn, a. a. O., S. 223

12 ebd. S. 237f.

13 ebd. S. 262

14 »In diesen Arbeiten trat die Phantasie von den drei Zeitaltern in abermals neuer Form auf. Das erste Zeitalter, das der Sünde, hatte bis zur Sintflut, das zweite Zeitalter, das des Kreuzes und der Verfolgung, bis zum heutigen Tag gedauert; das dritte Zeitalter würde das des Triumphes der Heiligen und der Vergeltung sein. Christus, so hieß es, habe seinerzeit versucht, die sündige Welt zur Wahrheit zurückzuführen, doch ohne dauernden Erfolg, weil die katholische Kirche sein Wirken innert eines Jahrhunderts zuschanden gemacht habe. Vierzehn Jahrhunderte des Niedergangs und der Trostlosigkeit seien gefolgt, denn die Christenheit habe hilflos in babylonischer Gefangenschaft geschmachtet. Doch jetzt stehe das Ende der Heimsuchung bevor. Christus sei im Begriff, wiederzukehren, und in Vorbereitung dieser Wiederkehr habe er in Münster bereits sein Königreich errichtet und in Jan Bokkelson, den neuen David, zu dessen Haupt gemacht. Alle Weissagungen des Alten Testaments hätten sich in diesem Königreich erfüllt, ja sie seien sogar übertroffen, und alle Dinge

seien wieder auf ihren ursprünglichen Stand gebracht. Nun habe Gottes auserwähltes Volk von diesem Königreich auszuziehen, das Schwert der Gerechtigkeit zu führen und das Königreich auszubreiten, bis es die ganze Welt umfasse: ›Ein Schafstall, eine Herde, ein König.‹ Und schon binnen kurzem werde Christus das Banner der Gerechtigkeit entrollen, die babylonische Tyrannei mit seiner Rache treffen und die Herrlichkeit aller seiner Heiligen verkünden. Diesmal werde er als wahrer König und Herrscher kommen und mit der Hilfe seines Volkes und seiner Kinder, nämlich der Bewohner Münsters, den Teufel und alle Sünder vernichten und dem babylonischen Greuel ein Ende bereiten. ›Aller hylligen herlichkeit, in Wrake o̊ven under den geschlechte, darumme wyl nummant syner herlickeit achtloss syn, dan sunder erbarment mot eth al gewraken syn, dat met den teken [der Täufer] Thau nicht vertekent is.‹ Und dann werde wahrlich ein neuer Himmel und eine neue Erde erscheinen, darin die Heiligen, diese Kinder Gottes – von ihrem langen Joch unter den Ungerechten erlöst – ohne Seufzer und Tränen leben würden. In jenem Reiche werde es weder Fürsten noch Herren geben, und alle Güter würden allen gemeinsam gehören. Gold, Silber und kostbarer Schmuck würden nicht mehr der Eitelkeit der Reichen dienen, sondern nur noch der Herrlichkeit der Kinder Gottes, denn diese werden die Erben der Erde sein.

Spektakuläre Kunstgriffe verstärkten und begleiteten diese Versprechungen. Im Oktober machte Dusentschur kund, daß die Posaune des Herrn demnächst dreimal erschallen würde. Beim dritten Posaunenstoß habe sich die Bevölkerung auf dem Berge Zion – alias Domplatz – mit Frauen, Kindern und Waffen einzufinden und hernach würden sie, die Kinder Gottes, aus der Stadt ziehen. Begnadet mit übernatürlicher Kraft, würden ihrer fünf jeweils hundert Feinde und ihrer zehn jeweils deren tausend töten und die Gegner in die Flucht schlagen. Alsdann würden sie ins verheißene Land ziehen, und der Herr werde sie auf diesem Marsch weder an Hunger, noch an Durst, noch an Müdigkeit leiden lassen. Die Posaune ertönte wirklich, doch war es Dusentschur, der sie alle 14 Tage blies. Es wäre einem Selbstmord gleichgekommen, den Ruf des Propheten ungeachtet zu lassen, und so strömte beim dritten Posaunenstoß alles Volk, sogar Mütter mit eben geborenen Kindern, auf den Domplatz. Der König, gerüstet und hoch zu Roß, die Krone auf dem Haupt und umgeben von seinem Hofstaat, erschien gleichfalls. Hauptleute zur Führung der Heerschar des Herrn wurden ernannt – dann aber wurde das Unternehmen im letzten Moment abgeblasen. Der König erklärte, er habe lediglich die Treue seines Volkes auf die Probe stellen wollen; jetzt, da es seine Ergebenheit gezeigt habe, lade er es zu einem Gelage ein. So setzte sich ein jeder mit seinen Frauen, und das Gelage fand unter dem wohlwollenden Patronat des Königs und der Königin statt. Den Abschluß bildete eine Art von Kommunion: König, Königin und deren Ratgeber verteilten ein wenig Brot und Wein, während die Prediger den Sinn des Sakramentes erläuterten. Schließlich tafelten der König und der Hof. Nach der Tafel ließ der König, einer plötzlichen Erleuchtung folgend, einen gefangenen Söldner aus dem Kerker holen und schlug ihm den Kopf ab.« N. Cohn, a. a. O., S. 262 f.

15 Kurt Hutten, Seher, Grübler, Enthusiasten. Das Buch der traditionellen Sekten und religiösen Sonderbewegungen, Stuttgart [13]1984, S. 96 f.:

»Nach Russel fand die Erschaffung des ersten Menschenpaares genau im Jahre 4128, der Sündenfall 4126 v. Chr. statt. Die Gesamtdauer der Welt beträgt 7000 Jahre, wovon 1000 Jahre auf das zukünftige Königreich Gottes entfallen (Millennium). Es bleiben also 6000 Jahre für die ›Zeit der Sündenherrschaft‹. Rechnet man sie von 4126 v. Chr., dann kommt man auf das Jahr 1874 n. Chr. Mit diesem Jahr war also die Sündenzeit zu Ende und die Wiederkunft Christi fällig. Er ist freilich nicht schon leibhaftig auf die Erde gekommen, sondern weilt seit Oktober 1874 unsichtbar als Geistwesen in den oberen Lufträumen. Nun muß man von seiner Ankunft nicht mehr im Futurum reden; sie ist real erfolgt, also perfekt. Freilich, ganz so schnell geht es nicht. Zunächst wartete Christus 3½ Jahre, um erst im April 1878 ›in Wirklichkeit das königliche Amt, Gewalt usw. an sich zu nehmen‹. Er erweckte die Apostel und Märtyrer, d.h. die ›kleine Herde‹, und diese befindet sich seitdem ebenfalls im Himmelsraum, um Christus zu begegnen; alle ›Geweihten‹ aber, die fortan sterben, werden sofort in herrliche Geistwesen verwandelt und zu ihm entrückt. 1878 wurden sodann die Kirchen von aller Gnade abgeschnitten, die Gotteskinder aus ihnen herausgerufen, die Herausgabe des ›Wachtturm‹ vorbereitet und für Israel das Ende seiner Blindheit herbeigeführt. Aber das eigentliche große Ereignis ist immer noch nicht da. Von 1874 an wird es noch 40 Jahre dauern, bis der ›glorreiche Millenniumstag‹ herbeigeführt ist. Diese 40 Jahre sind die Zeit der ›Ernte‹, d.h. der Prüfung, Abrechnung und Lohnausteilung. Das Jahr 1914 aber bildet den endgültigen Schlußpunkt der bisherigen Geschichte und bringt den Anbruch des Königreichs Gottes. – So weit Russell.«

16 Siehe K. Hutten, a. a. O.

17 Kurt Hutten, a. a. O., S. 102:
»Von den wenigen noch lebenden 144000 ›Geweihten‹ abgesehen, die zum *himmlischen* Teil des Königreichs Gottes gehören und, zu Engeln verklärt, mit Christus regieren, wird dann die Schar der treuen Zeugen auf der *erneuerten Erde* leben. Zunächst werden sie eine *gewaltige Wiederherstellungsarbeit* zu leisten haben. Deshalb wird Mädchen empfohlen, jetzt schon Zusatzkurse in allgemeiner Hauswirtschaft

oder den häuslichen Künsten zu besuchen. Junge Männer sollen technische Kenntnisse erwerben, denn ›die Werke der Ingenieurkunst und die Landwirtschaftsprojekte werden zu jener Zeit von gewaltigem Ausmaß sein‹. Es müssen Wohnungen, Nahrung und Kleidung für die Milliarden beschafft werden, die seit der Schöpfung gestorben sind und nun aus den Gräbern erweckt werden.

›Mit vollkommenen Radiostationen‹ werden die Angelegenheiten der ganzen Erde geleitet. In ihr zu leben wird eine Lust sein. Denn da gibt es keine Polizei, keine Zollschranken, keine Grundstücksagenten und habsüchtigen Landbarone, keine Bodenspekulationen, keine Kriege mehr. Christus verfügt über das Land und verteilt es unter die Siedler. Die Tierwelt hat Frieden untereinander und mit den Menschen. Ein ›Gesundheitsprogramm‹ wird es den Menschen gestatten, ›bei körperlichem und geistigem Wohlbefinden auf einer Erde ewig zu leben, wo jede Spur von Krankheit und Altersschwäche fehlt‹. Das Land wird nicht mehr durch Erosionen und Bodenmüdigkeit verwüstet. Alleen und Autostraßen ziehen sich von Meer zu Meer. Alte werden wieder jung. Leichenbegräbnisse werden ›aufhören, die Leichenbestatter werden sich nach einem weniger traurigen Beruf umsehen müssen, und die düsteren Leichenwagen werden zu Wagen der Freude und Bequemlichkeit umgebaut werden‹.«

18 S. Friedrich-W. Haack, Jugendreligionen. Ursachen, Trends, Reaktionen, München 1979: Heiliger Meister, Rettendes Rezept und Gerettete Familie.

19 Ausgewogen ist folgende Auskunft: »Glatte Antworten sind angesichts dieser Problematik verdächtig, die Vielfalt der nt. Aussagen zu nivellieren. Eine Patentlösung gibt es bis jetzt nicht. Es gilt daher, nach der Intention der biblischen Aussagen zu fragen. Insofern müßte uns die Vielfalt der nt. Vorstellungen erlauben, innerhalb des kirchlichen Lebens die bibli-

schen Intentionen zur Sprache zu bringen. Mit manchen Sekten (vgl. Zeugen Jehovas und Adventisten) steht uns warnend vor Augen, wohin es führt, wenn die Gegenwarts- und Parusieaussagen verselbständigt, von der Christus-Verkündigung gelöst und damit zum Vor-Wissen künftiger Ereignisse werden. Die Gegenwart und Parusie haben nur ein Recht innerhalb der Verkündigung von Jesus Christus und sind dem Christus-Zeugnis untergeordnet. Von daher kann, wenn die Fernerwartung und die apokalyptische Komponente (vom Text her) aufzunehmen sind, anschaulich und bildhaft gezeigt werden, wie verschieden diese Welt von der Welt Gottes ist. Unter dem Gesichtswinkel der Fernerwartung tritt insbesondere der kosmologische und weltumspannende Gesichtspunkt in den Vordergrund; es besteht allerdings die Gefahr, daß die Bedeutung der gegenwärtigen Zeit zurücktritt und einer gewissen Weltflucht und nur noch dem Jenseits das Wort geredet wird. Eben dies ist nicht möglich, wenn Christus als der Nahe verkündigt wird. Die Naherwartung und das Schon-Jetzt der Zukunft aktualisieren das Heilsgeschehen in dieser Zeit. Sie schärfen die persönliche Verantwortung. Sie heben diese Zeit aus der Vor-läufigkeit heraus und erweisen sie als eine endgültige Entscheidungszeit. Sie bergen dafür aber umgekehrt die (nicht notwendigerweise ihnen innewohnende) Gefahr in sich, daß das noch Ausstehende völlig aus dem Blickfeld gerät.

Die verschiedenen Zeugnisse der Parusieerwartung leiten uns an, unseren Herrn als den kommenden Herrn zu verkündigen, der auf uns zukommt, dessen Reich wir als das kommende Reich erwarten (vgl. die 2. Bitte des Vaterunsers), den wir nicht ›haben‹ oder besitzen, sondern der uns ergreifen will, den wir nicht begreifen können, der aber schon dabei ist, auf uns zuzukommen. Man sollte sich nicht scheuen, den je gebotenen Aspekt voll zu betonen, wird sich nur davor hüten müssen, ihn zu verabsolutieren. Jedenfalls aber hat es die Parusieverkündigung keineswegs nur mit ›letzten Dingen‹ zu tun, sondern die Erwartung der Parusie meint diese Zeit, indem sie unser Tun und Leben betrifft. Die Parusie wirkt sich nun schon aus. Sie bestimmt unser Hoffen (vgl. EKG 330: ich bin durch der Hoffnung Band zu genau mit ihm verbunden).« Aus: Theologisches Begriffslexikon zum Neuen Testament, hrsg. von Lothar Coenen, Erich Beyreuther und Hans Bietenhard, Studienausgabe Band 1, Wuppertal ²1979, S. 474f.

20 Die »Textkritik« stellt viele Aussagen des Neuen Testaments in Frage – siehe den Abschnitt »Naherwartung« und die dann folgenden Abschnitte.

21 Emil Bock, a. a. O., s. Anmerkung 2;
Emil Bock, Apokalypse, Betrachtungen über die Offenbarung des Johannes, Stuttgart ²1982;
Emil Bock, Cäsaren und Apostel. Beiträge zur Geistesgeschichte der Menschheit IV, Stuttgart ⁵1978;
Emil Bock, Die drei Jahre. Beiträge zur Geistesgeschichte der Menschheit VI, Stuttgart ⁶1981;
Rudolf Frieling, Gesammelte Schriften zum Alten und Neuen Testament III. Christologische Aufsätze, Stuttgart 1982;
Rudolf Frieling, Christentum und Wiederverkörperung, Stuttgart 1974, Kapitel: Die Eschatologie der Ölberg-Rede und der Paulus-Apokalypse;
Friedrich Benesch, Das Ereignis der Himmelfahrt Christi, Stuttgart 1974;
Rudolf Meyer, Die Überwinder. Apokalyptische Motive, Stuttgart 1969;
Alfred Heidenreich, Die Erscheinung des Christus in der ätherischen Welt, Dornach 1990;
Berthold Wulf, Gesamtausgabe Bd. V: Christentum und Sa-

krament (17. Kapitel: Das Geistesleben der Gegenwart und die Wiederkunft Christi im Sakrament), Zürich.

22 Die Stellen, die sich im Neuen Testament auf die Wiederkunft beziehen, sind folgende:

Matthäus 24 und 25
Markus 13
Lukas 17, 20–37; 21
Johannes 21, 20–23
Apostelgeschichte 1, 11
Briefe des Paulus:
Römer 2, 5, 16; 8, 19; 13, 1–13; 16, 20
1. Korinther 1, 7–8; 3, 13; 5, 5; 6, 3; 7, 27–31, 10, 11; 11, 26; 15, 23
2. Korinther 1, 14; 5, 10
Galater 1, 4; 6, 10
Epheser 4, 30
Philipper 1, 6, 10; 2, 16; 3, 20–21; 4, 4–5
1. Thessalonicher 1, 10; 2, 16, 19; 3, 13; 4, 13–5, 23
2. Thessalonicher 1,8–2,12
1. Timotheus 4, 1; 6, 14
2. Timotheus 1, 12, 18; 3, 1–7; 4, 1; 4, 6–8
Titus 2, 13
Weitere Briefe:
Jakobus 5, 3–9
1. Petrus 1, 5, 7; 1, 13, 20; 2, 12; 4, 7, 13; 5, 10
2. Petrus 1, 16–19; 2, 9; 3, 3–18
Judas 18
1. Johannes 2, 18, 28; 3, 2
Hebräer 9, 26; 10, 25, 37
Apokalypse 1, 1, 3; 1, 7; 3, 3, 10–11; 6, 17; 14, 14–16; 16, 15; 19, 11–16; 22, 6, 7, 10, 12, 20.

23 s. Anm. 21

24 siehe Emil Bock, Die drei Jahre, Anm. 21.

25 Grundlegendes dazu u. a. in Rudolf Steiner, Theosophie und Geheimwissenschaft, und Joachim Bockemühl (Hrsg.), Erscheinungsformen des Ätherischen, Stuttgart 1977, Beiträge zur Anthroposophie 1.

26 Zu den Erscheinungsformen des Wassers und den mit ihm verbundenen Kräften s. Theodor Schwenk, Das sensible Chaos. Strömendes Formenschaffen in Wasser und Luft, Stuttgart ^{6}1984

27 Die Wolke als Bild für Himmelfahrt und Wiederkunft, s. F. Benesch, a. a. O., und Anm. 21. – Daß das »Heilszeichen« der Wolke sich heute ins Gegenteil zu verkehren droht (atomare Strahlung, saurer Regen) ist selbst ein sprechendes Zeichen für die durchgreifende Bedrohung, in der wir leben, sagt aber nichts gegen die eigentlichen Urbilder, vor allem nichts gegen die ihnen zugrundeliegende geistige Dimension.

28 Zu Ostern und Auferstehung siehe folgende Literatur:
Benesch, Friedrich, Ostern, Stuttgart ^{2}1984;
Bock, Emil, Die drei Jahre, Stuttgart ^{7}1987; das Evangelium, Stuttgart 1984, Kapitel: Die Ostergeschichte in den vier Evangelien;
Frieling, Rudolf, Christologische Aufsätze, Stuttgart 1982;
Lenz, Johannes, Von der Wirksamkeit des Auferstandenen, Stuttgart 1980;
Lindenberg, Horst, Gibt es die Auferstehung?, Stuttgart 1987;
Meyer, Rudolf, Der Auferstandene und die Erdenzukunft, Stuttgart 1938;
Nordmeyer, Barbara, Leben mit Christus, Stuttgart 1981;
Schütze, Alfred, Zugang zum Christentum, Stuttgart 1964;
Bildmappen zu den Jahresfesten – Ostern, Stuttgart 1990

29 Die »Allgegenwart« ist aus unseren gewöhnlichen, an Raum und Zeit gebundenen Vorstellungen heraus schwer zu reali-

sieren. Man denke aber an Erfahrungen, die Raum und Zeit aufzuheben scheinen; z.B. die Mutter, die die Verwundung oder den Tod ihres Sohnes zur gleichen Stunde »miterlebt«, obwohl das Ereignis weit entfernt stattfindet – wie im Krieg oft geschehen, u.a.

Schon in dem nächsten, an das Irdische angrenzenden geistigen Bereich sind Raum und Zeit »aufgehoben« – so z.B. auch nach dem Tode. Die moderne Nachrichten- und Medientechnik lehrt uns schon, so etwas wie die Überwindung des Räumlichen anzuerkennen: *Ein* Bild z.B. kann heute durch das Fernsehen an unendlich vielen Orten zugleich gegenwärtig sein und vom Menschen »empfangen« werden. Eine Art verzerrte Allgegenwart drückt sich in diesem technischen Wunder aus.

Im Bereich des Pflanzenlebens haben wir ein noch viel sprechenderes Beispiel dafür. Die Pflanze, die sich aus *einem* Samen in eine ausgebreitete Mannigfaltigkeit hineinentfaltet, vermag sich doch an verschiedenen Punkten so zu verdichten, daß sie dort wieder in ihrem ganzen Wesen gegenwärtig wird: in den neuen Samen. In jedem Samen ist die *ganze* Pflanze ungeteilt gegenwärtig, denn eine ganze Pflanze kann wieder aus jedem dieser Samen hervorgehen. Dieses Wunder der Vervielfältigung des einen gibt es schon im Pflanzenbereich: Die *eine* Pflanze vergegenwärtigt sich als sie selbst an den verschiedensten Punkten ihres Daseins und ist doch immer ein und dieselbe Pflanze. Manche Pflanzen – z.B. die Doldenblütler – breiten ihren Blütenstand wie einen kleinen Himmel über sich aus; und auch die Samen bilden diesen Himmel nach. Wir können uns vorstellen, wie der Auferstandene sein Dasein als einen Himmel, als eine segnende Lebenssphäre über die Erde breitet; wie er es aber noch in einem höheren Sinne als die Pflanze vermag, überall in dieser Sphäre ganz und ungeteilt gegenwärtig zu sein.

30 Auch hier ist selbstverständlich nicht an den äußeren Himmel zu denken. Im Englischen gibt es für »Himmel« sogar zwei Worte: »sky« = äußerlich sichtbarer »Himmel«, und »heaven«. Im Vaterunser könnte man statt »Our father in the heaven« nicht »... in the sky« sagen. Was liegt hier vor? Im Vaterunser ist mit »Himmel« die geistige Welt gemeint, für die der äußere Himmel Bild ist: man denke an die »Seinsweise« der Verstorbenen oder an den »Ort« unserer Gedanken.

31 Um der Verwechslung mit äußeren Wolken zu entgehen, hier der Wortversuch »Wolkensein« (so auch in der Epistel zu Himmelfahrt).

32 Hinter dieser »esoterischen« Gruppe stand der Schotte Benjamin Creme, der auf einer Rundreise durch die Niederlande im Herbst 1979 die Wiederkunft des (Maitreya-)Christus verkündete: er habe am 18.7.1977 sein Zentrum im Himalaya verlassen. Am 19.7. sei er per Flugzeug in das Land gekommen, wo er sich jetzt aufhalte, um dort sein Zentrum zu errichten. Er werde sich bald offenbaren. – Dazu noch folgendes:

»Die Zeitschrift ›Share‹, herausgegeben von einem holländischen Journalisten und einem englischen Künstler, Autor und Esoteriker, weiß zu vermelden:

Christus wohnt im East End. Der Weltlehrer wartet auf seinen Einsatz.

Das ist kein Witz. Benjamin Creme, der britische Herausgeber von ›Share‹, versichert einer wachsenden Zahl von Gläubigen, daß Maitreya, der Christus und Weltlehrer, seine Rückkehr angekündigt hat und bereits in voller physischer Präsenz unter uns weilt. Im Jahre 1977 habe Er sein Refugium in einer unzugänglichen Region des Himalaya verlassen um sich – nach einer kurzen Akklimatisierungspause in Nordindien – in der Brick Lane im Londoner East End niederzulassen. Dort lebt Er incognito als Mitglied der asiati-

schen Gemeinde und wartet darauf, daß die Menschheit sich für Sein Erscheinen gewappnet erklärt. Seine Botschaften übermittelte Er aber bereits seit Jahren durch die ›mentale Überschattung‹ seines Mediums Benjamin Creme.
Ein Weltlehrer bemüht sich nicht ohne Grund höchstpersönlich zu uns Normalsterblichen. Die 140 Botschaften, die uns Maitreya während der öffentlichen Veranstaltungen ausrichten ließ, lassen keinen Zweifel an der Dringlichkeit der Umstände. Die Welt befindet sich im Umbruch und am Rande einer globalen Katastrophe zugleich. Nur ein grundlegender Wandel im Denken und Handeln der Menschen in allen Lebensbereichen wird uns noch einmal davonkommen lassen. Aber von der Einsicht in den Ernst der Lage und in die Chancen der gegenwärtigen Situation sind die meisten Menschen noch immer weit entfernt. Maitreya kündigt an, hier die wesentlichen Anstöße zu geben.
›Mein Kommen ruft im Menschen einen Wunsch nach Veränderung hervor, einen Wunsch nach Verbesserung, wie immer man es auch ausdrücken mag.
Meine Energien erzeugen im Menschen göttliche Unzufriedenheit. Alles, was nutzlos in unseren Strukturen ist, muß verschwinden.
Es gibt viele Formen, die heute des Menschen unwürdig sind. Der Mensch ist ein werdender Gott und braucht daher die Gestaltung von Lebensweisen, die diesem Gott erlauben, zu wachsen. Wie könnt ihr zufrieden sein mit eurer jetzigen Art zu leben: wenn Millionen Menschen verhungern und in Schmutz sterben; wenn die Reichen ihren Wohlstand vor den Armen zur Schau stellen;
wenn jeder Mensch der Feind seines Nachbarn ist;
wenn niemand seinem Bruder traut?
Wie lange müßt ihr noch so leben, meine Freunde?
Wie lange noch könnt ihr diese Demütigung ertragen?

Mein Plan und meine Pflicht ist es, euch einen neuen Weg zu offenbaren, einen Weg vorwärts, der dem Göttlichen im Menschen erlaubt zu scheinen.
Daher rede ich voller Ernst, meine Freunde und Brüder.
Horcht auf meine Worte.
Der Mensch muß sich ändern oder sterben; es gibt keinen anderen Weg.
Wenn ihr das begreift, werdet ihr voll Freude für meine Sache einstehen und zeigen, daß es für Menschen eine Zukunft gibt – eingetaucht in Licht.
Meine Lehre ist einfach.
Gerechtigkeit, Teilen und Liebe sind göttliche Aspekte.
Um seine Göttlichkeit kundzutun, muß der Mensch diese drei umfassen.
Möge das Göttliche Licht und Liebe und Kraft des Einen Heiligsten Gottes nun euch in Herz und Verstand aufleuchten. Möge diese Offenbarung euch zur Verwirklichung Eures Anteils am Großen Plan bringen.‹
Eine Botschaft Maitreyas vom 12. September 1979.«

33 siehe Anm. 29

34 Daß die Wiederkunft vielfach irdisch-materiell mißverstanden wurde und wird, ist in der Einleitung dargestellt worden.

35 Walter Bühler, Nordlicht, Blitz und Regenbogen, Dornach [2]1972, S. 18

36 siehe dazu auch S. 6 und Anm. 24

37 siehe Anm. 29; das »Fernsehen« ist ein veräußerlichtes Bild des geistigen Schauens, das »Fernes« zu »sehen« vermag.

38 siehe auch die entsprechende Schilderung bei R. Frieling in: Christentum und Wiederverkörperung, a. a. O., Anm. 21.

39 Emil Bock, Das Evangelium. Betrachtungen zum Neuen Testament; die Kapitel: Die Prophetie der Ölberg-Apokalypse, Das Kommen des Menschensohnes, Stuttgart 1984, und Anm. 21

40 siehe dazu auch E. Bock, Das Evangelium, a. a. O., Anm. 21

41 Für unsere Betrachtung, die sich auf die Anschauung »künftiger« Ereignisse bezieht, ist aber noch folgendes zu bedenken: Wir sind zunächst gewöhnt, die »Zeit« als ein Geschehen anzusehen, das sozusagen eindimensional aus sich selber immer weiter läuft und sich als Zeitpunkt um Zeitpunkt aneinanderreiht – bestimmt allein durch das, was in der Vergangenheit liegt. Wie aber wäre es, wenn diesem aus der Vergangenheit sich immer weiter fortwälzenden »Strom« der Zeit aus der Zukunft etwas entgegen-»kommen« würde – was ja wohl sogar im Wort Zu-»kunft« mit enthalten ist –, was gewisse Elemente des »Zeit-Geschehens« genauso bestimmt wie manche Tatsachen der Vergangenheit? Auch diese Empfindung ist uns nicht ganz fremd. Ahnungen haben wir an manchen Tagen und zu bestimmten Zeitpunkten, daß »etwas in der Luft liegt«, daß »etwas auf uns zukommt«, daß dies oder jenes »fällig« ist; und es gibt ja auch durchaus Wahrträume – nicht nur für individuelle Schicksale, auch für weltgeschichtliche Ereignisse gut bezeugt, und es gibt das »zweite Gesicht«, also das Voraus-sehen von Dingen, die erst später eintreten.
Wenn wir »Prophetie« verstehen und nicht als Phantasterei abtun wollen, brauchen wir diesen Begriff des »Doppelstroms der Zeit«, wo die Ereignisse von der Zukunft her auf etwas zu bewegt werden. Im Evangelium heißt es deshalb: »Es kommt die Stunde, und sie ist schon jetzt!«
Es kann jedoch noch ein anderer Gesichtspunkt hinzugefügt werden: aller organischen Entwicklung in der Zeit liegt nämlich die eigentümliche Tatsache zugrunde, daß das Ende schon im Anfang mitgegeben ist: beim Menschen beginnt das Sterben mit dem ersten Atemzug, der die Abbauvorgänge im Leibe begleitet, und im Samenkorn ist bereits die ganze künftige Pflanze »im Keim« veranlagt. So ist – wie wir noch genauer sehen werden (s. S. 73) – im Christusleben (bei der

»Verklärung«) die Wiederkunft bereits »da« – trotzdem entfaltet sie sich in eine weite Zukunft hinein. Beschäftigen wird uns noch, daß die Wiederkunftsereignisse wiederum das Erdenende und das »Letzte Gericht« im »Keim« enthalten (s. S. 188f.), obwohl sie damit keineswegs identisch sind – auch zeitlich nicht –, so wie das Erdenleben Christi nicht mit seiner Wiederkunft zusammenfällt, sie aber im Keim enthält. – S. dazu auch in E. Bock, Das Neue Testament (Anm. 21), den Aufsatz von Alfred Heidenreich: Die Darstellung der Wiederkunft Christi in den Thessalonicherbriefen, S. 941

42 In: Der Mensch und das Böse. Ursprung, Wesen und Sinn der Widersachermächte, Stuttgart 1984, habe ich die Zeitperspektive für das »Weltende« genauer dargestellt: 16. Kapitel, Wie weit reicht die Zukunft?

43 Heilsbringer und Gurus, die sich für eine oder auch *die* Inkarnation des Göttlichen ausgeben, sind heute erstaunlich zahlreich: angefangen bei Sai Baba und Bhagwan (das heißt »Gott«) bis hin zu S. M. Nun, der als Messias und »Herr der Wiederkunft« verehrt wird u. a.
So konnte man kürzlich – ein Beispiel von vielen – in England folgendes angezeigt finden:
»Behold the Mother«
Announcing the Incarnation of the Holy Spirit, Sri Mataji Nirmala Devi. She is now walking on earth, the Counsellor, the Comforter, the Redeemer, bringing us the real second birth promised by Christ. Two thousand years on the wind of the Holy Spirit can be felt again. Now all mankind can feel the reality of the Divine.
APPEARING IN PERSON
September 14th 1990

44 Das gilt für den größten Teil der Menschheit. Früher ragten allerdings immer einige fortgeschrittene Menschen mit ihrer beginnenden Ichhaftigkeit darüber hinaus; bei den Römern

gab es ein »Vorspiel« für das, was heute Lebensgefühl aller Menschen ist.

45 Rudolf Steiner weist darauf hin – in: Die geistige Führung des Menschen und der Menschheit (GA 15) –, daß das kleine Kind noch ganz unter dem Einfluß des Christus steht, dem es die Gabe des Gehens, Sprechens und Denkens verdankt, und daß dieser unmittelbar die Leiblichkeit durchdringende Einfluß in dem Moment aufhört, wo das Kind beginnt, zu sich »ich« zu sagen. Dieser *notwendige* Umbruch führt zur Entfaltung der irdischen Persönlichkeit; aber auf höherer Stufe kann etwas von dem, was beim Kind schon einmal als Christusnähe da war, zurückgewonnen werden, wenn der Mensch sein Ich bewußt dem Christus öffnet.

46 Bei Kindern ist das Knien zum Gebet auch heute noch richtig.

47 So trat z. B. Maharishi mit seiner »Transzendentalen Meditation« (TM) in den 60er Jahren hervor, also genau zum »richtigen« Zeitpunkt, als sich die »Lockerung« besonders bei der heranwachsenden Generation in Europa und im Westen deutlicher bemerkbar machte. Vorher hätte er mit seinen Mantren keinen so umfassenden Erfolg gehabt. Aber nun konnte er die sich lockernden ätherischen Kräfte aufgreifen und den Prozeß, der sich auf natürliche Weise angebahnt hatte, zu seinen Zwecken benutzen. Da dies aber in unsachgemäßer, einseitiger und gefährdender Weise geschieht, ist neben den positiven Anfangserlebnissen vielfaches Unheil und Unglück nicht vermeidbar. Jede geistige Schulung muß heute darauf ausgehen, die freiwerdenden ätherischen Kräfte zunächst zu festigen, zu harmonisieren und in der richtigen Weise durchzugestalten; erst dann können Meditationen (auch anthroposophischer Art) heilvoll sein. Diese Festigung und Harmonisierung wird uns noch besonders beschäftigen (s. S. 166ff.). Hier sei schon angemerkt, daß der Ansatz beim menschlichen *Denken,* bei der Belebung der klaren Gedan-

kenkräfte des Menschen, die dem Menschen allein seine Freiheit garantieren, heute für jede Schulung unerläßlich ist.

48 Das Bild von dem »anbrandenden Meer« ergänzt das der »Wolke«: ersteres charakterisiert die *im* Irdischen wirkenden ätherischen Kräfte, letzteres die an das Irdische angrenzende, ihm gegenüber aber *freie* Ätherwelt.

49 Eine »neue Art von Angst« diagnostizieren heute Psychologen und Psychoanalytiker, die in der Bedrohung von Menschheit und Erde ihre äußere Wurzel hat und nicht etwa nur ein »Krankheitszeichen« ist: die Angst vor der gefahrvollen Zukunft ist heute eine Weltmacht geworden.

50 siehe dazu den Holzschnitt von Karl Thylmann, der Christus auf den Wogen darstellt.

51 Bei Franz Marc z.B. finden sich in den »Briefen aus dem Felde« folgende Bemerkungen: »Der Sternenhimmel, den ich in diesem Winter außerordentlich viel beobachtet habe, ist für mich gewissermaßen ein Leitfaden, die Logarithmentafel dieses Gedankens: Die Spannungsverhältnisse der einzelnen Sterne und Sternbilder zueinander sind wie die Typenformeln, für den Sehenden wie ein aufgeschlagenes Buch des Lebens, der ›möglichen Situationen‹. Ich verstehe jetzt auch die vielverspotteten Astrologen. Ihre Gedanken sind nicht etwa Aberglaube oder Irrtümer, sondern nur frühere mittelalterliche Formung von Gedanken, die uns auch heute wieder begegnen; wir formen sie künstlerisch, die Alten zogen soziale Schlüsse aus ihnen, aber der Grundgedanke und Ursprung dieses mythischen Sehens ist gewiß derselbe.« (28.3.1915)
»Ich *sehe* sogar deutlich die neue Musik, den ganzen neuen Kontrapunkt: im Sternenhimmel. Auch wir können heute unser Geschick und die Wahrheit in den Sternen lesen, – es kommt nur darauf an, wie man sie ansieht. Ich sag das nicht aus Spielerei oder irgendwelcher mystischen Meinung, sondern ganz schlicht, aus meiner Empfindung und Erfahrung

heraus. Natürlich kann man dasselbe im Tageslicht, in der Tagesnatur sehen, oder auf menschlichen Gesichtern lesen oder im Wind hören, – es scheint mir nur im Sternenhimmel alles viel klarer, unzerstörter, unverwischter, abstrakter und klarer gesagt. Wenn man einmal drin lesen gelernt hat (für Musiker z.B. das *Tempo*, in dem die Figuren auftreten, gebunden sind und gegeneinander singen) hat man hier eine unerschöpfliche Anregung. Ich gehe oft mit Sternbildern im Kopf umher; trotz der wahrlich saudummen Wirklichkeit und dem schlechten Menschengeruch, der mich hier umgibt. Die Menschen hier haben wirklich nichts anderes im Kopf als persönliche Eitelkeit, auf ganz Wertloses gerichtetes Strebertum; ich spiele eine unmögliche Figur hier, – das »Unmögliche« liegt vor allem darin, daß die andern dies gar nicht so empfinden; man respektiert mich sehr, auch als Offizier, aber alle denken, ich müßte doch auch irgendwie ein bißchen wie sie empfinden; ...
Was ich jetzt im Sternenhimmel sehe, ist wohl was ähnliches wie das, was Du in Blumenbeeten siehst; wenn Du Sternenhimmel und Blumenbeete vergleichst, wirst Du wohl verstehen, was ich mit meiner Sternenliebe meine.« (2.12.1915)
Damit ist allerdings nur auf *einen* Aspekt der hier angedeuteten Veränderungen hingewiesen. Siehe dazu: Rudolf Steiner, Themen aus dem Gesamtwerk 16. Mensch und Sterne, ausgewählt und herausgegeben von Heinz Herbert Schöffler, Stuttgart 1990.

52 Dem scheint z.B. die Schilderung der »Scheidung der Geister« (Matthäus 25) zu widersprechen – siehe dazu die Bemerkung in Anm. 41. Wir fügen noch eine Darstellung aus R. Frieling, Christentum und Wiederverkörperung (s. Anm. 21), S. 103 ff., hinzu: »Zu dem für uns heute weltanschaulich notwendigen Auseinanderlegen jener umfassenden Inhalte, die in der eschatologischen Bild-Sprache wie in

Keimpunkte hineinkonzentriert sind, gehört auch das Auseinanderhalten von ›*Wiederkunft*‹ und ›*Jüngstem Tag*‹. In der Paulus-Apokalypse ist dieser Unterschied nicht gemacht, in der Ölberg-Apokalypse die eigentliche ›Auferstehung‹ nicht erwähnt. In der Apokalypse des Johannes wird das Erscheinen des Christus in der Wolke bereits im 14. Kapitel gebracht (14,14), während die letzte Überwindung des Todes beträchtlich später erst im 20. Kapitel (20,14) geschaut wird. Dazwischen noch im 19. Kapitel das Erscheinen des Christus in Gestalt des ›Weißen Reiters‹.

Im Lukasevangelium wird ein wichtiger Fingerzeig gegeben. Geradeso wie wir es dem Evangelisten Lukas verdanken, daß er uns den Satz von den ›Kairoi der Heidenvölker‹ erhalten und damit der Ölberg-Apokalypse die zeitliche Weiträumigkeit bewahrt hat, hat er als einziger neutestamentlicher Autor den Satz von ›den‹ – offenbar mehreren – ›Tagen des Menschensohnes‹ überliefert. ›Ihr werdet begehren, einen der Tage des Menschensohnes zu sehen...‹ (17,22). Sonst, auch bei Lukas, ist ›der‹ Tag des Menschensohnes ein festgeprägter Ausdruck für den Zeitpunkt der Wiederkunft, wie in dem von uns zitierten Ausspruch: ›der Tag, an dem der Menschensohn enthüllt wird‹ (apokalyptetai). Trotzdem heißt es 17,22: ›Einer der Tage des Menschensohnes‹. Gibt es mehrere ›Wiederkünfte‹?

Bei seinem ersten Kommen betrat der Christus den Boden der ›sarx‹. Er mußte einen materiellen Leib annehmen, um den nicht mehr in die Geisteswelten hineinschauenden Erdenmenschen ›ans Gesicht zu reichen‹ (um einen Rilkeschen Ausdruck zu gebrauchen). In diesem sichtbaren Leib ging er durch den Tod von Golgatha. Mit der Himmelfahrt nahm er eine Daseinsweise an, die dem Erdenmenschen vorerst nicht zugänglich ist. Die Wiederkunft ›so wie ihr ihn in der Wolke habt entschwinden sehen‹ bedeutet einen Fortschritt im Bewußtsein der Menschen. Der Wiederkehrende betritt den Erdboden nicht wieder, aber er wird in seiner übersinnlichen Gestalt schaubar. Wie einst Paulus bei Damaskus, so wird die Menschheit eine unmittelbare eigene Erfahrung gewinnen, daß der Christus geistig-konkret-personenhaft da ist. Es kommt zu einer zweiten ›Begegnung‹ der Menschen mit dem Christus, aber diesmal auf einer höheren Ebene. Daß es diesmal möglich ist, die Begegnung im Übersinnlichen zu haben, ist bereits eine Auswirkung seiner Erlöser-Tat bei dem ersten Kommen im Fleische. Das Wort ›Begegnung‹ finden wir im Gleichnis von den zehn Jungfrauen (Matth. 25,6) und in der Thessalonicher-Apokalypse (4,17). Da der Christus nach der Darstellung des Paulus zu seiner Wiederkunft ›herabsteigt‹, aber ohne die Erde zu berühren, liegt es nahe zu denken, daß der Christus, wie wir sagen, ›den Menschen bis an den unteren Rand der geistigen Welt‹ entgegenkommt, daß diese Wiederkunft sich nicht in den höheren, sondern im untersten Himmel abspielt. Das wäre ›ein‹ Tag des Menschensohnes. Die Anthroposophie spricht von einer Wiederkunft Christi ›im Ätherischen‹. Der Bereich der Lebens- und Bildekräfte ist die unterste Stufe der hier am nächsten an uns heranreichenden übersinnlichen Welt. Es ist der Menschheit zugedacht, daß sie für diese Welt immer mehr erwacht und in ihr dem lebendigen Christus von Angesicht zu Angesicht begegnet. In ferner Zukunft zeichnet sich dann, entsprechend den immer stärker werdenden übersinnlichen Möglichkeiten der Menschen, eine Begegnung auf noch höherer Ebene ab, in der Geistes-Region, in der das Seelische, das ›Astralische‹ beheimatet ist. Und schließlich in noch fernerer Zukunft eine Begegnung des dann voll erwachten wahren menschlichen Ich mit dem Ich des Christus, abermals eine Stufe höher. So könnte sich das bei Lukas so vereinzelt stehende Wort von den mehreren Tagen des Menschensohnes mit konkretem Le-

ben erfüllen. – Jedenfalls gibt dieses Lukaswort einen wichtigen Hinweis auf eine viel größere zeitliche Weiträumigkeit des eschatologischen Bildes im Neuen Testament, als es die fälschlich ›wörtlich‹ genommenen Schauungen zunächst ahnen lassen. Mit dieser Erweiterung des Weltbildes wird auch die Wiederverkörperung, die den Menschen durch die großen Werde-Phasen selber hindurchschreiten und an den immer wacheren und innigeren Begegnungen mit dem Christus teilhaben läßt, immer einleuchtender.
Die am meisten ausgeführte Eschatologie ist in der Apokalypse des Johannes enthalten.«

53 Emil Bock, Das Evangelium. Betrachtungen zum Neuen Testament, Stuttgart 1984, S. 355 f.

54 Hier sei aber noch an einen diesbezüglichen Hinweis erinnert, den ebenfalls Rudolf Frieling in seinem Buch »Christentum und Wiederverkörperung« auf Seite 63 f. gibt:
»Man darf aber nicht übersehen, daß im Evangelium dieser irrtümlich verkürzten ›Nah-Erwartung‹ schon gewisse Riegel vorgeschoben werden. Vor dem Einzug in Jerusalem erzählt der Christus seinem Gefolge ein Gleichnis, das die hektische Nah-Erwartung dämpfen sollte, ›darum daß er nahe bei Jerusalem war und sie meinten, das Reich Gottes sollte alsbald offenbart werden‹ (Luk. 19, 11). In einem Gleichnis der letzten apokalyptischen Ölberg-Rede müssen die Jungfrauen, die den Bräutigam einholen wollen, lange auf ihn warten – ›da nun der Bräutigam verzog...‹ Das hier gebrauchte charakteristische Wort ›chronizein‹ (Matth. 25, 5) findet sich ebenfalls in der Ölberg-Apokalypse (Matth. 24, 48). Und während aus der bei Matthäus und Markus gegebenen Fassung der ›Ölberg-Apokalypse‹ der Eindruck entstehen könnte, als sollte die Zerstörung Jerusalems und des Tempels schon den akuten Beginn des Welt-Endes signalisieren, hat der Lukas-Bericht die Einfügung erhalten: ›bis daß sich die

Kairoi, die Weltenstunden der Heidenvölker erfüllt haben‹ (21,24).«

55 Die Stellen in den Paulusbriefen sind in Anm. 22 genannt, s. dazu auch Emil Bock, Das Neue Testament (Anm. 21): Der apokalyptische Sinn in den Paulusbriefen (S. 368) und dort den Aufsatz von Alfred Heidenreich, Die Darstellung der Wiederkunft Christi in den Thessalonicherbriefen (S. 941).

56 An diesem Matthäus-Wort wird deutlich, daß der »Wiederkunft« nicht eine Abwesenheit des Christus vorangegangen ist, sondern daß sich in ihr die immer vorhandene Gegenwart der Menschheit »enthüllt« (griech. »apokalyptein«).

57 Die Mystik des Apostels Paulus, Tübingen ^{2}1954 (Erstausgabe 1927), S. 54

58 Sie erlebten Christus. Berichte aus einer Untersuchung des Religionssoziologischen Instituts, Stockholm, durch G. Hillerdal und B. Gustafsson, Basel 1979; Erstveröffentlichung in Schweden 1973

59 Dieses Kriterium muß auch auf alle Berichte angewandt werden, die einen schriftlichen Niederschlag erfahren haben und damit veröffentlicht worden sind. Andererseits wird dann noch die Art und Weise, *wie* solche spirituellen Erlebnisse – behutsam oder sensationell – formuliert werden, zu berücksichtigen sein.

60 Zur anthroposophischen Schulung s. Rudolf Steiner, Themen aus dem Gesamtwerk 1: Wege der Übung. 12 Vorträge von Rudolf Steiner. Ausgewählt und herausgegeben von Stefan Leber, Stuttgart ^{4}1989
Rudolf Steiner weist vielfach daraufhin, daß das neue »ätherische Hellsehen« in unserer Zeit sowohl durch Schulung als auch durch die Vorbereitungen auftreten kann, welche manche Menschen heute durch ihr Schicksal gleichsam auf natürliche Weise durchzumachen haben.

61 Bei der Beurteilung in bezug auf die Echtheit von »geistigen« Erlebnissen kann man nicht zurückhaltend und vorsichtig genug sein. Folgende Bemerkungen dazu aus der Broschüre »Die Wiederkunft Christi«, herausgegeben von Anton Kimpfler, erscheinen mir in vieler Hinsicht als treffend:

»Vorbedingungen

Nicht notwendig sind kirchlicher Glaube traditioneller Art, Verlangen nach dem Ereignis, auch nicht ein Schulungsweg (wenngleich ein solcher fördernd wirkt für viele Menschen), denn das Auge für den ätherischen Christus ›wird wie eine Naturbegabung‹, von selbst auftreten.

Notwendig scheinen aber zu sein: eine ›religiös gestimmte‹ Lebenshaltung, eine gewisse Moralität, gesundes (nicht exaltiertes oder hysterisches) Seelenleben, Besonnenheit, Glaube an die Möglichkeit der Geisteshilfe. Oder aber: Schwere Schicksalsschläge leidvoller oder freudiger Art als öffnendes Tor, schwere Krisensituationen innerer oder äußerer Art, ein ›knapp dem Tode Entronnensein‹ oder ähnliches bereiten den Seelenacker vor.

Sehr verschieden ist die Art des Auftretens der Ereignisse:

1. Als physische (das heißt bis ins Physische wirkende) Erscheinung, zum Beispiel einer türöffnenden Menschengestalt, die rettende Worte spricht und für physisch gehalten wird (viele Schilderungen aus dem zweiten Weltkrieg).

2. Als ätherisches Schauen, wobei es sich in die mannigfaltigsten Bilder, Farben, Töne, Formen, Worte einkleiden kann. So viele Möglichkeiten wie es Menschen gibt: als sprechendes Licht, als Gestalt eines bekannten oder unbekannten Menschen, als Augenpaar, als Stern – wohl auch als Pfarrer (wenn der Schauende diesen als christlich erlebt hat).

3. Als Gedanken- oder Gefühlserlebnis, als ›Stimmung‹; dabei können diese in völliger Verlassenheit sich ereignen – oder inmitten von Menschengemeinschaften, im Gespräch, im

Blick, im Kultus, in der Natur, bei spiritueller gemeinsamer Arbeit.

4. In der Meditation.

5. Im wahren Naturerleben, zum Beispiel Schwellen von Tag und Nacht, Gewitter, im Blitznachbild uns so weiter.

(Vor allem die letzten drei Punkte entgehen leicht durch mangelndes Aufmerken.)

Kennzeichen für die Echtheit des Erlebens

Nicht jede Freude, Erleuchtung, nicht einmal eine ›Engelerscheinung‹ muß schon der ätherische Christus sein. Für ihn gilt:

1. Er erlebt sich wie ein unbeschreiblich schönes Kunstwerk (wenn auch zum Beispiel traurige Augen sich zeigen können). Man hat zwei sich widerstrebende Impulse: ›Das möchtest du malen, komponieren, plastizieren, sprechen! Das ist ja die Kunst! Allen Menschen möchtest du es weiterschenken!‹ – Andererseits: ›Das ist so vollkommen – niemand könnte das nachbilden! Im Sinnesreiche gibt es dazu keine Mittel. Nur im Geistesreiche sind diese da!‹

2. Das Geschehnis ist sich-selbst-erklärend. Man ist sich völlig gewiß, was man erlebt, auch wenn man vom Christentum – oder vom Namen des Christus – nichts weiß. Es bedarf keinerlei ›Beweises‹. Es ist das denkbar tieferschütterndste, Maja-Schleier fortreißende Erlebnis, Erwecknis. Wahrnehmung und Begriff sind eins im Augenblick (siehe Schilderung bei Ernst Lehrs in ›Gelebte Erwartung‹).

3. Man erwacht in das Erlebnis hinein. Das übrige Leben erscheint als geträumt, benebelt.

4. Die Begnadungswahrnehmung verlangt nicht nach Wiederholung! Wie eine stets bleibende Sättigung nach genossenem Lebensbrot: ›Ich gebe euch das Wasser, daß euch nicht mehr dürstet!‹ Es mag sogar sein, daß ein tiefstilles, erinnern-

des Sich-Besinnen darauf die höhere Speisung wieder so hervorbringt, als wenn ein Erinnern an eine Mahlzeit genügte, um wieder sattzuwerden, denn:

5. Das Erlebnis ist – in Gegensatz zu anderen wahren Gesichten – erinnerbar.

6. Es ist Biographie-ändernd. Es tritt im Schicksalsknotenpunkte ein – wie kunstvoll eingegliedert, wie Antwort auf Fragen. Es inkarniert sich in die Lebensaufgaben. Ein ›Ja‹ zur Mission der Erde steigt auf in der dies erlebenden Seele.

7. Er nimmt nichts fort von den Mühen und Leiden des Menschenseins. Doch er legt Trost auf die andere Schale der Waage, soviel wie nötig ist zum mutigen Durchtragen. Man erlebt erschüttert: ›Er tilgt die Sündenlast, er schenkt unverdiente, neue Reinheit. Seine Liebe ist bedingungslos! Sie erfordert nichts.‹ – Dies erzeugt aber sofort den vollständig freien und als frei gefühlten Impuls: ›Nun will ich dir folgen, will mein Kreuz – gleich dir – freudig tragen, denn ich erkenne jetzt in dir des Kreuzes Sinn.‹

8. Man erfühlt seinen persönlichen, nahen, direkten Anteil, sein Mitgefühl mit dem eigenen, kleinen, ganz persönlichen Erdenschicksal und dessen Träger, dem ›Ich‹ – ›Er sieht mich, er kennt mich durch und durch, er liebt mich dennoch. Er heilt mich und hilft mir. Wie er mir tut, so will ich meinen Brüdern und Schwestern helfen. Seine Liebe schenkt mir Freiheit. Sein freilassendes Vorbild entzündet meine Liebefähigkeit. O, möge die Kraft nimmer sinken, dem Erlebnis tätig treu zu bleiben.«

62 Eine *unmittelbare* Inspiration Christi behauptet z. B. das sog. »Heimholungswerk Christi« zu haben – seine Prophetin spricht aus einer momentan erfolgenden »Offenbarung Christi«. Solche Phänomene gibt es heute an mehreren Orten.

63 siehe Anm. 43

64 Als vorbildlich-prüfendes Verhalten über Jahre hin kann die

Annäherung Friedrich Rittelmeyers an Rudolf Steiner gelten – s. Friedrich Rittelmeyer, Meine Lebensbegegnung mit Rudolf Steiner, Stuttgart [10]1983

65 Rudolf Steiner macht u. a. folgende Zeitangaben zur Wiederkunft:

GA 118: »In vereinzelten Seelen« – 1930–1940, 1933/35/37
»Für wenige Menschen« – 1930–40–45
»Für manche Menschen« – noch bevor die Mitte des Jahrhunderts abgelaufen ist.

GA 116: »Eine große Anzahl« – im Laufe des 20. Jahrhunderts.

GA 120: »Einzelne« – vor Ablauf der Mitte des 20. Jahrhunderts.

GA 15: »Einige Menschen« – bestimmte Zeiten im 20. Jahrhundert. »In ferner Zukunft« als natürliche Fähigkeit.

GA 129: »Einzelne« – in unserem Jahrhundert.
»In den nächsten 3000 Jahren.«

GA 130: »Besonders bei Kindern«: Vision der Zukunft; »Einzelne«, vom 30., 40. Jahr des Jahrhunderts ab.
»Etwa von 1930 ab.«
»... wenn die Menschen zusammensitzen ... auch wenn größere Menschengruppen zusammensitzen...«
»... bis zur Mitte des Jahrhunderts...« »... eine große Anzahl ...«

GA 133: In den nächsten 3000 Jahren.

GA 175: »Über die ganze Erde hin« – seit 1909 bereitet sich das vor.
»In unserem Jahrhundert«.

GA 178: »In der 1. Hälfte des Jahrhunderts« – »für eine genügend große Anzahl«.

GA 184: »Ehe das 1. Drittel des 20. Jahrhunderts abgelaufen sein wird«.
GA 127: »Einzelne Menschen« – von der Jahrhundertmitte ab.
GA 160: »... erst einzelne Seelen, dann immer mehr und mehr...« – im Laufe dieses 20. Jahrhunderts.
GA 174: »Bei einer größeren Anzahl von Menschen« – im Laufe des 20. Jahrhunderts.

Daß diese »Angaben« nicht ganz übereinstimmend erscheinen, mag mit der Tatsache zusammenhängen, daß gerade in diese Erlebnisse auch die *Freiheit* des einzelnen Menschen hereinspielt, sich dafür zu öffnen oder nicht. Rudolf Steiner spricht deshalb auch von »der *Möglichkeit,* daß ... eintritt«, daß etwas »geschehen *soll*« usw.

66 Das Gedicht lautet in der deutschen Übersetzung:

Liebe

Willkommen rief mir Liebe zu, doch schuldbewußt
Von Staub und Sünd befleckt wich ich zurück.
Doch Liebe, die mit raschem Blick bemerkt, daß mich,
Seit ich zum ersten Mal sie traf, der Mut verließ,
Fragt süß, indem sie näher zu mir rückt:
Was fehlt dir denn zu deinem Glück?

Der Gast, erwidert' ich, der würdig wäre hier.
Die Liebe drauf: Du sollst es sein!
Wie – ich, so schroff und undankbar?
Dich anzublicken bin ich nicht imstande.
Doch lächelnd nimmt sie meine Hand und spricht:
Gab ich dir nicht das Augenlicht?

Wahr ists, o Herr, doch hab ich es getrübt! Drum laß
Die Scham an den verdienten Ort mich führen. –
So weißt du nicht, wer deine Sünde auf sich nahm? –
O laß mich, Liebe, dafür dir nun dienen! –

Setzt dich nur hin und iß mein Fleisch! sprach Liebe.
So setzte ich mich hin und aß.
George Herbert
(übersetzt von Theodor Schmitz / Stuttgart)

67 Christoph Rau in der Zeitschrift »Die Christengemeinschaft«, März 1989. – Siehe zu Simone Weil auch die schöne Darstellung von Barbara Nordmeyer in: Meister ihres Schicksals, Stuttgart 1989

In der Rowohlt-Bildmonographie läßt Angélica Krogmann ihre Darstellung in folgendem Passus gipfeln: »PROLOG

Er trat in mein Zimmer und sagte: ›Unglückliche, die nichts versteht, nichts weiß. Komm mit mir, und ich werde dich Dinge lehren, von denen du nichts ahnst.‹ Ich folgte ihm.

Er nahm mich in eine Kirche mit. Sie war neu und häßlich. Er führte mich vor den Altar hin und sagte zu mir: ›Knie nieder.‹ Ich sagte zu ihm: ›Ich bin nicht getauft.‹ Er sagte zu mir: ›Falle auf die Knie an dieser Stelle, aus Liebe, als an dem Ort, wo die Wahrheit ist.‹ Ich gehorchte.

Er hieß mich hinausgehen und zu einer Dachkammer hinaufsteigen, von wo man durch das offene Fenster die ganze Stadt sah, ein paar hölzerne Baugerüste, den Fluß, wo Schiffe entladen wurden. Er hieß mich niedersitzen.

Wir waren allein. Er redete. Zuweilen trat jemand ein, mischte sich ins Gespräch und ging dann wieder fort.

Es war nicht mehr Winter. Es war noch nicht Frühling. Die Zweige der Bäume waren kahl, ohne Knospen, die Luft kalt und voller Sonne.

Das Licht nahm zu, wurde strahlender und schwand, dann traten die Sterne und der Mond ins Fenster. Dann stieg von neuem das Morgenrot herauf.

Zuweilen hielt er inne, holte aus einem Schrank ein Brot, und wir teilten es. Dieses Brot schmeckte wirklich nach Brot. Niemals mehr habe ich diesen Geschmack wiedergefunden.

Er schenkte mir und sich Wein ein, der nach Sonne schmeckte und nach der Erde, auf der diese Stadt gebaut ist.
Zuweilen streckten wir uns am Boden der Dachkammer aus, und die Süßigkeit des Schlafes senkte sich auf mich herab. Danach erwachte ich wieder und trank das Sonnenlicht.
Er hatte mir eine Lehre versprochen, aber er lehrte mich nichts.
Wir plauderten von allen möglichen Dingen, ohne Vorbehalte, wie es alte Freunde tun.
Eines Tages sagte er zu mir: ›Nun geh.‹ Ich fiel ihm zu Füßen, umschlang seine Knie, ich flehte ihn an, mich nicht fortzujagen. Aber er warf mich die Treppe hinab. Wie ich hinunter kam, weiß ich nicht, das Herz war mir wie in Stücke gerissen. Ich wanderte durch die Straßen. Da fiel mir ein, daß ich gar nicht wußte, wo sich jenes Haus befand.
Ich habe niemals versucht, es wiederzufinden. Ich begriff, daß er mich aus Versehen mitgenommen hatte. Mein Platz ist nicht in jener Dachkammer. Er ist, einerlei wo, in einem Kerkerverlies, in einem dieser bürgerlichen Salons voller Nippes und roten Plüsch, in einem Bahnhofswartesaal. Einerlei wo, aber nicht in dieser Dachkammer.
Manchmal kann ich nicht anders, als mir, unter Angst und Gewissensbissen, etwas von dem zu wiederholen, was er zu mir gesagt hat. Wie soll ich wissen, ob ich mich genau erinnere? Er ist nicht da, um es mir zu sagen.
Ich weiß wohl, daß er mich nicht liebt. Wie könnte er mich lieben? Und dennoch kann irgend etwas in meinem Innern, ein letztes bißchen meiner selbst, nicht aufhören, furchtbebend daran zu denken, daß er mich vielleicht, trotz allem, liebt.
Dürfen wir, ohne den Absichten der Autorin zuwiderzuhandeln, ihren *Prolog* hier, statt an den Anfang, ans Ende setzen? Es gibt von diesem Text zwei fast identische Handschriften;

eine am Schluß der Tagebuchaufzeichnungen, die Simone Weil beim Abschied von Frankreich in den Händen Thibons zurückließ und denen er für seine Sammlung *Schwerkraft und Gnade* Texte entnahm, lange, bevor sie vollständig im Druck erschienen; die andere Handschrift des *Prologs* findet sich am Beginn der in *La Connaissance surnaturelle* edierten Tagebuchnotizen, die im Lager Ain Seba bei Casablanca begonnen wurden und die letzte Lebenszeit in New York und London umfassen. Bestimmt war dieser Text für den *Anfang des Buches ... das diese Gedanken enthalten würde und viele andere.* Erst die zweite Handschrift trägt den Titel *Prolog,* aber in beiden steht das Perfekt-Partizip der 1. Person singularis ohne weibliche Endung: *Je n'ai pas été baptisé.* Das deutet darauf, daß mit diesem ›ich‹ nicht die irdisch biographische Person Simone Weils, sondern ihre höhere Wesenheit, die Entelechie, gemeint und also weder durch Geschlecht noch andere äußere Merkmale kenntlich zu machen sei. Daher scheint es auch müßig, nach Anhaltspunkten in der äußeren Wirklichkeit zu suchen und den geschilderten Vorgang in einem Koordinatensystem aus Raum und Zeit dingfest machen zu wollen. Möglich, daß er für Simone Weil in Paris oder Marseille an einem bestimmten Tag zwischen 1940 und 1942 datierbar gewesen ist, doch berührt das kaum den Kern. Viel eher dies: ›Wir schweigen das Erlebnis, und es ist ein Stern, der die Bahn wandelt. Wir reden es, und es ist hingeworfen unter die Tritte des Marktes ... Aber so gerade ist es mit uns: wir müssen reden‹, um das Unsagbare ›hinzusetzen nicht als ein Ding zu den Dingen der Erde, sondern als einen Stern zu den Sternen des Himmels‹. Es ist die ›unmögliche Botschaft‹ des Mystikers, der einmal das große Schweigen des bräutlichen Einverständnisses vernommen und sich seitdem gewöhnt hat, alle Geräusche nur noch durch dieses Schweigen hindurch zu hören: *entendre tous les bruits à travers le silence.*

Und obwohl Simone Weil vor gar nicht langer Zeit einer schweigenden vor einer schreibenden Theresia von Avila den Vorzug gegeben hätte, versucht sie jetzt selbst das Unsagbare zu sagen und jenen Zustand zu schildern, ›wenn die Seele auf ihren Grund getaucht ist, Kern und Schale, Sonne und Auge, Zecher und Trank zugleich‹, das ›allerinnerlichste Erlebnis, das die Griechen Ekstasis nannten‹: Heraustreten.

Wenn wir den *Prolog* so betrachten und jenes Gedicht ›Love‹ von George Herbert danebenhalten, wie auch die Bedeutung, die es für Simone Weil hatte, dann wissen wir, wovon die Rede ist: von dem Urerlebnis der Kommunion, der Speisung, das weder an Raum und Zeit noch an eine Konfession gebunden ist. Das aus sich herausgetretene, in die *Mansarde,* das Brautgemach, entrückte Ich kostet vom *Brot,* das wirklich nach Brot schmeckt, und auch vom *Wein,* der *nach Sonne schmeckt und nach der Erde, auf der diese Stadt gebaut ist.* Noch der Blick durchs Fenster, die Luft, die Sonne, die steigt, sinkt und wieder aufgeht, sogar der Schlaf und das Erwachen werden in dieser *Mansarde* zum Sakrament. Aber eines Tages muß die Seele die *Treppe hinab,* findet sich *auf der Straße* wieder und weiß nicht, wie sie dorthin kam, noch, wie der Weg zurückgeht. Es gibt ihn nicht. Bürgerliche Salons, Bahnhofswartesäle, Gefängnisse werden ihr Aufenthalt sein, und unstillbare Sehnsucht nach jener Dachkammer wird sie begleiten. Sie weiß nicht mehr, wo das war und ob sie die dort empfangene Wahrheit treulich genug erinnert. *Er ist nicht da, um es mir zu sagen. Ich weiß wohl, daß er mich nicht liebt. Wie könnte er mich lieben?* Und doch bleibt dies Fünkchen Hoffnung auf dem Grund der Seele, die nicht aufhören kann, mit Furcht und Zittern daran zudenken, daß ER sie *vielleicht trotz allem liebt.*

Aus mehreren Gründen scheint es vertretbar, fast unvermeidlich, im *Prolog* einen Schlüssel zu sehen, den Simone Weil

ihren Schriften hat mitgeben wollen und der gerade dort aufschließt, wo Person und Werk, Biographie und Theologie, Wesen und Glauben eine untrennbare Einheit bilden. Es ist die Stelle, an der – mit Goethe zu reden – sichtbar oder mindestens spürbar wird: das ›Gesetz, wonach du angetreten‹. Wir haben also Ort und Zeit nicht mittels Landkarte und Kalender zu bestimmen, wohl aber als geistige Realitäten ernst zu nehmen, wie etwa den Blick durch das Fenster oder die Jahreszeit. *Es war nicht mehr Winter. Es war noch nicht Frühling* – das war nicht nur wie ›an dem Tag, der dich der Welt verliehen‹, am 3. Februar 1909 in Paris, eben nach Mariä Lichtmeß der kosmische Stand der Sonnenuhr der Erde; es ist zugleich das Bild eines allerfrühesten, vorgeburtlichen oder kindlichen Vorfrühlingszustandes der Menschenseele, in den sie nur träumend oder in Ekstase zurückkehren kann. Was bedeuten dann diese Gefängnisse und Bahnhöfe und mit Nippes gefüllte Salons anders als Orte des Exils, nachdem die Seele aus jener Dachkammer des glückseligen, rückhaltlosen, heimatlichen Einklangs – unio mystica, communio – verbannt worden ist?
Jedes Wort ist hier schwer von Bedeutung, jede Zeile steht für viele Seiten, jeder Absatz für ein Kapitel, und so wäre es nicht nur erlaubt und verlockend, sondern zudem wahrscheinlich äußerst fruchtbar, aus dieser Schrift von kaum zwei Seiten die gesamte Vita der Simone Weil zu erschließen, ohne den kleinen Text überdehnen oder den widerspruchsvollen Reichtum von Werk und Leben pressen zu müssen. Wie ist das möglich? Wenn wir einen Schritt zurücktreten und das *Ich* des *Prologs* um die Vielzahl anklingender Akkorde ergänzen, die das aufmerksame Ohr mithört, so werden wir überrascht finden, daß hier gar nicht oder doch nicht allein die persönliche Vita eines einzelnen Menschen gemeint ist, sondern eine stellvertretende Aussage über die Situation des suchenden Menschen

dieser Zeit oder überhaupt des Menschen, der als geistige Entelechie Erdenexistenz zu erdulden und zu leisten hat. Es ist eine neue Chiffre, diejenige der Genesis variierend, so wie es auch die Märchen tun; es ist die Parabel von der Vertreibung aus dem Paradies, die Geschichte der Seele, welcher die unmögliche Aufgabe der *Inkarnation* zugeteilt ist, doppelt unmöglich in unserer modernen Welt, wo der Sinn verloren, die Hoffnung auf Erfüllung, auf Erlösung gänzlich geschwunden scheint und nur, unter *Furcht und Zittern,* die bange Frage bleibt, *ob er* uns *vielleicht trotz allem liebt.*«

68 Friedrich Rittelmeyer, Das Heilige Jahr, Kapitel: Himmelfahrt, Stuttgart 1959

69 Friedrich Rittelmeyer, Meine Lebensbegegnung mit Rudolf Steiner, Stuttgart [10]1983

70 Ein Zeugnis dafür ist auch die große Holzplastik, die Rudolf Steiner geschaffen hat – heute im »Goetheanum« in Dornach / Basel – und die Christus in Auseinandersetzung mit den Widersachermächten zeigt. Daß heute eine authentische, aus unmittelbarer geistiger Anschauung hervorgehende Christusdarstellung möglich ist, gehört auch zu den Zeichen einer neuen Christusgegenwart.

71 Siehe einiges dazu im 5. Kapitel.

72 Aus der Zeitschrift »Die Christengemeinschaft«, Februar 1976

73 Mündliche Mitteilung Albert Steffens

74 Heinz Demisch, Vision und Mythos in der modernen Kunst, Stuttgart 1959, S. 24

75 Werner Hofmann, Die Plastik des 20. Jahrhunderts, Frankfurt a. M. 1958, S. 97

76 Heinz R. Fuchs, Plastik der Gegenwart, Baden-Baden 1970, S. 113 f.

77 Franz Joseph van der Grinten, Friedhelm Mennekes, Menschenbild – Christusbild. Auseinandersetzung mit einem

Thema der Gegenwartskunst, Stuttgart 1984, S. 115 ff. Das Interview fährt fort:
F. M.: Gibt es neben der Bewegung noch andere Ausdrucksmöglichkeiten für Sie als Künstler, die Christusgestalt für unsere Zeit zu vermitteln?
J. B.: Das Element der Bewegung zu vermitteln ist die Hauptaufgabe. Denn in dem Augenblick, wo etwas in Bewegung gerät, kommt etwas in Fluß. Während in der Gegenwart der Mensch in seiner seelischen Konfiguration in einer tiefen Erstarrung liegt, liegen auch die Gesellschaftssysteme, Kommunismus und Kapitalismus, in einer Erstarrung. Denen ist eine tiefe Erstarrung übergestülpt mit der materialistischen Gesinnung, ob im Westen oder im Osten.
F. M.: Aber wie kommen wir aus dieser Erstarrung heraus? Wie kommt die Bewegung zustande?
J. B.: Die Bewegung kommt zustande durch eine Provokation, durch eine Einweihung, durch eine Initiation zum Zweck der Bewegung. Man ruft etwas hervor, das Bewegungsprinzip selbst. Und hier zeigen sich andere Pole, zeigt sich der Pol des Willens, der Energie; daß man weiß, woher die Bewegung ihre Nahrung hat; und es zeigt sich sofort der Formpol, d. h. daß es sich darum handelt, für alle Menschen etwas zu gestalten. Und das ist eine andere Gestalt als die alte. Es ist also das Auferstehungsprinzip: die alte Gestalt, die stirbt oder erstarrt ist, in eine lebendige, durchpulste, lebensfördernde, seelenfordernde, geistfördernde Gestalt umzugestalten. Das ist der erweiterte Kunstbegriff.
F. M.: In welchem Werk sehen Sie Ihren wichtigsten Beitrag zum Christusbild?
J. B.: Der erweiterte Kunstbegriff. Ganz einfach.
F. M.: Als Theorie?
J. B.: Dieser Kunstbegriff ist keine Theorie, er ist eine Figuration des Denkens, aber natürlich keine, die irgendwo an der

Wand hängt. Es gibt Formen, die an der Wand hängen, weil sie aus gewissen Seminaren über dieses Thema hervorgegangen sind, wie z.B. dieses »Kapital«, das in Schaffhausen hängt. Es entstehen ja dauernd Figuren aus den Diskussionen über dieses Prinzip, Niederschläge auf schwarzen Tafeln, auf Papier, in Form von Aktionen, auf Tonbändern: das Zeug verkörpert sich ganz von selbst.

F. M.: Aber eins können Sie mir nicht sagen: daß Sie im Rückblick vielleicht sagen: das ist mir besser gelungen als anderes?

J. B.: Nein, es ist der erweiterte Kunstbegriff, der mir am besten gelungen ist. Auch genau dieser Begriff. Diese Grundformel ist aus sich selbst heraus wahr. Unter dieser Grundformel läßt sich alles andere unterordnen, was sonst noch an Detailnotwendigkeiten herangeschafft werden muß. Es ist immer der erweiterte Kunstbegriff. Der auch nichts anderes heißt, als daß es keine andere Methode für den Menschen mehr gibt, das was existiert zu überwinden, als diese.

F. M.: Sie bleiben sich natürlich mit Ihrer Antwort treu. Insofern setzen Sie jetzt selbst die Antwort in eine Bewegung, indem Sie den erweiterten Kunstbegriff als Antwort setzen und meiner Frage nach einer konkreten Figuration ausweichen.

J. B.: Die Antwort muß logisch sein. Der erweiterte Kunstbegriff ist keine Theorie, sondern eine Vorgehensweise, die sagt, daß das innere Auge sehr viel entscheidender ist als die dann sowieso entstehenden äußeren Bilder. Viel besser für die Voraussetzungen guter, äußerer Bilder, die dann auch in Museen hängen können, ist, daß das innere Bild, also die Denkform, die Form des Denkens, des Vorstellens, des Fühlens, die Qualität hat, die man von einem stimmenden Bild haben muß. Also ich verlagere das Bild schon an seine Ursprungsstätte. Ich gehe zurück auf den Satz: Am Anfang war das Wort. Das Wort ist eine Gestalt. Das ist das Evolutionsprinzip schlechthin. Dieses Evolutionsprinzip kann nun aus dem Menschen quellen, es kann aus dem Menschen hervorbrechen, denn die alte Evolution ist bis heute abgeschlossen. Das ist der Grund der Krise. Alles, was an Neuem sich auf der Erde vollzieht, muß sich durch den Menschen vollziehen. Es wird sich aber nicht vollziehen können, wenn die Quelle verstopft ist, d.h. wenn der Anfang formlos ist. Also ich verlange eine bessere Form des Denkens, des Fühlens und des Willens. Sie sind die wirklichen ästhetischen Kriterien. Aber sie sind nicht nur bei den äußeren Formen zu beurteilen, sie sind schon im Inneren des Menschen selbst zu beurteilen und werden dann da anschaubar. Dann wissen wir auf einmal auch, daß wir geistige Wesen sind, und daß das, was in uns im Geiste anschaubar ist und bildhaft wird und seine innere höhere Mathematik hat, daß uns das die Fähigkeit bringt, auch die Christuskraft wahrzunehmen. Denn das ist ja die evolutionäre Kraft, das ist ja das Evolutionsprinzip, das heute aus dem Menschen herauskommt. Also muß man den Vorgang weiter zurückverfolgen, da wo er noch gar kein äußeres Bild ist, aber durchaus Bild. Die Idee ist ja nicht einfach nichts, sondern die Idee ist ein Begriff, und der hat auch ein Bild zu seiner Voraussetzung. Diese Art von Gewissenhaftigkeit ist heute sehr viel wichtiger geworden als je zuvor. Denn dadurch erweitert der Mensch das Verständnis von sich selbst und erkennt sich als den Träger geistiger Kraftzusammenhänge, der auch, wenn er sie spürt, Verantwortung übernehmen kann. Viele Menschen wollen heute Verantwortung übernehmen, aber sie wissen nicht, mit welchen Mitteln. Sie können immer nur Verantwortung übernehmen für ein Schweinekotelett, d.h. für irgendetwas Physisches. Aber so kann man keine Verantwortung übernehmen. Es gibt zwar viele sog. soziale Initiativen, aber die Menschen wissen gar nicht, um was es sich dabei handelt. Welche Institution gibt den Menschen überhaupt mal eine Ortsbestimmung: woher das alles gekommen ist und wohin das logischerweise führt. Wo wird den Menschen denn mal gesagt, wo sie stehen?

78 Die von Rudolf Steiner ausgehenden Anregungen für die Kunst sind außerordentlich zahlreich. Ihre Wurzeln haben sie schon in seiner Schrift von 1888 »Goethe als Vater einer neuen Ästhetik«.

Wir müssen es uns hier versagen, ausführlicher darauf einzugehen, es sei nur daran erinnert, daß von Rudolf Steiner an der Schöpfung einer neuen Bewegungskunst, der Eurythmie, und einer neuen Architektur mit dem Bau des ersten »Goetheanum« im selben Zeitraum gearbeitet wird, daß aber auch auf vielen anderen Feldern neue Wege der Kunstausübung durch ihn eröffnet wurden: in der Malerei und Plastik, in Musik, Dichtung und dramatischer Kunst (die vier Mysteriendramen, 1910–1913), in Sprachgestaltung und Kleinodienkunst.

79 Diether Rudloff, Unvollendete Schöpfung. Künstler im 20. Jahrhundert, Stuttgart 1982, S. 9

80 Ich übernehme dazu folgendes aus einer kurzen Darstellung von Frau V. Peter, Stuttgart:

Arnold Schoenberg, 1874–1941, schrieb 1911 die 6 Stücke Op 19, 1–6, die als einer der bedeutendsten Vorstöße einer ganz neuen Klangwelt – noch atonal, aber Einbeziehung und besondere Sprache des »Unhörbaren« – angesehen werden können (mehr Pausen, verschiedenster Art, als Töne). Nr. 6 entstand nach der Nachricht vom Tod Gustav Mahlers. Auch das Orchesterstück op 15 ist bahnbrechend. Viele bezeichnen op 19 als »die Geburt der neuen Musik«.

Joseph Matthias Hauer, 1883–1959, fand die 12-Ton Musik schon vor Schoenberg und begann 1911 in ganz neuer Weise zu komponieren. »*Atonales Melos* ist die höchste musikalische Ausprägung des Geistes. Tonalität Sinnbild der Natur.« Musik ist klingende Spiegelung kosmischer Verläufe. Parallele Mathematik-Musik. Der Ansatz, daß das Wesentliche der Musik das »nicht Hörbare« sei (Rudolf Steiner, Toneurythmiekurs, Seite 99), ist bei Hauer und Schoenberg absolut gegeben.

Béla Bartok, 1881–1945. 1911 Oper »Herzog Blaubart«, op 11 (einzige Oper). Allegro barbaro – wohl das materialistischste Stück, was er schrieb. Er gilt als der bedeutendste »Neuerer«; *weitete* von der Seite des *Rhythmus* und arbeitete wie schon Debussy – in der Richtung der »Ganztonleiter« – also weg vom Halbton, der uns ans Physische bindet.

Alexander Scriabin, 1872–1915. Er beginnt mit der »Aussparung der Oktav«.

Paul Hindemith, 1895–1963. Atonaliker – stark quartig, gilt als »neobarocker Künstler«.

81 Hans Magnus Enzensberger, Museum der modernen Poesie, Frankfurt a.M. 1960, S. 12

82 Einen Zusammenhang zwischen »dem Absterben« der Sprache und den Wiederkunftsereignissen schildert eindrucksvoll Rudolf Steiner in einem Vortrag vom 10.6.1913 in Stockholm: »Was war also das Hindernis, das machte, daß die Menschen nicht von Anfang an das Weltenwort wahrgenommen haben? Das war, daß sie sprechen lernen mußten! Aber bei der Weiterentwickelung wird in der Tat aus der Sprache etwas sehr Merkwürdiges werden. Die Sprache hat sich im Laufe der Menschheitsentwickelung doch sehr verändert. Wenn man zu ursprünglichen Sprachstufen zurückgeht, da waren die Menschen noch unmittelbar verknüpft mit der Sprache. Sogar heute noch findet man auf dem Lande, daß der Mensch dort viel mehr in ihr lebt und webt, mit ihr verwachsen ist. Er fühlt noch, wenn er ein Wort ausspricht, daß darin etwas liegt wie eine Nachbildung dessen, was er um sich herum sieht. Je weiter die Menschheitsentwickelung vor-

schreitet, um so abstrakter wird das Wort, es wird nur zum Zeichen dessen, was es ausdrücken soll. Die Sprache wird immer unorganischer, immer arabeskenartiger, immer fremder dem Menschen. Woher kommt das? In diesem Fremdwerden der Sprache von der inneren Bedeutung der Worte werden bloßgelegt diejenigen Kräfte, die früher dazu verwendet wurden, die Sprache auszubilden. Das hängt wiederum damit zusammen, daß bald eine geistige Wahrnehmung kommen wird von dem Christus-Wesen, eben weil der Mensch die sprachbildende Kraft frei bekommt. In älteren Zeiten war die Sprache eng verwachsen mit dem menschlichen Organismus, jetzt beginnt sie sich von diesem zu emanzipieren. Dadurch wird die sprachbildende Kraft frei und wird verwendet werden für das Wahrnehmen des Weltenwortes, des geistigen Christus.«

83 Wichtige Hinweise dazu verdanke ich Dr. R. Patzlaff, Stuttgart. Das »Zerbrechen« der Sprache führt einerseits zu ziellosen Experimenten mit den Sprachelementen: Laut, Silbe, Rhythmus, Klang, Pause usw. –, andererseits zu äußerster Reduktion und Zusammenziehung, wie z. B. bei Celan, wo das Eigentliche »jenseits« des Wortes erfaßt werden muß (wie in der neuen Musik oft jenseits des Tones, und in den anderen Künsten entsprechend). Das führt bei manchen Künstlern – wie bei Ingeborg Bachmann schon vor ihrem Tode – zu völligem Verstummen in der Erfahrung, daß die Sprache das Wesentliche nicht mehr sagen kann.

Keine Delikatessen

Nichts mehr gefällt mir.

Soll ich
eine Metapher ausstaffieren
mit einer Mandelblüte?
die Syntax kreuzigen
auf einen Lichteffekt?

Wer wird sich den Schädel zerbrechen
über so überflüssige Dinge –

Ich habe ein Einsehn gelernt
mit den Worten,
die da sind
(für die unterste Klasse)

Hunger
          Schande
                    Tränen
und
                              Finsternis.

Mit dem ungereinigten Schluchzen,
mit der Verzweiflung
(und ich verzweifle noch vor Verzweiflung)
über das viele Elend,
den Krankenstand, die Lebenskosten,
werde ich auskommen.

Ich vernachlässige nicht die Schrift,
sondern mich.
Die andern wissen sich
weißgott
mit den Worten zu helfen.
Ich bin nicht mein Assistent.

Soll ich
einen Gedanken gefangennehmen,
abführen in eine erleuchtete Satzzelle?
Aug und Ohr verköstigen
mit Worthappen erster Güte?
erforschen die Libido eines Vokals,
ermitteln die Liebhaberwerte unserer Konsonanten?

Muß ich
mit dem verhagelten Kopf,
mit dem Schreibkrampf in dieser Hand,
unter dreihundertnächtigem Druck
einreißen das Papier,
wegfegen die angezettelten Wortopern,
vernichtend so: ich du und er sie es

wir ihr?

(Soll doch. Sollen die andern.)

Mein Teil, es soll verloren gehen.

Etwas davon bezeugt auch folgendes Gedicht von Johannes Bobrowski:

Sprache

Der Baum
größer als die Nacht
mit dem Atem der Talseen
mit dem Geflüster über
der Stille

Die Steine
unter dem Fuß
die leuchtenden Adern
lange im Staub
für ewig

Sprache
abgehetzt
mit dem müden Mund
auf dem endlosen Weg
zum Hause des Nachbarn

Ein weiterer Versuch, der Sprache das Unsagbare abzuringen, liegt im Zusammenfügen unvereinbarer Worte, z.B. in

P. Celans berühmter »Todesfuge«: Schwarze Milch der Frühe...

Eine besondere Wendung nimmt die Entwicklung der Sprache bei Rudolf Steiner, der gerade auch auf sprachlichem Felde außerordentlich schöpferisch war: in seinen Vorträgen, in den Spruchschöpfungen (Wahrspruchworte, Seelenkalender u. a.), in seinen Mysteriendramen. Er benutzt dabei die wesenhafte Kraft der Laute, des Rhythmus und oft auch die Möglichkeit des Deutschen, mehrere Worte in ungewöhnlicher Art zusammenzufassen und damit auf etwas hinzuweisen, das sich dem *einzelnen* Wort entzieht (Wahr-spruch-worte, Weltenkeimes-wort, Welten-winter-nacht). Maßgeblich dabei ist immer der die Elemente der Sprache gleichsam wie »von oben« ergreifende geistige Inhalt – vergleichbar der Malerei, wo die Elemente – Farbe, Formen – nicht mehr etwas Äußeres abbilden, sondern Unsichtbares »sichtbar machen« (P. Klee).

Schließlich ist unter den schöpferischen Sprachkräften der Gegenwart und Zukunft auch der erneuerte Kultus zu nennen – vor allem die »Sprache« der Menschen-Weihehandlung (und da vor allem wieder die der »Episteln«) –, die ganz darauf angelegt ist, im Wort Geistiges, Göttliches zur Offenbarung zu bringen.

84 Eine Vorwegnahme solcher Versuche liegt bei Christian Morgenstern in den »Galgenliedern« vor (Das große Lalula, Fisches Nachtgesang, u. a.).

85 Aus der Zeitschrift »Die Drei«, Mai 1967

86 In der Anthroposophie wird davon gesprochen, daß mit dem Jahre 1900 das »dunkle Zeitalter« abgelaufen sei und das »Lichte Zeitalter« begonnen habe. Das heißt natürlich nicht, daß damit gleich alle Schwierigkeiten und Dunkelheiten überwunden sind. Aber ein neuer Zugang zu dem *Licht der geistigen Welt* ist eröffnet – durch Anthroposophie, durch die Erneuerung des Kultus.

87 Zunächst werden – nach den Angaben Rudolf Steiners – nur wenige Menschen entsprechende Erlebnisse haben; erst im weiteren Verlauf, vor allem auch der nächsten Jahrhunderte, werden solche Erlebnisse vielen Menschen und auch Menschengruppen zuteil – s. Anm. 65.

88 siehe dazu Johannes Tautz, Der Eingriff des Widersachers. Fragen zum okkulten Aspekt des Nationalsozialismus, Freiburg 1976

89 Daß das Böse das Gute »hervor-rufen« und steigern *kann:* s. H.-W. Schroeder, Der Mensch und das Böse, a.a.O. (Anm. 42)

Wie dies auch speziell für die Wiederkunftsgeschehnisse gilt, schildert Rudolf Steiner in: Geschichtliche Symptomatologie, GA 185, Vortrag vom 26.10.1918 in Dornach:

»Jetzt, wo der Christus wiederum im Ätherischen erscheinen soll, wo wiederum eine Art Mysterium von Golgatha erlebt werden soll, jetzt wird das Böse eine ähnliche Bedeutung haben wie Geburt und Tod für den vierten nachatlantischen Zeitraum. Im vierten nachatlantischen Zeitraum entwickelte Christus Jesus seinen Impuls für die Erdenmenschheit aus dem Tod heraus. Und man darf sagen: Aus dem erfolgten Tod heraus wurde das, was in die Menschheit einfloß. – So wird aus dem Bösen heraus auf eine sonderbare, paradoxe Art die Menschheit des fünften nachatlantischen Zeitraums zu der Erneuerung des Mysteriums von Golgatha geführt. Durch das Erleben des Bösen wird zustandegebracht, daß der Christus wieder erscheinen kann, wie er durch den Tod im vierten nachatlantischen Zeitraum erschienen ist.«

90 Für die Ereignisse außerhalb Deutschlands und »Mitteleuropas« – z.B. in USA, in Japan – muß *Entsprechendes,* eventuell zeitlich verschoben, gelten.

91 siehe J. Tautz, a.a.O., S. 41 f.

92 a.a.O.

93 Rudolf Steiner konnte das Sonnenkreuz, die »Swastika«, 1902 noch als okkultes Zeichen für den Einband der 1. Ausgabe von: Das Christentum als mystische Tatsache, benutzen. Heute wäre das nicht mehr möglich.

94 nach J. Tautz, a. a. O., S. 33

95 Dazu ebenfalls J. Tautz, a. a. O., der die Prägung vom »Dritten Reich«, auch im Anschluß an J. v. Fiore, ausführlich bespricht (S. 22 ff.). – Siehe auch S. 16 und Anm. 8

96 nach J. Tautz, a. a. O., S. 28

97 Man denke nur an Martin Heidegger, Gottfried Benn u. a.

98 Um die Wirkung vollständig zu machen, muß Bild, Wort und Handeln zusammenwirken – das ist hier der Fall.

99 Aus all dem entsteht die Frage: haben wir *genug* gelernt – oder müssen neue Krisen kommen, um weitere Lernprozesse in Gang zu bringen?

100 Der – in mancher Hinsicht vielleicht zu knapp geratene – Versuch einer Deutung: Monika Neve, New Age als Ablenkung? Eine Analyse der New-Age-Bewegung aus anthroposophischer Sicht, Raisdorf/Kiel 1989

101 1955–1962 Jugendarbeit in Stuttgart, 1962–1968 in Berlin. Ab 1968 in der Leitung der Freien Hochschule der Christengemeinschaft, Stuttgart.

102 Der idealistische Grundzug, welcher der Bildung der »terroristischen« Organisation trotz allem zugrundelag, ist bei unvoreingenommener Betrachtung unverkennbar. – Siehe dazu das Interview mit Werner Lotze (RAF), »Zum Schluß war es nur noch Haß«, in: Die Zeit, 23. 11. 1990:
»*Gehörte die totale Opferbereitschaft, das Todesrisiko, auch zu dem ›neuen Menschen‹, den die RAF schaffen wollte?*
Ja, das gehörte mit dazu. Ein neuer Mensch, das sollte einer sein, der nicht mehr bestimmt wird von den Kompromissen und von den Lügen, die man in diesem Leben immer eingehen muß. Das war eine Form von Ehrlichkeit. Damit ist die

Radikalität gemeint, mit der man das Ziel verfolgt, und die Bedingungslosigkeit, mit der man die Aktionen macht. Zwangsläufig muß daraus ein anderes Verhältnis untereinander entstehen. Das heißt, daß sich die Beziehungen der Leute untereinander nicht mehr mit irgendwelchen Kategorien wie freundlich, nett und hilfsbereit definieren lassen. Jeder sieht, daß der andere bereit ist, das gleiche Risiko einzugehen, und vom anderen die gleiche Kompromißlosigkeit und Offenheit fordert. Die Offenheit, die notwendig ist, um alte Ängste abzulegen. Um nicht mehr vor dem Staat zurückzuweichen, weil irgendeine Aktion zu groß ist, weil man Angst hat, vor Repressionen, vor dem Fahndungsdruck oder letztlich auch vor dem Knast oder davor, erschossen zu werden. Jeder ist voll und ganz in dem Ziel, was die Gruppe hat, aufgegangen. Und alles andere ist nebensächlich geworden.

Wie kommt Ihnen dieses Konzept heute vor?

Die Veränderung, die wir angestrebt haben, die hat es natürlich schon gegeben. Aber das hatte nichts mit Selbstbefreiung zu tun. Ich war damals davon überzeugt, daß es ein Wertesystem gibt, das rechtfertigen wird, Menschen zu töten. Aber die Erfahrung in der Gruppe war, daß es dieses Wertesystem nicht gibt. Und die Veränderung, die mit dem einzelnen in der Gruppe vonstatten ging, ist eben, daß er akzeptiert hat, Menschen zu töten.

Das ist die einzige Veränderung gewesen?

Ja. Darauf reduziert sich alles.

Wie sollte ein Wertesystem aussehen, das es rechtfertigt, Menschen zu töten?

Ich habe ja mit der RAF ein Ziel verfolgt. Das war eine konkrete Gesellschaftsform, die charakterisiert wird durch Stichworte wie: keine Kriege, keine Armut, Gerechtigkeit, soziale Gleichheit. Und auf dem Wege dahin habe ich geglaubt, daß es gerechtfertigt ist, daß es notwendig ist, Menschen zu töten. Durch das, was ich in der Gruppe tat, habe ich gemerkt, daß es eben nicht gerechtfertigt ist, Menschen zu töten.«

103 Ein äußeres Abbild davon ist auch das Streben, den »Weltraum« zu erobern – auch hier sind die 60er Jahre signifikant.

104 Zum Rhythmus der 33 ½ Jahre s. Wilhelm Hoerner, Zeit und Rhythmus, Stuttgart ²1991

105 siehe dazu Anm. 43

106 siehe dazu Anm. 47; aus eigener Erfahrung berichtet Therese Schulte: Transzendentale Meditation und wohin sie führt. Abschiedsdisput einer TM-Lehrerin, Stuttgart 1980.

107 Rudolf Steiner wird nicht müde, darauf hinzuweisen: »Von einer sachgemäßen Schulung werden gewisse Eigenschaften genannt, welche sich durch Übung derjenige erwerben soll, welcher den Weg in die höheren Welten finden will. Es sind dies vor allem: Herrschaft der Seele über ihre Gedankenführung, über ihren Willen und ihre Gefühle. Die Art, wie diese Herrschaft durch Übung herbeigeführt werden soll, hat ein zweifaches Ziel. Einerseits soll der Seele dadurch Festigkeit, Sicherheit und Gleichgewicht so weit eingeprägt werden, daß sie sich diese Eigenschaften bewahrt, auch wenn ein zweites Ich aus ihr geboren wird. Andrerseits soll diesem zweiten Ich Stärke und innerer Halt mit auf den Weg gegeben werden.« Aus: Die Geheimwissenschaft im Umriß, GA 13, Kapitel: »Die Erkenntnis der höheren Welten«, das auch sonst Meditationsanweisungen enthält.

108 Ausführlicher ist davon die Rede in H.-W. Schroeder, Der Mensch und das Böse (Anm. 42), 17. Kapitel: Das Böse in der Menschheitsentwicklung.

109 siehe dazu das instruktive Buch: Zivilisation der Zukunft. Arbeitsfelder der Anthroposophie, hrsg. von Herbert Rieche und Wolfgang Schuchhardt, Stuttgart 1982

110 siehe Anm. 65
111 Rudolf Steiner, Das esoterische Christentum und die geistige Führung der Menschheit, GA 130, Vortrag vom 1. 10. 1911 in Basel
112 Rudolf Steiner, Erfahrungen des Übersinnlichen – Die Wege der Seele zu Christus, GA 143, Zweiter Vortrag vom 17. 4. 1912 in Stockholm
113 Rudolf Steiner, Von Jesus zu Christus, GA 131, Vortrag vom 3. 10. 1911 in Karlsruhe
114 Rudolf Steiner, Das Geheimnis der Trinität. Der Mensch und sein Verhältnis zur Geisteswelt im Wandel der Zeiten, GA 214, Vortrag vom 27. 8. 1922 in Oxford
Daß Mitleid, Liebe und Gewissen, verbunden mit der Kraft des Staunens, in dem Ereignis der Wiederkunft Christi noch eine weiter-reichende Bedeutung haben, schildert Rudolf Steiner in: Der irdische und der kosmische Mensch, GA 133.
115 Siehe dazu auch H.-W. Schroeder, Die Christengemeinschaft. Entstehung, Entwicklung, Zielsetzung, Stuttgart 1990
116 Rudolf Steiner, Der Orient im Lichte des Okzidents. Die Kinder des Luzifer und die Brüder Christi, GA 113, Vortrag vom 29. 8. 1909 in München
117 Rudolf Steiner, Das Hereinwirken geistiger Wesenheiten in den Menschen, GA 102, Vortrag vom 13. 5. 1908 in Berlin
118 Der erneuerte Kultus spricht alle 12 Sinne an, die in der anthroposophischen Sinneslehre beschrieben werden.
In diesem Zusammenhang muß auch auf die von Rudolf Steiner ausgehende »goetheanistische« Naturforschung hingewiesen werden, die den Menschen so an Naturphänomene heranführt, daß in ihnen Geistiges aufleuchtet – z. B. in der Betrachtung der Pflanze das *Wesen* der Pflanze, die »Urpflanze«. Als Goethe von Schiller vorgehalten wurde, daß diese seine »Urpflanze« eine *Idee* sei – d. h. nur *ge-*

dacht –, antwortete ihm Goethe: »dann *sehe* ich diese Idee *mit Augen«*.

119 Zum Verstehen der christlichen Grundwahrheiten siehe Anm. 21 und 28.

120 siehe Anm. 42, auch in bezug auf das 6. Zeitalter.

121 Rudolf Steiner, Vorstufen zum Mysterium von Golgatha, GA 152, Vortrag vom 7. 3. 1914 in Pforzheim

122 Der Erinnerungsprozeß spielt auch in der modernen Literatur eine bemerkenswerte Rolle, so etwa bei Marcel Proust in seinem Werk »Auf der Suche nach der verlorenen Zeit«.

123 Rudolf Steiner, Von Jesus zu Christus, GA 131, Vortrag vom 14. 10. 1911 in Karlsruhe

124 Rudolf Steiner, Der irdische und der kosmische Mensch, GA 133, Vortrag vom 23. 4. 1912 in Berlin

125 siehe dazu H.-W. Schroeder, Das Evangelium im Jahreslauf. Eine Herausforderung unseres Bewußtseins, Stuttgart 1988

126 Rudolf Steiner, Das esoterische Christentum und die geistige Führung der Menschheit, GA 130, Vortrag vom 28. 9. 1911 in Neuchâtel

127 ebd., Vortrag vom 19. 9. 1911 in Locarno

128 Rudolf Steiner, Esoterische Betrachtungen karmischer Zusammenhänge VI, GA 240, Vortrag vom 24. 8. 1924 in London

129 siehe Anm. 115

130 Vgl. dazu auch den »Grundsatz« aus Rudolf Steiners Buch: Wie erlangt man Erkenntnisse der höheren Welten, GA 10: »Es ist Grundsatz in aller Geheimwissenschaft, der nicht übertreten werden darf, wenn irgendein Ziel erreicht werden soll. Jede Geheimschulung muß ihn dem Schüler einprägen. Er heißt: *Jede Erkenntnis, die du suchst, nur um dein Wissen zu bereichern, nur um Schätze in dir anzuhäufen, führt dich ab von deinem Wege; jede Erkenntnis aber, die du*

suchst, um reifer zu werden auf dem Wege der Menschenveredelung und der Weltenentwicklung, die bringt dich einen Schritt vorwärts. Dieses Gesetz fordert unerbittlich seine Beobachtung. Und man ist nicht früher Geheimschüler, ehe man dieses Gesetz zur Richtschnur seines Lebens gemacht hat. Man kann diese Wahrheit der geistigen Schulung in den kurzen Satz zusammenfassen: *Jede Idee, die dir nicht zum Ideal wird, ertötet in deiner Seele eine Kraft; jede Idee, die aber zum Ideal wird, erschafft in dir Lebenskräfte.*«
Und ebenso die »goldene Regel«: »Deshalb muß jeder, der Geheimnisse über die menschliche Natur durch eigene Anschauung sucht, die *goldene* Regel der wahren Geheimwissenschaften befolgen. Und diese goldene Regel ist: wenn du *einen* Schritt vorwärts zu machen versuchst in der Erkenntnis geheimer Wahrheiten, so mache zugleich *drei* vorwärts in der Vervollkommnung deines Charakters zum Guten. – Wer diese Regel befolgt, der kann solche Übungen machen, wie nunmehr eine beschrieben werden soll.«

131 Eine genauere Darstellung in: Emil Bock, Apokalypse. Betrachtungen über die Offenbarung des Johannes, Stuttgart [4]1982

132 siehe vor allem Emil Bock, a. a. O.

133 siehe dazu Anm. 89

134 Die »Einweihung« ist zugleich ein »mystischer Tod«, in den alten Mysterien kam es sogar zu dem dreitägigen »Todesschlaf«, der den Einzuweihenden bewußt über die »Schwelle« in die geistige Welt führte. Siehe Rudolf Steiner, Das Christentum als mystische Tatsache, GA 8

135 Hier ragt etwas von dem »Jüngsten Gericht« und der »Scheidung der Geister« (aus Matthäus 25) in unser gegenwärtiges Erleben herein; s. Anm. 41 und das entsprechende Erlebnis bei Vaclav Havel, S. 275 f.

136 Dem guten Willen muß sich aber der Wille, das Rechte zu

erkennen, hinzugesellen. Sonst trifft das Beispiel der Mutter zu, die ihr Kind – mit lauter »*Liebe*« – verzieht, weil sie die Grundregeln der Pädagogik nicht befolgt, die auch Konsequenz und Härte im rechten Augenblick für die Erziehung fordern.

137 Das Christuswort »Die Gesunden bedürfen des Arztes nicht, sondern die Kranken« (Lukas 5,31) weist in diese Richtung. Ein hervorragendes Beispiel bietet die Faust-Dichtung Goethes.

138 Davon spricht Rudolf Steiner vielfach in bewegenden Worten (s. auch S. 157f.); wir heben hier zwei Äußerungen hervor:

»Und auch in unserer Zeit kündigt sich ein Großes, Bedeutsames durch den Kontrast an. Denn die Zeit wird kommen mit dem kommenden Christus, mit dem daseienden Christus, wo die Menschen lernen werden, nicht nur für ihre Seelen, sondern für das, was sie begründen wollen durch ihr unsterbliches Teil hier auf Erden, den Christus zu befragen. Der Christus ist nicht nur ein Menschen-Helfer, er ist ein Menschen-Bruder, der befragt werden will, besonders in den kommenden Zeiten befragt werden will für alle Einzelheiten des Lebens. Was die Menschen begründen wollen, durch den Kontrast wird es begründet heute. Heute scheinen sich Ereignisse zu vollziehen, bei denen die Menschen am allerfernsten zu stehen scheinen der Frage an den Christus. Wer frägt bei demjenigen – so müssen wir uns fragen –, was heute geschieht: Was sagt der Christus Jesus dazu? – Wer frägt es? Manche sagen, daß sie es fragen, daß in der Form, wie sie heute gestellt werden, die Fragen wirklich an den Christus gestellt werden. Und dennoch, die Zeit muß kommen, sie darf nicht ferne sein, wo die Menschenseele in ihrem unsterblichen Teil für dasjenige, was sie begründen will, die Frage an den Christus stellt: Soll es geschehen, soll es nicht geschehen? – wo die Menschenseele den Christus als sie liebenden Genossen im Einzelfalle des Lebens neben sich sieht und nicht nur Trost, nicht nur Kraft bekommt von der Christus-Wesenheit, sondern auch Auskunft bekommt über dasjenige, was geschehen soll.« (6. Februar 1917, GA 175)

»Da hinein stellt sich nun, um dem Menschen eine Richtung zu geben, das Christus-Ereignis, das wir zu erwarten haben für die erste Hälfte des 20. Jahrhunderts. Dieses Christus-Ereignis wird darin bestehen, daß durch objektive Erlebnisse immer mehr und mehr Menschen wissen werden: Es wandelt auf Erden der ätherische Christus, derjenige Christus, der ätherisch die Macht darstellt, die einstmals in dem physischen Christus Jesus auf der Erde gewandelt ist. Und in dem Sich-Bekanntmachen mit dieser Christus-Macht, in dem Sich-Durchdringen mit dieser Christus-Macht liegt die Möglichkeit, in der richtigen Weise das notwendige Heraufziehen der ahrimanischen Mächte auf sich wirken zu lassen. Das Unglück unserer Zeit besteht darin, daß die Menschen hineinsegeln in das Ahrimanische, ohne durch die Christus-Kraft getragen zu sein... Diese Stimmung, die das große Zeitfragezeichen sein wird vor der eigenen menschlichen Wesenheit, wird vorbereiten die Seelenaugen für das Wahrnehmen desjenigen, was schwer zu schildern ist, was aber heraufkommt als das neue Christus-Ereignis. Denn man wird sehen aus der Kraft, die aus dieser Sehnsucht hervorgeht, die Erscheinung des Christus. Die äußere Not wird sich in innere Seelennot verwandeln, und aus dieser Seelennot heraus wird Schauen geboren werden, Schauen des Christus, der übersinnlich unter den Menschen wandeln wird und an den sie sich werden halten müssen, damit sie nicht in unmöglicher Weise aus dem Luziferischen in das Ahrimanische hineinsegeln... Das wird die große Seelennot der nächsten Jahrzehnte erzeugen. Diese Seelennot ist eine positive Macht und aus dieser positiven Macht herausgeboren wird die Fähigkeit entstehen, den Christus zu schauen...

Es wird einer starken Kraft bedürfen, damit die Menschen wiederum aufkommen und entgegenrufen diesem von dem Nichtmenschlichen bestimmten menschlichen Schicksal: Das Schicksal der Menschheit muß wiederum vom Menschen bestimmt werden! – Das kann aber nur geschehen, wenn die Menschen sich erfüllen mit der Christus-Kraft, die heranrückt, die sie wiederum ihren Menschenkräften zurückgeben wird. Seiner selbst gewiß als Mensch kann wiederum nur derjenige werden, der auf alledem, was da begründet worden ist an Technik, wandelt, der sich aber nicht beherrschen läßt von diesen Technizismen, *sondern zu schauen vermag auch dasjenige, was ihn durchdringen kann als die Christus-Kraft, die siegen kann über all diese Technizismen.*

Das sind Lehren, die wir heute aufnehmen müssen. *Das sind die Worte, welche hinweisen darauf, wie wir uns vorbereiten sollen für das Christus-Ereignis.*« (14. November 1920, GA 197)

139 Gekürzte Wiedergabe eines ursprünglich in der Zeitschrift »Die Christengemeinschaft« erschienenen Beitrags, November 1988, zum 100. Geburtstag Karl Thylmanns.

140 Von einer neuen Art, die Natur zu erleben, wurde im 3. Kapitel gesprochen. Vgl. auch Anm. 51

141 Dieser Bericht ist einer bisher unveröffentlichen Sammlung von Johannes Lenz (Stuttgart) entnommen.

142 Aus der Broschüre »Die Wiederkunft Christi«, hrsg. von Anton Kimpfler.

143 Ein Bericht von Emil Bock in der Zeitschrift »Die Christengemeinschaft«, Juli 1940.

144 Aus persönlichen Mitteilungen; von Cordelia Böttcher (Frankfurt a. M.) zur Verfügung gestellt.

145 Aus der Broschüre »Die Wiederkunft Christi«, hrsg. von Anton Kimpfler.

146 ebd.

147 Georg Blattmann, Das 20. Jahrhundert im Aufbruch zu Christus, Stuttgart 1980

148 Dieser Bericht ist einer bisher unveröffentlichten Sammlung von Johannes Lenz (Stuttgart) entnommen.

149 Persönlich mitgeteilt.

150 Entnommen und ins Deutsche übertragen aus: Bruce E. Olson, For this cross I'll kill you.

151 Entnommen und ins Deutsche übertragen aus: Cameron Peddie, The forgotten talent.

152 Persönlich mitgeteilt.

153 Entnommen und ins Deutsche übertragen aus: Hans Stolp, Als de dood vroeg komt.

154 Lyn Robertson in »Woman«, 21.4.1973: Wir sprachen von Liebe und hielten am Leben fest.

155 Gabrielle Bossis, Er und ich. Geistliches Tagebuch I; Geht meiner Liebe entgegen. Geistliches Tagebuch II, Mainz 1976

156 Wie hier der freie Wille ins Spiel kommt, weist auf die moderne Art der Christus-Erfahrung.

157 Dieser Bericht ist einer bisher unveröffentlichten Sammlung von Johannes Lenz (Stuttgart) entnommen.

158 ebd.

159 Persönlich mitgeteilt.

160 Zuerst abgedruckt in der Zeitschrift »Die Christengemeinschaft«. Das Buch ist 1960 in Deutschland erschienen: Der Dienst der Engel. Erlebnisse einer Krankenschwester an Kranken- und Sterbebetten, Bietigheim [6]1989. Leider disqualifizieren sich die Berichte im weiteren Verlauf, indem

von »leibfreien« Zuständen erzählt wird, die ganz ins Illusionäre übergehen. Rudolf Steiner weist darauf hin, daß geistige Erlebnisse am Anfang oft hohen Wirklichkeitsgrad haben, sich aber ins Unwirkliche wenden, wenn die geistige Dimension das Fassungsvermögen des Schauenden übersteigt (so z.B. bei E. Swedenborg – siehe GA 253); etwas Entsprechendes scheint hier vorzuliegen.

Bildnachweis

S. 121: Karl Thylmann, Christus auf den Wellen, nach: Karl Thylmann, Holzschnitte zur Bibel, Gesamtwerk Bd. 3, Stuttgart 1969

S. 122: Franz Marc, Tirol, 1914, Staatsgalerie moderner Kunst, München (Foto: Joachim Blauel, Artothek)

S. 123: Franz Marc, Skizzenbuch aus dem Felde, Blatt 30, 1915, Staatliche Graphische Sammlung, München (Foto: Staatliche Graphische Sammlung, München)

S. 124: Wassily Kandinsky, Murnau mit Kirche I, 1910, Städtische Galerie im Lenbachhaus, München (© VG Bild-Kunst, Bonn; Foto: Städtische Galerie im Lenbachhaus)

S. 125: Paul Klee, Über Bergeshöhen, 1917, Collection Haags Gemeentemuseum – the Hague (© Cordon Art BV, Baarn; Foto: Haags Gemeentemuseum – the Hague)

S. 126: Alexander Archipenko, Sitzende schwarze Konkave, 1916, Saarland-Museum in der Stiftung Saarländischer Kulturbesitz, Saarbrücken (Foto: Gerhard Heisler, Saarbrücken)

S. 127: Otto Herbert Hajek, Christusträgerin, 1951 (© und Foto: O. H. Hajek, Stuttgart). Diese Skulptur steht heute in dem von O. H. Hajek gestalteten Kirchenraum der St. Johannes-Kirche in Nürtingen.

S. 128: Max Ernst, Rückkehr der schönen Gärtnerin, 1967, Collection de Menil, Houston/Texas (© VG Bild-Kunst, Bonn; Foto: Artothek)

Weitere Werke von Hans-Werner Schroeder

Mensch und Engel
Die Wirklichkeit der Hierarchien
3. Auflage, 256 Seiten,
28 Abbildungen, Leinen

Dreieinigkeit und Dreifaltigkeit
Vom Geheimnis der Trinität
292 Seiten, 8 Abbildungen, Leinen

Der Mensch und das Böse
Ursprung, Wesen und Sinn
der Widersachermächte
2. Auflage, 532 Seiten, 27 Abbildungen,
davon 2 farbig, Leinen

Hans-Werner Schroeder stellt die Entwicklung des Verhältnisses des Menschen zum Bösen dar und schildert die wichtigsten mythologischen und theologischen Sichtweisen sowie philosophischen Auffassungen vom Bösen. In drei Hauptkapiteln wird somit eine Phänomenologie, eine innere Wahrnehmung des Bösen erübt: Wesen und Herkunft des Bösen – Die Widersacher im Menschen – Das Böse in der Menschheitsentwicklung.

VERLAG URACHHAUS STUTTGART

Weitere Werke von Hans-Werner Schroeder

Das Gebet
Übung und Erfahrung
3. Auflage, 116 Seiten, 4 Abbildungen, Leinen.

Das christliche Bekenntnis
Ein Übungsweg
2. Auflage, 160 Seiten, Leinen

Das Evangelium im Jahreslauf
Eine Herausforderung unseres Bewußtseins
248 Seiten, Leinen

Die Christengemeinschaft
Entstehung – Entwicklung – Zielsetzung
192 Seiten, 74 Abbildungen, kartoniert

Die Christengemeinschaft ist eine 1922 mit der Hilfe Rudolf Steiners begründete »Bewegung für religiöse Erneuerung«, die heute nahezu über die ganze Welt ausgebreitet ist, trotz Zerschlagung und Verbot im Dritten Reich. Dieses Buch schildert die Wurzeln ihrer Entstehung, die Begründer-Gestalten, die Entwicklung und Ausbreitung und gibt eine kurze Darstellung der Ziele dieser neuen, überkonfessionellen christlichen Kirche.

VERLAG URACHHAUS STUTTGART